私たちは学習している

行動と環境の統一的理解に向けて

澤 幸祐 SAWA Kosuke

ちとせプレス

まえがき

突然ですが、みなさんは結婚式に出たことはあるでしょうか。僕は何回か出たことがありますが、ある結婚式でスピーチを頼まれました。これでも学者のはしくれ、それも心理学を研究しているのだから、何かしら心理学にひっかけてうまいことを言ってやろうと思い、意気揚々とこんなセリフからスピーチを始めました。

「新郎と新婦が、お互いに何を考えているのか真に理解することは不可能です」。

ざわつく親族席、「あかんあかん」と手を振る友人、笑いをかみ殺す新郎新婦。すでに軽く酔っぱらっていた僕にもわかるくらいに、披露宴会場には微妙な空気が流れていたのをいまでも覚えています。なぜこんなことになったのでしょうか？　いや、なぜ僕みたいな変化球好きにスピーチを頼んでしまったのかとかそういう話ではありません。

問題は、「お互いに何を考えているのか理解できない」という言葉に、なぜみんなは引っかかったのか、ということです。

僕たちは日常的に、「他人が何を考えているか」を理解したい、関係が深まることによってそれを理解できるようになると信じている節があります。そして、関係が深まるというような面倒なステップを飛ばして、それを理解する手助けをしてくれるのではないかという期待が、心理学にはあるのだと思います。僕のスピーチは、そうした信念や期待を頭から否定するようなものでした。それも結婚式の場で。いやほんとにすみません……。

この本は学習心理学に関する本です。学習心理学という分野は、「他人が何を考えているか」を明らかにしてくれるようなものでは残念ながらありません。その代わりに、「自分や他人の行動の理由」について、そのすべてを知ることはできないにせよ、手がかりになるものを与えてくれます。行動の理由がわかるのなら、その人が何を考えているのかもわかりそうなものですが、そうはいかないのがややこしいところです。

人間や動物の行動の背景としての学習を取り上げるにあたって、本書では古典的条件づけと道具的条件づけという、手続きだけを見ればきわめてシンプルな現象を中心に据えました。もちろんこれだけではすべてを説明することはできないので、進化に関する紹介なども盛り込むことで、可能な限り包括的な理解にたどり着けるように配慮したつもりです。その意味では、心理学に関する知識がゼロでも読み進めることができます。また、「なぜその研究に意味があるのか」を理解できるように、ロバート・ボークスの『動物心理学史』[★1]などを参考に歴史的背景についての説明も盛り込みました。同時に、評価が分かれる最新の研究よりも、ある程度知見の積み上がっている話題や理論に分量を割きました。学習心理学に関しては、過去の重要な理論についての理解がないと最新の研究の意義を十分に理解することが困難な場合もあるため、土台に当たる部分を重視しました。その意味で、本書は学習心理学の先端を紹介する専門書ではなく、むしろ入口にあたるような位置にあります。

心理学を学ぶ学生のみならず、心理学に関係する現場で仕事をされている方々、あるいはこれから心理学を学ぼうと思っている高校生など、幅広いみなさんに読んでいただければ幸いです。

目　次

目　次

カバー写真：Alexander Shapovalov

序章
学習心理学への招待

この本を手にとってくれたあなたは、心理学（psychology）という学問に興味があるのだろう。とりわけ、学習心理学と呼ばれる分野に興味をもってくれているものと思われる。ありがとう。学習心理学（psychology of learning）に関わる者として、これほど嬉しいことはない。残念ながら、現代の心理学全体の中で、学習という分野はあまりメジャーではない。歴史的には、学習心理学は、実験心理学の中では花形といってもよい分野で、教育心理学や臨床心理学といった分野へも影響を与える大きな研究領域だった。しかし現在ではすっかりマイナーで、学生たちの反応を見ても「難しい」「理屈っぽい」と散々な意見が目立つ。心理学に関連する資格試験などを見ても、学習領域からの出題は行われているし、教員免許の取得のためには必修科目になっているので、大学での心理学教育から学習領域がなくなることは当分はないと思われるが、研究者として学習心理学の道を目指す人の数はけっして多くはないし、学会発表の件数を見ても、学習分野は減少傾向である。平たくいえば絶滅危惧種である。学習自体は、実際には神経科学や人工知能研究など、さまざまな領域に広がっている重要でアクティブな研究分野なのだが、心理学に軸足を置く学習研究者としては寂しいかぎりである。せっかく読み始めた本の冒頭でこういうことを言われると、読む気が失せてしまうだろうか。僕自身は、もう学習研究を二〇年以上続けていて、いまだにその魅力にとりつかれている。この章を、あるいはこの本を読み終わるまでには、あなたにもその魅力を伝えることができたらと思う。

この本では、いくつかの基本的な手続きと現象を軸にして学習心理学とはどういう学問なのか、何を目指しているのかを紹介する。そのためにはまず、「学習とは何なのか」について考えるところから始めなければならない。心理学において学習とは、「経験によって生じる、比較的永続的な行動の変化」であると定義されるのが一般的である。一般的、と書いたのは、この定義に心理学者のすべてが諸手を挙げて同意しているわけではないからだ。細かく見ていくと、この定義では納得がいかないと思われる点はいろいろと出てくる。しかしここでは、この定義に従って進めていくことにして、この定義では扱えないような話題が出てきた際には、あらためて学習の定義について考え直すことにしよう。

▼学習の定義▲

学習の定義は、細かく見ると三つの部分から構成されている。つまり、「経験によって生じる」ということ、「比較的永続的である」ということ、そして「行動の変化」ということだ。この三つの部分をすべて満たす場合に、我々はそれを学習と呼ぶ。言い換えると、三つの部分のどれか一つでも満たさない場合には、それは学習ではなく、何かしら別のものであると考えるわけである。では、これらを順々に見ていこう。

まず「経験によって生じる」というのは、どういうことだろうか。多くの生活体（人間を含めた動物、生きているもの）は、この世界の中でさまざまな事柄を経験する。いまこの本を読んでいることも経験であり、友人と会話することも経験であり、食事をすることも経験であり、ただテレビを観るということも経験である。そうすると、この世界の中で、生活体が環境からさまざまな情報を受け取ることのすべてが、「何かを経験すること」と呼んでも差し支えなさそうである。こうした、生活体が環境から情報を受け取ることによって生じる何かが学習である、とこの定義は主張している。

では、経験によらないで生じる行動の変化、つまり学習ではないものにはどんなものがあるだろうか。経験によらないで生じる行動の変化の代表的なものは、加齢や発達など、時間の経過によって生じるものであり、これらは学習とは呼ばない。たとえば、年をとって忘れっぽくなったり、赤ちゃんの首がすわったりすることは、加齢や発達によるもので学習とは呼ばない。しかし、ややこしいことに、こうした加齢や発達に伴って生じるように見える行動の変化が、じつはある種の経験のうえに成り立っている場合もある。たとえば、一部の鳥類に見られるものとして、卵から孵化してすぐに見た動くものに追従するという「刻印づけ（刷り込み）」と呼ばれる現象がある。[★1] この刷り込みによって学習した対象は、後に性行動の対象ともなり、性的刻印づけと呼ばれる。性行動は、成熟によって自然に起こるもののように思われるかもしれないが、じつは発達初期の経験によって影響を受けるものなのだ。こうした事例は、単純な観察だけでは、ある行動の変化が加齢や発達によるものなのか、それとも何らかの経験を必要とする学習なのかを区別することができないということを示している。

次に、「比較的永続的である」という点について考えてみよう。我々の行動の変化の中には、長く続くものもあれば、比較的短期間にもとに戻ってしまうものもある。具体的に、「何日続けば永続的と見なす」といった基準はない。あくまでも、相対的なものである。例を挙げよう。あなたが、スポーツの練習をしているとする。毎日練習を続けていると、もともとはできなかったプレーができるようになる。こうした技能の獲得は、学習と見なしてよい。しかし、あまりに激しい練習をすると、普段ならできることができなくなることがある。これは、激しい練習という経験によって生じた行動の変化だが、休息をとることでもとに戻る。つまり、永続的ではないと見なされ、学習とは見なさない。また、お酒を飲むことで言動が変わってしまうことがあるが、これも酔いが醒めればもとに戻るので、学習と見なされることはない。短期間でもとに戻ってしまうもの、学習とは見なされないものがどういうものか、おわかりいただけただろうか。

最後に、「行動の変化」という部分である。この部分は、単純そうに見えてじつはきわめて難しい、重要な問題を含んでいる。我々は、何を行動と呼ぶべきなのだろうか。心理学は、かつて行動学とも呼ばれていた時代があるように、行動を重要な研究対象としてきた。しかしその一方で、行動というものの定義は、学派によって、また時代によって微妙な違いを含んだままで研究が進められてきた。定義はあくまでも定義なので、正しい定義や間違った定義といったものがあるわけではない。より多くの研究を生むような建設的な可能性を含んだ定義、研究したい内容をうまく捉えることができるような妥当な定義、そうした利点の少ない定義などがあるだけである。では、どうすれば行動というもののよりよい定義が可能になるのだろうか。

▼行動の定義を考える▲

行動とは何かを定義するにあたって、気をつけなければならないことがある。よい定義とは、たんなる言い換えであってはならない。たとえば、「行動とは振る舞いのことである」と定義したところで、振る舞いとは何なのかを定義しなければならなくなる。たんなる言い換えにならないようにするためには、行動という言葉を違う側面から捉える必要がある。そこでまず、行動という言葉を、「行動する」という動詞の主語という面から考えてみたい。

心理学という学問において、その研究対象は生活体、つまり生きているものである。ここでいう生活体とは、人間や動物をおもに指している。この意味において、「行動する」という動詞の主語は人間であり、ラットやマウス、ハトやチンパンジーといった動物である。タコやイルカであってもよい。動物心理学（animal psychology）や比較心理学（comparative psychology）といった分野では、コオロギやミツバチといった昆虫も研究対象となる。こうした生活体が「行動する」という動詞の主語であった。すなわち、行動という言葉を定義する際には、「生活体が行うもの」という文言を入れるというアイデアが思い浮かぶ。しかしその一方で、生きているものの中には植物も含まれる。植物は「行動する」という動詞の主語にはなれないのだろうか。オジギソウという植物がある。オジギソウはマメ科の植物で、羽のような細長い葉が並んだ形をしている。この葉に触れると、オジギソウは葉が順番に閉じていき、まるでお辞儀をするように下に垂れ下がる。その様子は、まさに「外界からの刺激に対して反応している」ように見える。また、ハエトリグサと呼ばれる食虫植物は、小さな昆虫が接触すると、口のように開いた葉を閉じて虫を捕まえてしまう。その様子は、まるで獲物に食いつくワニのようである。こうした植物が見せる反応は、「行動」といってもよいだろうか。

多くの心理学者は、こうした植物が見せる反応を、人間が行う行動と同じものとして扱うことはない。植物が見せる反応は、外界から与えられた刺激によって機械的に誘発されるものであり、そのメカニズムの多くは細胞内の圧力の変化や化学物質の作用によって説明される。人間や動物が見せる、複雑で柔軟な行動とは別のモノであるというわけである。では、次の例を考えてみよう。第1章でも登場する、ニコ・ティンバーゲンという動物行動学者は、イトヨと呼ばれるトゲウオ科の魚に関する研究によって[★2]、一九七三年にノーベル生理学・医学賞を受賞した。イトヨのオスは、繁殖期になると巣づくりをし、メスに対して求愛をする。繁殖期になると、イトヨのオスの腹部には婚姻色と呼ばれる赤い模様が形成されるのだが、みずからがつくった巣にこの婚姻色のある他のオスが近づくと、攻撃行動を仕掛けることがわかっている。みずからの縄張りを守るための複雑な行動、と言いたいところだが、じつはイトヨのオスは、同じイトヨのオスだけでなく、赤い色をつけた模型に対しても攻撃行動を見せる。とてもイトヨとは思えないような形をしている模型に対しても、腹部に赤い色がついていると、攻撃行動を仕掛ける。ここでの「腹部にある赤い色」は解発刺激と呼ばれ、解発刺激は自動的に固定活動パターンと呼ばれる生得的な行動を引き出す。多くの読者は、このイトヨの振る舞いを「行動」と呼ぶことに抵抗はないだろう。しかし、先ほどのオジギソウやハエトリグサの振る舞いと、イトヨの攻撃行動の間にどれほどの違いがあるだろうか。どちらも、与えられた刺激に対して決まった振る舞いが引き出されているという意味では同じである。

人間やイトヨを含む動物と植物の大きな違いは、神経系の有無である。植物と異なり、動物には神経系が存在し、この神経系が行動の制御に重要な役割を果たしている。心理学が扱う研究対象としての行動の背景には神経系が必須であるならば、植物の振る舞いは「行動」と呼ぶ必要はない。オジギソウやハエトリグサの振る舞いは、いかにそれが動物と似たものに見えようとも行動と呼ぶ必要はないし、イトヨの振る舞いがいかに機械的で融通の利かないものであっても、行動と呼ぶことができるようになる。この場合、行動の定義は「神経系をもつ生活体が行うもの」という文言を含むことになる。では、次の例はどうだろう。人間は、複数の細胞からできあがっている多細胞生物であり、我々の身近な動物の多くも同様である。皮膚の細胞、筋肉の細胞、神経細胞など、膨大な数の細胞が集まって我々の身体を形づくっている。その一方で、ミドリムシという生物がいる。ミドリムシは単細胞生物であり、一個の細胞からできている生物である。もちろん、神経系をもたない。しかし、ミドリムシには「正の走光性」と呼ばれる性質があり、光が当たる方向に向かって移動することが知られている。走光性はなにもミドリムシに限定して見られるわけではない。多細胞生物のミミズは「負の走光性」と呼ばれる性質をもっており、光が当たらない方向に移動する。さて、神経系をもたないミドリムシが示す走光性は、行動と呼んでもよいだろうか。「神経系をもつ生活体が行うもの」という定義に従えば、ミドリムシの振る舞いは行動と呼ぶことはできない。これは妥当だろうか。

ここまでの議論では、「行動する」という動詞の主語には必ず「生活体」という言葉が入っていた。生活体とは、文字通り「生きているもの」を指す。では、生きていないものは行動しないのだろうか。意地悪なようだが、次のような例を考えてみよう。近年の計算機の性能の向上やさまざまな技術革新によって、さまざまなロボットが登場するようになった。テレビやインターネットを通じて、我々はいろいろな形のロボットを目にする。中には、生物のような姿をもち、動作するロボットもいる。実物を見たことのある読者もいるだろう。それらのロボットは、通常の意味では生きてはいない。しかし、その振る舞いを見たことのある人は、「ロボットが行動する」という表現を使うのに違和感はないだろう。まだSF作品の中の話ではあるが、将来的には人間と流暢に会話するロボットが登場するかもしれない。そのとき、我々はロボットの振る舞いを「行動」と呼ぶことができるだろうか。「行動する」という動詞の主語を生活体とするならば、理屈上は「ロボットは行動しない」ということになる。はたしてそれは妥当だろうか。

また、次のような議論もある。この本の中でもたびたび登場する、学習心理学の関連分野として行動分析学がある。行動分析学の詳細は次章以降で述べるとして、行動分析学の中には行動か行動ではないかを見分けるための基準として「死人テスト」と呼ばれるものがある。★3 死人テストでは、「死人にもできることは行動とは見なさない」という基準が導入される。例を挙げよう。「車に轢かれる」というのは行動だろうか。死人テストに従えば、これは行動ではない。死人であっても、車に轢かれることはできるからである。「電話をする」のは行動だろうか。これは行動である。死人は電話をすることはできない。「じっとしている」というのは行動だろうか。これは行動ではない。死人も、じっとしていることはできる。「恋人のことを想う」のは行動だろうか。これは行動である。『死びとの恋わずらい』というマンガがあるが、現実の世界では死人は恋人のことを想うことはできない。僕自身は、死人テストによって行動か行動ではないかを分ける基準とすることに諸手を挙げて賛成というわけではないが、「死人にはできないが生きている人間にはできることを行動と見なす」という基準は、「行動する」という動詞の主語に生活体という言葉を入れることを支持する立場のように見える。しかし困ったことに、「電話をかけることができるロボット」は存在するのである。人間が電話をかけることは行動だが、ロボットが電話をかけることは行動ではない、と考えなければならないのだろうか。

こうしてみると、「行動する」という動詞の主語から行動という言葉を定義するのは、じつは相当に難しいということに気づくだろう。行動という言葉の定義は、他の側面から考えることもできるのだが、それは第1章で紹介する「行動を説明する」という話題に関連するので、そこに譲る。ここでは、我々が何気なく使っている、そして心理学という学問の中でも頻繁に使っている行動という言葉が、本当のところはとても定義しにくいものだということを知ってもらいたい。じつは、このように明確な定義を与えにくい言葉はたくさんある。たとえば、「ゲーム」という言葉を考えてみよう。ゲームの例として、どのようなものが挙げられるだろうか。ポーカーやブラックジャックはゲームだ。これらに共通するのは「トランプを使う」ということである。では麻雀はどうだろう。トランプは使わないが麻雀はゲームであり、「トランプを使う」という定義は不適当だ。麻雀を含めて、共通するのは「複数の人間で競い合うこと」のように思われる。しかし、我々はゲーム機を使って一人で遊ぶゲームもあることを知っている。こうしてみると、「ゲームとは何か」を明確に定義することはなかなかに難しい。しかし我々は、ポーカーやブラックジャック、麻雀やテレビゲームはすべてゲームであると見なしている。これらはお互いに、似ている部分や似ていない部分をもちつつも、緩やかにつながって「ゲーム」というものを構成している。ルートヴィッヒ・ヴィトゲンシュタインという哲学者は、こうした関係性を家族的類縁性と呼んだ。あなたと両親は、どこかしら似ているところがあるだろう。血のつながった親戚を見渡しても、どこかしら似ているところがあるはずだ。血縁関係がある場合、顔立ちなどは似てくるものであるが、血縁関係のある人間が全員共通してもっている特徴があるかというと、そういうわけではない。しかし、そこにはたしかに「家族的類縁性」が存在するように思われる。行動という言葉もまた、こうした側面をもつ。人間が日常生活で見せる振る舞いも、動物が見せる振る舞いも、植物やロボットが見せる動きも、どこかしら似ており、どこかしら異なっている。

たんなる屁理屈に見えるかもしれない。考える必要のないことを考えて、無理やり話を複雑にしているように見えるかもしれない。しかし、ここをおろそかにすると、学習心理学、ひいては心理学が何かしらの形で行動を扱う学問である以上、その土台がとても脆弱なものになってしまう。これは、学問の出発点としてとてもまずいことだ。僕はこの本を通じて、学習心理学がどこまでいけるのか、どこまでのことができるのかについて伝えたい。そしてできることならば、その射程をなるべく長く、より遠くまでいけるようにしておきたい。なので、ここではあえて、「行動」という動詞の主語としてはヒトにも動物にも神経系をもつものにも生活体にも限定せず、ただ家族的類縁性に基づいた緩やかな広がりをもつものとして受け入れることにして、前に進んでみよう。

▼学習はどこで起こっているか▲

我々の生活の中で、学習という現象はどこで起こっているのだろうか。もしそれが、あまりに限定的な場面だけで起こっているものであれば、学習を研究することにはそれほど大きな意義はないかもしれない。学習という言葉から、読者のみなさんが想像することは何だろう。真っ先に思い浮かぶのは、学校で勉強することかもしれない。これは間違っていない。学習の定義を思い出してほしい。学習とは、「経験によって生じる、比較的永続的な行動の変化」である。英語や数学の勉強をするという経験によって、それまでにできなかったこと、英語を読んだり書いたりすることや数学の問題が解けるようになるといったことが生じるならば、それは学習だ。そこで起こっていることは、学習心理学の研究対象となりうる。前に取り上げた、スポーツの練習をする場面においても、学習は生じている。練習を積むことによって、もともとはできなかった技術が身につき、その効果は一晩眠ったくらいで消えてしまいはしない。勉強や練習という言葉は、学習という言葉との関連が強いので、これらの場面で起こることが学習心理学の研究対象となりうることは容易に理解できるだろう。

学習が生じる場所は、教室やグランドにとどまらない。経験によって生じる、比較的永続的な行動の変化は、すべて学習である。読者のみなさんは、道を歩いていて赤信号に出くわしたら交差点を渡らずに青信号になるのを待つだろう。なぜだろうか。子どもの頃に赤信号を無視して道路に飛び出して、危ない目にあったことがある人もいるかもしれない。大人から、「赤信号では止まるんだよ」と教わったのかもしれない。いずれにせよ、我々は何かしらの経験によって、赤信号では止まり、青信号で渡ることを学ぶ。これは学習である。読者の中には、「赤信号では止まるんだよ」と優しく教えてもらった人もいれば、「何をやっているんだ、危ないじゃないか」と強い調子で叱責された人もいるだろう。優しく接してくれた人の印象はよくなり、あまりに強く叱責されたらその人のことが苦手になるかもしれない。印象のよい人には近づこうとするし、苦手な人にはできるだけ近づきたくないだろう。これもまた学習である。

こう考えていくと、我々の日常生活は学習で溢れかえっていることに気づく。むしろ、学習の影響をまったく受けていないものを探す方が難しい。人間の生活のほぼすべての場面において、学習は起こっていて、それらは学習心理学の研究対象となる。同様のことは、動物に関してもいえる。野生の動物たち、哺乳類にかぎらず鳥類や魚類などさまざまな動物にとって、どこに自分の巣があるのか、天敵はどこにいるのか、食べても問題ないものは何か、など学習しなければならないことは山ほど存在する。前項で行動の定義について考えたように、行動するのは人間だけではない。天敵に襲われた場所に近づかなくなる、食べて体調不良を起こしたものを次は食べるのを避けるなど、経験によって生じる行動の変化は動物でも観察される。動物の行動の変化も、学習心理学の研究対象であり、人間の学習について考えるための重要なヒントの多くが動物を対象とする研究から得られてきた。

赤信号で止まること、優しい人に近づくこと、天敵を避けることなど、ここで紹介した学習の例は、人間や動物が生きていくために有益なことばかりであった。たしかに学習という言葉には、何かしらポジティブな意味合いが感じ取れるかもしれない。しかし残念ながら、ことはそう単純ではない。例を挙げよう。あなたは自宅の最寄り駅のホームで電車を待っている。駅のホームは混み合い、客同士のトラブルが起こったようだ。客同士が大きな声でお互いを非難しているのが聞こえてくる。あなたはそうした乱暴な物言い、大きな声が苦手だ。ほどなくトラブルは収まってあなたは電車に乗って目的地に移動できたものの、次の日からあなたは最寄り駅に来るたびにそのときのことを思い出してしまう。駅に行くのが嫌になってしまう。最寄り駅が使えないのはとても不便なのだが、駅に近づくと嫌な気分が収まらない。これは、れっきとした学習の結果である。最寄り駅で不快な場面に接するという経験によって、行動の変化が起こったわけだ。そんな極端なことは起こらないだろうと思うかもしれない。しかし、起こるのだ。こうした経験をした人すべてに起こるわけではない。しかしたしかに起こりうることであり、ひどい場合には臨床的な介入が必要になる場合もある。

この例が示すのは、学習によって生じる行動の変化によって、日常生活にとってよくないことが起こることもありうるということである。学習という機能そのものは、生きていくために必要なものだ。いっさいの学習ができなくなったら、勉強できなくなったりスポーツの技術が上達しなくなったりするどころか、生命を維持することすら危うくなる場面が生じてしまう。第2章で紹介するが、学習という機能は何かしら有益なことがある（あった）からこそ存在している。先ほどの例についても、不快な出来事が起こった場所に近づかなくなること自体は間違ってはいない。学習というシステムが正常に機能しただけである。しかしその結果が、現代社会で生きていくうえでは不都合を引き起こすことはある。こうしたときには、何かしらの介入によって、不都合な学習をしてしまった結果を書き換える、行動を修正する必要が出てくる。学習のシステム自体は正常に機能したのだから、学習のシステムを使ってその行動をもう一度変化させることができるはずだ。第7章でくわしく説明するが、これは実際の臨床場面で行われていることである。臨床的に問題が生じているという水準でなくとも、日常的な場面でよりよい行動がとれるようにするための技法についても、多くの研究が行われている。これらの知見は教育場面や産業・ビジネスの場面でも応用されている。日常生活で生じる学習の結果は、我々の生活をよくするものばかりではない。しかし、学習心理学の知見を用いることで、よりよい方向へと行動を変化させていくことはできる。

▼学習心理学は何を目指すのか▲

このように、我々の日常は学習で溢れかえっており、学習抜きに毎日の生活は立ち行かない。学習心理学の大きな目的は、このような重要な学習という現象がどのようなメカニズムで生じているのかを明らかにすることである。この目的に沿って研究を行うことによって、学習を促進するためにはどうすればよいか、よくないとされる学習を引き起こさないためにはどうすればよいかといった技術的な知見を得ることができる。こうした知見は、教育場面や臨床場面など、さまざまな領域へ応用が可能であり、我々の生活の向上に貢献するであろう。

と、いうのが多くの学習心理学の教科書にある「学習心理学の目的」である。これはこれで間違ってはいない。まったくもって正しいといっていいだろう。しかし、僕がこの本で伝えたいことはそれだけではない。僕は、学習という現象の背後にあるものは、心理学という学問の根幹だと考えている。心理学は、ひとことで言ってしまえば「心」に関する学問である。「心」とは何だろうか。これまでに僕は、「心」という言葉をほとんど使わず、「行動」という言葉を使ってきた。「心」は目に見えず、直接観察することもできないからだ。それでも僕らは、「自分には心がある」というある種の確信をもっている。だからこそ、心理学という学問が存在する。しかし、目に見えない、観察することもできないものを研究することははたして可能なのだろうか。歴史的には、学習心理学はこうした「目には見えない、直接観察できない心を研究するための手段」として発展してきた経緯がある。心は目に見えないが、行動は（行動の種類にもよるのだが）観察することができるのだ。では「心」ではなく、「行動」を研究すればよいのではないか？　物理学や化学が観察できるものを対象に研究をしているように、客観的に観察できるものである行動を研究することにすれば、心理学は自然科学になれるのではないか？　そうした期待もあって、行動の変化を研究する学習心理学が、心理学の花形だった時代もあった（こうした事情については、第1章で説明する）。しかし現状は、冒頭に述べたとおり、学習心理学は絶滅危惧種といってよい状況に追いやられている。なぜだろう。おそらく、結局のところ、多くの心理学者は（心理学者でない人も含めて）、「心」に興味があるのだ。行動だけを扱うのではなく、目には見えないがその存在については多くの人が確信をもっている「心」なるもののことが知りたいのである。

では、学習心理学は、そうした関心に応えることができないのだろうか。多くの人々が知りたがっている「心」なるものについて、学習心理学は有益な答えを与えることができないのだろうか。僕はそうは思っていない。むしろ、「心」とは何なのかを知るために、きわめて重要な知見を提供すると考えている。いまはまだ、なぜ学習心理学がそこまで重要なのかわかってもらえないだろう。この本を読み進めるなかで、それが伝わればいいと思う。一足飛びに結論にたどり着くことはできない。一歩一歩進んでいくことでしか目的地にたどり着く方法はないのだ。それでは始めよう。

第1章 行動を説明する

人は誰しも、「心」に興味があるようである。大好きなあの人は、何を考えているのだろう。先生はどうして僕のことを怒るのだろう。自分は、本当は何をしたいのだろう。家族や友人、身のまわりの人たちが何を考えているのか、そしてしばしば、自分自身が何を考えているのかを知りたくなるといった経験をもつ人は多い。ここでいう「心」とは、きわめて主観的なものだ。主観的なものなので、あれこれと憶測を繰り返す。きっとあの人も、僕のことを好きでいてくれるだろう。先生は僕のことが嫌いなのだろう。実際のところはわからない。それを確かめるのは、なかなかに難しいことだ。あの人が僕のことを好きでいてくれるのかは、聞いてみないとわからない。先生に「僕のこと、嫌いですか?」と聞くのは、相当にハードルが高そうだ。それに、そもそもあの人は、先生は、本当のことを言ってくれるだろうか? 本人に聞く以外の方法で、なんとか他人の「心」の中を知る方法はないだろうか。

心理学という学問は、ひとことで言えば「心についての学問」である。たしかに、学問の名前に「心」が入っている。心と呼ばれるもの、精神と呼ばれるものについて知ろうとするとき、僕らは大きな問題に直面する。心や精神と呼ばれるものは、僕たちの目には見えないのだ。より正確にいうと、客観的な方法で観察することがきわめて困難だ、ということである。ここで大事なのは、「心なんて存在しない」と言っているのではないということだ。僕たちの目には見えないけれども、それが存在していることを多くの人たちが確信しているものはたくさんある。たとえばあなたは、「力」といったものをその目で見たことがあるだろうか。ないだろう。僕もない。「机を押せば（力をかければ）机が動く」といったように、力が働いた結果は誰もが見ることができる。しかし、力そのものを目で見ることはできない。それでも、力学という分野があるように、目には見えないものを対象として膨大な科学的研究が行われている。それなら、心と呼ばれるもの、僕らの目には見えない、きわめて主観的なものであっても、やり方さえちゃんとすれば科学的に研究することができるのではなかろうか？

この問いに対して、きちんと答えることは容易ではない。イエスとも、ノーともいえる。楽観的な人々は、方法さえ整えれば、心について科学的に、つまり客観的で実証的な方法で語ることは可能だという。悲観的な人々は、少なくとも心理学の方法論の中では、心について科学的に語ることは難しい、あるいは建設的な議論にはならない、と考えている。どちらの言い分にもいくらかの理があるように僕には思える。これは心理学全体についてだけでなく、学習心理学という一分野についても同様だ。学習という現象を扱ううえでは、どうしても目には見えない部分を扱いたくなることがある。そこで、学習心理学に関する具体的な知見を紹介する前に、目には見えない心を扱うための作法や道具立てについて考えておこう。

▼行動主義の登場▲

実験心理学が他の学問分野から独立したのは、ウィルヘルム・ヴントがライプチヒ大学に実験心理学の実験室の利用を認められた年、一八七九年であるとされる。もちろん、心理学に関係する研究はこれよりもずっとずっと昔から、哲学や生理学といった分野で行われていた。あくまでも実証的な心理学を標榜した学問が、一つの独立した学術分野としてスタートした年である。ヴントはさまざまな研究方法を用いているが、実験心理学においておもに採用した方法は、内観と呼ばれる。ここでいう内観とは、実験参加者がみずからの意識経験を観察するということである。主観的な意識を観察できるのは、本人しかいない。この方法は、考えてみるといろいろな問題を含んでいることがわかる。まず、本人しか経験できない主観的意識に関する報告が、どこまで正しいのかの答え合わせがとても難しい。得られた実験結果が正しいのかどうかわからないのならば、それは科学といえるだろうか。また、内観という方法を用いることのできる範囲も、きわめて限定的である。まず、子どもや赤ちゃんに使うことはできない。当時、内観による方法で研究された対象は、西洋の成人男性のみであった。言語報告ができる大人の心しか研究できないのは、研究手法としては物足りないだろう。当然、動物についても扱うことはできない。そもそも動物は、我々にわかるような言葉を話してはくれないのだ。扱う問題が限定されるという意味では、ジグムンド・フロイトによる「無意識の発見」も関連する。フロイトは、我々の精神の構造の中で「無意識」が重要な意味をもっていると主張した。フロイト学説自体にはいろいろな批判もあるが、現在では我々が意識できないもの、つまり無意識が行動に関わっていることはいろいろな研究からわかっている。内観によって観察できるものは主観的意識のみであり、意識に上らないものは観察できない。このように、ヴントの方法論には、いろいろな問題点があった。

ヴントが活躍した時代は、一九世紀の後半であり、亡くなったのは一九二〇年である。この頃、生物学や生理学の蓄積を受けて、心理学の界隈ではもう一つの流れがあった。いわゆる行動主義の誕生である。行動主義は、ジョン・ワトソンによって一九一二年にコロンビア大学で行われた講演がその出発点であるとされる。そのとき、ワトソンはまだ三〇代半ばであった。その内容は、翌年に〝Psychology as the behaviorist views it〟、日本語に訳すと「行動主義者から見た心理学」というタイトルの論文としてまとめられ[★1]、行動主義宣言と呼ばれている。この中でワトソンは、ヴントのように意識を内観によって研究することを否定し、意識ではなく客観的に観察が可能な行動を研究対象とすることで、心理学を自然科学の一分野として位置づけようとした。そのうえで、心理学の目標を「行動の予測と制御」であるとし、両方に適用可能な一般原理の解明を目指すことで人間と動物の両方を同じ平面で捉えようとした。ここでいう「行動」とは、筋肉の動きや唾液腺をはじめとするさまざまな分泌活動といったものをおもに指している。ワトソンは、与えられる刺激に対して人間や動物がどのような観察可能な反応を行うのか、すなわち刺激（stimulus: S）と反応（response: R）の間にあるS－R関係を明らかにすることによって、人間や動物の複雑な行動をこのS－R関係に基づいて説明しようとした。一九一三年の行動主義宣言以降、ワトソンの行動主義は時代を追うごとに変化していくが、その思想的変遷の中でワトソンは、思考のような複雑な精神活動も、末梢的な筋肉の動きに還元できると考えた。ワトソンにとって思考とは、「自分が自分に語り掛けること」であり、それはのどの微弱な筋肉の動きなどに還元することができる。こうしたアイデアの今日的な妥当性はさておき、観察できない主観的な過程と思われていた高次の精神活動を、観察可能な末梢の動きに還元して研究しようというワトソンのアイデアは、おもにアメリカの心理学者たちには一定の影響を与えるものだった。すべての心理学者が行動主義者になったわけではないが、「心理学を自然科学の一分野として捉える」というアイデアは、やはり魅力的ではあっただろう。

▼ワトソンと二〇世紀の時代精神▲

ワトソンが学んだシカゴ大学には、ジェームズ・エンジェルやジョン・デューイといった著名な学者が在籍していた。エンジェルやデューイは、心理学者であり哲学者でもあるウィリアム・ジェームズの影響を強く受けて機能主義的心理学を推し進めていた。機能主義的心理学とはどういうものなのかは第3章で説明するとして、ここではシカゴ大学時代のワトソンが強い影響を受けたもう一人の人物を紹介したい。その人物とは心理学者でも哲学者でもなく、生物学者のジャック・ロープである。ロープは、一八五九年にドイツで生まれた。裕福な家の生まれで、早くに両親を亡くしたものの、十分な遺産をもとにベルリン、ミュンヘン、ストラスブールで教育を受けた。ロープは一八八五年にベルリン大学に職を得るが、一年で退職した後はヴュルツブルク大学に移った。そこで彼は、植物が光や重力、湿度に反応して方向性をもった運動を行うことに関する研究に触れることになる。こうした植物の「行動」は、物理化学的な作用のみで説明できると考えられており、ロープはそうした考え方を動物にも援用し、走性と呼ばれる動物の振る舞いに関する研究を発表した。

ロープが研究を行った一九世紀は、顕微鏡の技術革新によって生物学に大きな進展があった時代である。顕微鏡のもとになるものは一六世紀には存在していたが、ロバート・フックがコルクを観察して細胞（実際には細胞壁）を発見したのが一七世紀である。この頃の顕微鏡はレンズが一枚しか使われていなかったが、一九世紀に入ると、現在もカメラなどのレンズ開発で有名な会社の名前にもなっているカール・ツァイスが物理学者やレンズ職人と共同で二つのレンズを組み合わせて非常に倍率の高い光学顕微鏡を開発した。顕微鏡の性能向上は、「目には見えないもの」の研究に大きく寄与した。微生物研究もその一つだ。微生物の振る舞いに関する研究が進展するなかで、知能検査の開発で有名なアルフレッド・ビネーは『微生物の心的生活』という本を一八八九年に出版している。[★2] ビネーは、その中で原生動物であっても対象を知覚してそれに基づいた活動を示すことができると主張している。また、一九〇八年には、進化論で有名なチャールズ・ダーウィンの息子であるフランシス・ダーウィンが「植物の意識」に関する講演を行った。はたして微生物に心的生活と呼べるものがあるのか、植物に意識があるといっていいのだろうか。ロープの走性研究は、微生物や植物の振る舞いに対して、物理化学的な水準で説明を与える可能性をもったものであった。たとえば、正の走光性とは、「光刺激が提示されると、光の方向に向かって身体を動かすこと」を指し、いろいろな動植物において観察される。その様子は、我々人間が他者からの働きかけに対して複雑な形で反応することよりもずっと単純ではあるにせよ、外界からの刺激に対して反応するという点においては同様である。

このように、「刺激に対して反応するという現象を、自然科学的な水準で記述・説明する」という姿勢は、ワトソンに大きな影響を与えたと思われる。ロープは、ドイツからアメリカに移り住み、シカゴ大学で職を得る。ワトソンはシカゴ大学で、ロープの講義を受けていた。ワトソンの指導教員であったエンジェルらはワトソンがロープの影響を受けることをあまり快く思っていなかったようだが、ワトソンの行動主義宣言は、ある意味でロープの考え方を推し進めるものだったと考えられる。

一九世紀終わりから二〇世紀にかけてという時期は、ワトソンの周りだけではなく、「行動」をめぐってさまざまな動きがあった時期でもあった。カート・ダンジガーは、『心を名づけること』という著作の中で、[★3]「行動」という言葉を含むカテゴリーを五つの層に分類して論じており、一九世紀終わりから二〇世紀初頭は第一層、一九一〇年代が第二層、そして行動主義宣言の一九一三年を第三層として分類している。第一層に属する時期には、いわゆる比較心理学の領域で変化が起こった。比較心理学という言葉の創始者でもあるロイド・モーガンが自著に『動物行動』というタイトルをつけたのが一九〇〇年である。[★4]ローブの好敵手でもあったハーバート・スペンサー・ジェニングスは、一八九九年に「原生動物の心理学」という論文の表題を使ったが、[★5]これは一九〇四年には「ゾウリムシの行動」へと変化した。[★6]ダンジガーはこうした流れを、心理学という言葉に行動が取って代わったのではなく補完する形で用いられたと論じているが、比較心理学者たちは「行動」という用語を使用しはじめた。第二層に属する一九一〇年代には、「行動」という言葉を冠した教科書が出版されるようになり、またワトソンが影響を受けたエンジェルも一九一〇年のアメリカ心理学会において「意識という言葉は将来、行動にとって変わられるだろう」という内容の講演を行っている。こうした背景が、ワトソンの行動主義宣言に先行して存在していた。行動主義は、ワトソンが突然言い出したものではなく、すでに準備されていたのである。

▼新行動主義の誕生▲

ワトソンの行動主義は、相応のインパクトをもって受け止められたものの、すべての心理学者がそれに賛同したわけではない。当時から、さまざまな批判はあった。ここではワトソン流の行動主義に対する批判について詳細には触れない。そもそも、現代の心理学者の中で、ワトソン流の行動主義の立場をとるものもほとんどいないと思われる。学習心理学を含む現代の心理学においては、ワトソンの打ち出した行動主義ではなく、むしろそれに続く新行動主義と呼ばれるものの方が、より大きな意味をもって内在化されていると思われる。

ワトソンの行動主義は、しばしば「つばきとひきつりの心理学」と揶揄される。筋肉の微細な動きや唾液腺などの活動に注目するだけで、人間の複雑な行動を扱わないという批判であろう。しかしこれは、大きな誤りだ。ワトソンは、行動主義者は「総体としての人間」の行動に関心があることを強調し、行動主義者は筋肉生理学者にすぎないという批判に反対している。★7 ワトソンにとって、筋肉の微弱な動きは、外界から人間に与えられる刺激に対して生じる観察可能な反応であることに意義があるのであって、それが研究の主たる関心ではなかった。「機械全体を理解するためにはまず歯車に注目する必要がある」のであって、筋肉の動きや消化腺の活動に注目したのはあくまでも研究を進めていく順序の問題であった。ワトソンの行動主義の重要な点は、出発点として取り上げた反応が微細なものであった点ではない。意識のような主観的なものよりも、刺激と反応の関係という客観的な研究対象の重要性を打ち出したことであり、また複雑さの点で大きな違いがあることを認めつつも、人間とその他の動物の行動を地続きのものとして捉え、統一的な枠組みを与えようとしたことであろう。

意識に代わって、刺激に対する反応を研究対象とすることは、心理学の研究対象を客観化することにつながった。しかしながら、外界から与えられる刺激に対して反射的に誘発される反応を研究対象とするという枠組みは、さまざまな批判にさらされることになる。その結果として生まれたのが、新行動主義と呼ばれるものだ。ワトソンの考えによれば、客観的に観察できない意識のようなものを研究対象とすることは、自然科学の枠組みとして不適当で、研究対象は客観的に観察可能なものに限定するべきだということになる。問題は、「客観的であるとはどういうことか」という点である。この問いへの対応は、大きく分けて二つに分類される。まずは第一の対応を見てみよう。

▼対象の客観化から概念の客観化へ▲

たしかに外から観察可能なものを対象にしているかぎりにおいて、それは他者と共有できるという意味で客観的かもしれない。「客観的」という言葉の意味はとても悩ましいが、ここでは「二者間で合意できるもの」というくらいに捉えておこう。しかし、同じ刺激を経験させても個人ごとに違う反応が返ってくるし、時と場合によっては同じ個体であっても異なる反応を返すことがある。刺激と反応の関係だけでなく、直接には観察できないかもしれないが人間や動物の中にあり、そして刺激と反応の間をつないでいるであろう何かを客観的なやり方で扱うことができないだろうか。こうして、S－R関係ではなく、その間に生活体（organism: O）の内部過程を媒介させる、S－O－Rという図式が考案された。しかし、これだけでは、Oに相当するものは観察もできなければ客観化することもできない。何かしらの準備が必要である。本章の冒頭でも紹介した例を思い出してほしい。我々は、力なるものをそのまま直接に観察することはできない。しかし、力が働いた結果を観察することはできる。手に持ったりんごは、手を離せば落下する。落下するりんごは観察することができる。このとき、我々は、「これこれの重さをもったりんごをこれだけの高さで手を離せば、これくらいの速度で下に向かって移動する」ということから、直接は観察できない力の存在を客観的な形で定めることができる。他の例でも同様だ。「長さ」とは何だろう。我々はものの長さを、どのようにして知るのだろう。

「長さ」というのは抽象的な概念にすぎないが、それを測定する方法や操作する方法を定めてやれば、客観的な形で共有することができる。

これは、刺激と反応の間に仮説構成概念を導入する場合にも援用することができる。仮説構成概念とは、直接には観察できない仮説的な概念のことで、導入することによって説明や理解の手助けになるようなものを指す。例を示そう。「のどの渇き」というものを考えてみよう。あなたは、水を飲んでから長い時間が経ったり、水分がほとんどないクッキーを食べたりすると、手元に水があれば水を飲むだろう。外から観察しているぶんには、「時間の経過」や「クッキーを食べる」ということと、「水を飲むこと」ということの間に何かしらの関係があるということしか客観的な対象としては扱うことができない。ワトソン的なS－R関係に落とし込むと、「水を飲んでから時間が経過すると水を飲む量が増える」とか、「クッキーを食べると水を飲む量が増える」といった関係をいちいち記述していくことになる。これはいかにも煩雑である。一方で、「のどの渇き」というものを導入してみよう。「水を飲んでから時間が経過するとのどが渇く、のどが渇けば水を飲む量が増える」あるいは「クッキーを食べるとのどが渇く、のどが渇けば水を飲む量が増える」といった具合に、「のどの渇き」を間に入れてやることで説明がシンプルになる。しかしその一方で、「のどの渇き」というのは、水を飲む量のように直接測定することはできない。クッキーを食べるというように観察することもできない。主観的なものである。主観的で観察できないものを説明に使ってよいのだろうか。ここで、先にあげた力や長さの例と同じように、「のどの渇き」という主観的な仮説構成概念を、測定の方法と操作の方法で定義することを考える。すなわち、「最後に水を飲んでからの時間経過に応じて変化するもの、クッキーのような乾燥した食べ物を食べることによって変化するものを『のどの渇き』と定義し、『のどの渇き』が本当に変化したのかは水を飲む量の変化によって測定する」という具合である。このように、直接的な観察が困難な仮説構成概念であっても、それを操作する方法と、その変化を測定する方法を定めることによって定義することが可能になる。これを操作的定義と呼ぶ。

操作的定義を用いることによって、ワトソン流の行動主義では扱うことができなかったSとRの間にあるものを扱うことが可能になる。観察可能な客観的対象を扱うだけでなく、操作的定義によって直接的な観察が困難な仮説構成概念を客観化するわけだ。操作的定義によってSとRの間に仮説構成概念を媒介として導入することは、ワトソン流の行動主義のもつ「自然科学としての心理学」という錦の御旗を下すことなく生活体の内部変数を扱うことを可能にすると受け止められ、さまざまな研究において用いられることになった。操作的定義の背景にある操作主義は、物理学者のパーシー・ブリッジマンに始まる考え方だが、ブリッジマンの著書『現代物理学の論理』を日本語に翻訳したのが心理学者の今田恵であることは、きわめて示唆的である。★8 ワトソン流の行動主義を乗り越えるための新行動主義の一つは、こうして「対象の客観化から概念の客観化へ」という流れによって生み出された。操作的定義によって直接観察不可能な心的過程を客観的に定義するという手法は、現代の心理学においてもきわめて重要な役割を果たしている。

▼徹底的行動主義▲

「客観的であるとはどういうことか」に対するもう一つの対応は、二〇世紀で最も偉大な心理学者の一人、バラス・スキナーによってもたらされた。ワトソン流の行動主義は、心理学を自然科学の一分野とするために観察できない内的過程ではなく観察可能な外的行動に注目することで客観性を獲得しようとした。前項で紹介した新行動主義者たちは、内的過程を客観的に定義することで科学性を担保しようとした。スキナーのアプローチはまったく異なる。スキナーは、いってみれば「内と外」の区別を取り払おうとしたのだ。

スキナーのアプローチは、徹底的行動主義と呼ばれる。これに対し、前項で紹介したような、人間や動物のような生活体の内部にある過程を操作的定義を用いて検証しようとする立場は方法論的行動主義と呼ばれる。方法論的行動主義においては、外部から観察可能な行動は、直接的な観察が困難な内的過程を推測するための手がかりと見なされる。しかし、観察が困難な内部過程というのは、じつはそれほど確固とした基準によって決まるものではない。ワトソンの時代には観察が困難であったものでも、二一世紀のいまであれば観察が可能なものもある。神経科学などに関連する測定技術の進歩は、この先もさまざまな形で測定や観察可能なものを増やしていくだろう。そのつど、我々は観察可能な領域を拡大し、観察が困難な内部過程の領域を縮小していくことになる。徹底的行動主義は、そうした「内と外」の区別は一種の擬似問題であり、重要なものではないと主張する。徹底的行動主義に基づけば、外から観察可能な行動と、観察できない心という異なる二つのものがあるのではない。

生活体が行うことは、つまり「死人には行うことができないこと」（序章参照）は、すべてが行動なのだ。

このように考えることで、どういった利点があるのだろうか。また、方法論的行動主義とどのような違いが起こるのだろうか。際立った違いの一つは、「行動の原因は何か」という問いに関して表面化する。方法論的行動主義に基づけば、観察できないが操作的定義によって客観化された仮説構成概念、媒介過程が、行動の原因であると見なしうる。前項の例に基づけば、「水を飲んだのはのどが渇いたからだ」という説明がありうるということである。一方で、徹底的行動主義では、「水を飲むこと」と「のどが渇いたと感じること」は、どちらも行動である。行動分析学では、「水を飲むこと」のように、行動する本人以外にも観察が可能な行動を公的行動、「のどが渇いたと感じること」のように、第三者には観察できないものを私的行動と呼ぶ。どちらも行動なのだ。こうした行動の原因を、徹底的行動主義は環境に求める。すなわち、「最後に水を飲んでから経過した時間」や「乾燥した食物を与えられる」といった環境によって、「水を飲む」あるいは「のどが渇いたと感じる」という行動が生起するのである。徹底的行動主義において重要なのは、内的過程の構造を明らかにすることではなく、環境と行動の間の相互作用、関数関係を明らかにすることだ。行動の原因を環境に求め、環境と行動の関数関係を記述していくことは、適切な環境設定によって生活体の行動を制御したり、あるいはある環境内における生活体の行動を予測することを可能にする。ワトソンが掲げた「行動の予測と制御」という心理学の目的のためには、徹底的行動主義の考え方はきわめて実用的な視点を与えるものであった。そのうえ、ワトソンの行動主義では取り扱いが難しかった主観的な過程も、私的行動という「行動」として統一的に扱うことができる。

スキナーは、徹底的行動主義の考え方に基づいて、行動分析学という学問体系を打ち立てた。「学」とついているように、行動分析学は一つの学問体系である。心理学の一分野であると考える人もいるが、その広がりはまさに一つの体系と言ってよい。スキナーと徹底的行動主義、行動分析学については、第3章であらためて紹介することになるが、その体系すべてを説明するのはこの本の範囲を越えている。できればぜひ、スキナーの著作[★9]や教科書[★10]を読んでみてほしい。

▼「主義」の使い方▲

目には見えない心や精神を科学的に研究するための道具立てとして、ワトソンの行動主義から方法論的行動主義と徹底的行動主義という二つの流れを紹介した。歴史的には、新行動主義の時代の後に認知革命と呼ばれるムーブメントが起こり、行動に代わって認知が心理学の主役に躍り出るのだが、いわゆる認知心理学という領域の中で行われていることは、結局のところ、方法論的行動主義であるので、乱暴ではあるがここでは方法論的行動主義の中に含めることとする。あなたは方法論的行動主義と徹底的行動主義のどちらがお好みだろうか。現代の心理学において、多数派は方法論的行動主義である。もちろん、科学において多数派がいつも正解とはかぎらない。どちらの立場に関しても、賛同と批判が存在する。

ここで大事なことは、心理学やその関連領域の研究を行うにあたっては、それなりの道具立てが歴史的に検討されてきていることを理解したうえで、目的に合わせてそれを適切な形で使うということだ。方法論的行動主義に則って研究や議論を進めることはできる。徹底的行動主義に基づいて進めることもできる。しかし一つの研究の中で、それらを雑な形で混ぜることはできない。ここでいう「主義」とは、いってみれば「研究を行ううえで立脚する前提」のことを指す。方法論的行動主義と徹底的行動主義では、拠って立つ前提が異なる。目指すところもまったく同じというわけではない。あなたが関心を寄せるものを扱うために、適切だと思えるものを採用すればよい。

方法論的行動主義も、徹底的行動主義も、人間や動物の行動は科学的な、もっといってしまえば自然科学的な研究の対象になりうると考えている点では共通している。そしてこれは、現代の実験心理学の基本姿勢だ。実際のところ、心理学がどこまで自然科学でありうるか、また自然科学であるべきなのかについてはいろいろな議論がある。僕自身、「心理学は自然科学ですか」と聞かれると答えに窮するときがある。心理学は、その出自が哲学であるように、問題意識は人文学的でありつつも、手法としては自然科学を採用しているが、ややこしいことに文部科学省による学問の分類では社会科学なのだ。心理学はどういう科学なのかについての認識は、けっして一枚岩ではない。自然科学であれば価値がある、そうでなければ価値がないというわけではない。ただ、本質的には主観的なものである人間や動物の心なるものをいくらかでも客観的な方法で扱おうとするなら、行動というものを対象とした研究をせざるをえない。そのうえで、行動を説明する際に、内的過程を導入するのか、環境との相互作用で説明するのかは、何を知りたいのかによって変わってくる。「主義」にとらわれるのではなく、目的に応じて、適切な方法を採用し、その方法の中で要求される作法を満たすことが重要である。

▼行動を説明する▲

本質的には主観的なものである人間や動物の心を客観的な方法で扱うためには、何らかの形で行動を扱うしかない。心理学は、分野の違いによって程度の違いはあれ、実際の研究の中で行っていることは「行動を説明する」という作業である。好きな人に意地悪をしてしまうのはなぜだろう。困っている人を見たら助けなければいけないことはわかっているのに、なぜ見て見ぬふりをしてしまうのだろう。レモンを見ただけで唾液が出るのはなぜだろう。いろいろな行動が関心の対象となるが、知りたいことは「なぜその行動をするのか」という点である。

人間や動物の行動を説明するというときに、出しうる答えは一つではない。問いの立て方によって、異なる水準の答え、説明を与えることが可能である。方法論的行動主義が与える行動の説明も、徹底的行動主義が与える行動の説明も、いわば別の水準で答えを与えているといってよいだろう。行動の説明に関してどのような水準が設定できるかについては、「ティンバーゲンの四つの『なぜ』」という有名な枠組みがある。[★11] ティンバーゲンとは、序章でも登場した動物行動学者のニコ・ティンバーゲンである。ティンバーゲンは、動物の行動を理解するためには、四つの異なる「なぜ」、四つの異なる問いが設定でき、そのすべてに答えなければ理解したことにはならないと考えた。これはなにも、人間以外の動物の行動だけに適用されるものではない。人間の行動についても同様である。ここでは、「ある種の鳥はなぜさえずりをするのか」を例に、四つの問いを順に見ていこう。

第一の問いは、「至近要因」に関するものである。ある行動を引き起こす生理学的、心理学的な直接的な原因を問うものだ。「鳥はなぜさえずりをするのか」という問題に関していえば、「どのような生理学的機構や心理学的機構によって鳥はさえずりをするのか」ということになる。この問いに対しては、鳥ののどの構造であったり、さえずりという行動を制御している脳内の生理学的機構であったりが答えになる。また、鳥のさえずりは繁殖期に多く見られるため、季節の変動をどのようにして鳥が知るのかについても答えを提供することになるだろう。

第二の問いは、「究極要因」、あるいは「進化要因」と呼ばれる。ある行動がどのような機能をもって進化してきたのかに関する問いである。鳥はなぜさえずりをするのかに関する究極要因の問いは、「鳥のさえずりには進化的にどんな機能があるのか」というものになるだろう。進化に関しては第2章でも紹介するが、この問いに対する答えを知るには、鳥のさえずりがみずからの生存にどのように役立っているか、あるいは繁殖にどのように寄与するか、多くの子どもを残すことにどのように関係しているのかを明らかにする必要があるだろう。

第三の問いは、「発達要因」と呼ばれるもので、「生活体の一生の中で、その行動はどのように発達し、獲得されていくのか」を明らかにしようとするものだ。鳥は生まれてすぐにさえずりができるわけではない。さえずりのために必要な脳内機構やのどの構造が発達によってどのように変わっていくか、また他の個体のさえずりを聞くことでさえずりの方法を学んでいく様子を明らかにすることで、こうした問いに答えを与えることができるだろう。

第四の問いは、「系統進化要因」と呼ばれる。関心のある行動が、どのような進化の道筋で現在に至っているのかを明らかにしようとするものである。鳥のさえずりに関していえば、祖先から現在に至るまで、どのような道筋でさえずりが進化してきたのかを明らかにする必要がある。現在生きている種であれば、直接研究することができるが、祖先種はすでに絶滅していることがほとんどである。系統進化に関する答えを得るためには、現在生きている鳥のさえずりを複数の種にわたって比較して過去を推測する、さえずりに関係している遺伝子を研究する、化石的証拠を検討するなど、さまざまな方法を動員することが必要となるだろう。

ティンバーゲンの四つの問いは、もともとは動物行動学から来たものである。しかしそれば、心理学においてもそのまま適用できるものだ。人間や動物の行動を説明しようとするとき、方法論的行動主義だろうか徹底的行動主義だろうが、結局のところ「人間や動物はなぜその行動をとるのか」という問いに対して答えを与えようとする。鳥のさえずりであろうが、日常場面での人間の行動であろうが、実験箱の中のラットの行動であろうが、同じことだ。ティンバーゲンが考えたように、ある行動について十分な理解に達するためには、この四つの問いのすべてに対して一定の答えを得なければならない。個々の研究がすべての問いに対して答えを与える必要はない。しかし、四つの問いのもつ意義を等しく理解し、自分が関心を寄せているのはどの部分なのか、それ以外にどんな問いの立て方がありうるのかを知っておく必要はある。

▼四〇億年の過去▲

ティンバーゲンの四つの問いのうち、進化に関するものについてはあらかじめ説明が必要だと思われる。それは、じつはあなたの人生に深く関わるものだからだ。

あなたの人生の話をしよう。

あなたの人生には、過去と現在と未来がある。あなたの人生について何か話してほしい、と言われたら、あなたはどこから語り始めるだろうか。記憶しているかぎりの最も古いところからだろうか。三島由紀夫の小説『仮面の告白』の主人公は、みずからが生まれたときのことを覚えていると述べる。記憶に関する多くの研究からは、こうしたケースは考えにくく、多くの場合は人生について重要な出来事の記憶は三歳頃以降のものしか思い出すことができない。あなた自身が自分の記憶で語り起こすことのできる人生は、あなたが三歳になってから後のことだ。

いや、あなたの人生はその前からもちろん始まっている。いつからだろう？　あなたが生まれたときから、というのがわかりやすい答えだろう。わかりやすいが、違う。精子と卵子が出会い、受精が起こったとき？　これも受け入れられやすい答えかもしれない。あなたという個体についていうならば、遡ることができる最初の段階はここかもしれない。ヒトという種は、受精からおよそ二八〇日間を母体内ですごす。

　では、あなたが生まれてからこれまでの月日におおよそ二八〇日を加えれば、あなたの人生について十分な話ができるだろうか？　いや、これでもまだ足らない。いまこの本を読んでいるあなた、あなたのこれまでの行動やこれからの行動に影響し、人生に大きく影響するものについて話すためには、それでもまだ足らない。あなたの人生について話すためには、ざっと四〇億年の年月を遡らなければならない。

　いやそれはおかしい、と思われるかもしれない。しかし本当なのだ。あなたの人生は、あなたがこの世に生を受けるよりも、ずっと昔からのいろいろな物事を引き受けて成り立っている。あなたの人生があなたの両親や祖父母の影響を受けている、ということは理解できるだろう。あなたには、生物学上の両親と似たところがあるはずだ。祖父母と似ているところもあるだろう。これは、同じような家庭環境で育ったり、両親や祖父母を見て育つことによる影響ももちろんあるが、遺伝的要因がおおいに影響している。この遺伝的要因というものは、なにもあなたと血がつながっている人々の影響を受けているということだけを示しているのではない。あなたが人間であるということ、別の種の生物から進化してきたヒト（ホモ・サピエンス）であるということが強く関係している。長い長い進化の歴史の中で起こってきた事柄は、あなたの中に刻み込まれている。あなたは白紙の状態で生まれてきたのではない。あなたの両親、祖父母、そのまた前の世代、まだヒトですらなかった時代のあなたの先達たちの身に起こり、さまざまな変化を遂げてきた結晶があなただ。そうした土壌は、あなたの人生に確実に影響している。

ダーウィンと進化論

地球に生命が生まれたのは、いまからざっと四〇億年ほど前と言われている。生命の起源についてはさまざまな説があり、確定的なことをいうことはできない。ただ、四六億年ほど前にできあがり、長い冷却期間と小天体の衝突などを経て、四〇億年ほど前の地球に、現在の我々に続く長い長い生命の歴史の出発があるようである。誕生した最初の生物は、現在我々が知っている生物とは大きく異なっていた。そもそも当時の地球は、現在のそれとは大きく異なっていて、酸素濃度が薄く、その代わりにメタンや硫化水素が多く存在したといわれている。そこに生きていた生命は、酸素以外の物質を使って生命を維持していた。が、ある時期に水を使って光合成を行う生命が登場し、彼らが水を化学分解することで酸素を排出することによって酸素濃度が増加していった。それに伴って、単細胞の生物からより大きな多細胞生物が生まれ、地球上の生命はより大きくなり、広範囲に広がっていった。

とはいえ、もともとはきわめて単純な形でしかなかった生物が、なぜこれほどまでに複雑な形になり、また多種多様な種類になったのかを酸素濃度の問題だけで説明するのは無理がある。これには、進化と呼ばれる過程が関係している。進化という考え方は古くから存在するが、最も有名なものはチャールズ・ダーウィンによる、自然淘汰に基づいた進化論の提唱だろう。といっても、ダーウィンも最初から自然淘汰説を採っていたわけではない。

ダーウィンは、一八〇九年にイギリスの裕福な家庭に生を受けた。父方の祖父は著名な博物学者であるエラスムス・ダーウィン、母方の祖父は陶器で著名なウェッジウッド社の創業者、ジョサイア・ウェッジウッドである。ダーウィンは知人の勧めで、一八三一年にイギリス海軍の船ビーグル号に乗り込み、世界をまわる旅に出た。当時、地球の大きさや地理についてはだいたい把握されていたものの、地球ができあがってどれくらいの年月が経ったのかはまだ不明で、化石や地層の研究が始まったばかりだった。この旅の中で、ダーウィンは進化に関するさまざまな着想を得ることになる。

一方で、生物の進化については、当時すでにジャン＝バティスト・ラマルクが用不用説に基づいた主張を行っており、生物進化という考え方自体は存在していた。ラマルクによれば、生物は生き残るために必要な器官を積極的に使うことでその器官が発達し、これが次の世代に遺伝するとされる。つまり、後天的に獲得された形質（特徴）が遺伝するというのだ。ラマルクの主張した獲得形質の遺伝というアイデアは、当時のダーウィンも影響を受けていた。というのは、ビーグル号の冒険の中で出会った、西洋文明とは異なる世界に生きる人々に対し、「その地域で生きるための習慣を獲得し、その習慣が遺伝している」という考え方をもっていたようなのだ。それほどにラマルクの考え方は説得的だったのだろう。

一八三六年にビーグル号の旅を終えたダーウィンは、自然淘汰説の着想を得る。これは一八三八年頃のことといわれるが、ダーウィンはこのアイデアを長く公表していなかった。そこに、博物学者アルフレッド・ウォレスから、ダーウィンが着想していた自然淘汰説とほぼ同じ内容の論文が送られてくる。一八五八年のことである。ウォレスは、ダーウィンとは独立に、しかし共通のアイデアにたどり着き、「もし価値があると思われるなら学会にこの論文を送ってほしい」と言ってきたのだ。ダーウィンはあわててみずからも論文を仕上げ、ウォレスの論文と合わせて学会に提出した。この意味で、自然淘汰説はダーウィン一人のものではなく、ウォレスのものでもあった。後にウォレスは、「超自然的な力が人間の進化に影響した」というような主張を行うようになったこともあり、現在では自然淘汰説といえばダーウィンの印象が強くなっている。そして一八五九年にはダーウィンが『種の起源』を出版し[★12]、いよいよ自然淘汰説についてさまざまな議論が始まった。

自然淘汰説とはどういうものだろう。簡単にいうと、それは「生物の形質の違いが生命の維持や生殖に差をもたらし、その環境の中で多くの子孫を残すことに寄与した形質が次世代に残る」というものだ。例を挙げよう。ここに鳥がいる。鳥も動物なので、もちろんエサを食べるわけだが、この鳥が住んでいる島には、堅い殻に覆われた木の実がたくさんある。すると、「堅い殻を割ることのできるクチバシ」をもっている個体の方が、そうでない個体よりもより多くのエサにありつくことができる。すると、同じ鳥であっても、「堅い殻を割ることに適したクチバシ」をもっている個体の方が生き残ることに有利であり、より多くの子孫を残すだろう。子は親に似る。結果的に、「堅い殻を割ることに適したクチバシ」をもった個体がその島の中では多数になっていくだろう。これが最も単純な自然淘汰の例の一つだ。食物の形状や種類によって、多種多様なクチバシをもった鳥が進化した例として、ダーウィン・フィンチという鳥の研究がある。昆虫を食べるもの、木の芽を食べるものなど、食性の違いによってさまざまなクチバシをもつ種が生まれたといわれている。★13 ダーウィンは、生物のもっている形質によって自然環境内で生命維持や生殖に差が生じ、その結果としてさまざまな種が分化していったと考えたわけである。このように、ある環境の中で生命維持や生殖に有利であることを「適応的」と呼ぶ。

自然淘汰というアイデアから、「適者生存」という言葉を想起する人がいるかもしれない。適者生存という言葉には、さまざまな呪いがかかっている。ダーウィンが着想した自然淘汰において、「適者」を決めたのは誰だろうか。それは自然だ。人間ではない。人類の歴史の中で、「適者を人間が決める」という発想に基づいて、多くの悲劇が起こった。これは大きな誤りだ。これが誤りである理由も、この後に紹介する。

▼遺伝子の発見▲

ダーウィンの時代と現代では、進化を論じるうえで決定的な知識の違いがある。それは遺伝子に関するものだ。一八六六年に発表されたグレゴール・メンデルによる遺伝の法則に関する知見（データの改竄が疑われたこともある）が二〇世紀に入って再発見され、遺伝学が確立し一九五三年にはジェームズ・ワトソンとフランシス・クリックによるDNA分子の立体構造に関する論文が出版された。★14 現代の我々は、これらがどういう意味をもっているか、どういう機能をもっているのかについて多くの知識がある。

生物の身体は、おもに水とタンパク質からできている。このタンパク質をつくるための情報をもっているのがＤＮＡ、デオキシリボ核酸と呼ばれる分子だ。この分子は、アデニン、シトシン、グアニン、チミンという四種類の塩基と、リン酸、デオキシリボースからできている。アデニンはチミンと、シトシンはグアニンとそれぞれ結合して二重螺旋構造をつくっている。このＤＮＡがヒストンと呼ばれるタンパク質にからまって染色体をつくり、我々の細胞内にある核に保存されている。ＤＮＡに並んでいる塩基がタンパク質の部品であるアミノ酸に対応し、このアミノ酸がつながって複雑な立体構造をもったタンパク質をつくる。

染色体は、人間の場合には二三本の染色体がペアとなって合計四六本ある。父親も四六本、母親も四六本もっているわけだが、これらのうち半数が精子と卵子として接合し、二三対四六本の染色体をもった子が生まれる。父親と母親がもつ遺伝情報は、こうして子に受け継がれる。しかし、父親とまったく同じ、母親とまったく同じにはならない。父親と母親の両方の遺伝情報を子が引き継ぐのだ。これが有性生殖、つまり雌雄二つの個体が生殖に関わることの特徴だ。これにより、同じ種であっても遺伝情報が異なるため、遺伝的多様性が生まれる。

遺伝的多様性が生まれる理由は他にもある。それは突然変異だ。細胞の分裂など遺伝子の複製が行われる際に、きわめてまれな確率ではあるが、塩基の欠損や変化が生じる。確率的にはきわめてまれなのだが、塩基の数もきわめて多いうえに個体の数も膨大であるため、突然変異そのものは全体で見れば一般的な現象である。突然変異によって塩基配列に変化が生じることが、個体に及ぼす影響はさまざまだ。すでに見たように、遺伝情報はタンパク質の合成に関わっている。したがって、突然変異による遺伝情報の変化は、生物の体の構造や機能に影響を与えうる。その多くは中立的で、個体にとって影響を及ぼさない。だが中には、その個体にとって大きな影響を及ぼすものもある。

▼自然淘汰と遺伝子▲

ダーウィンが知らなかった遺伝子についての知識と、ダーウィンの自然淘汰説を考え合わせ、生物の進化について多くのことがわかってきた。生物の身体の主要な部品であるタンパク質をつくる情報を格納しているＤＮＡは、親から子へと受け継がれる。その際に、親の遺伝情報が完全にコピーされるわけではなく、雌雄両方の遺伝情報をミックスしつつ、突然変異によってそれまでにはない特徴が生まれることもある。こうして生まれた子は、親とは違う特徴をもつことになる。

親とは異なる特徴とは、どういうものだろうか。あるものは親よりも少しだけ大きなクチバシをもつかもしれない。あるものは親よりも少しだけ短いクチバシをもつかもしれない。こうした違いは、有性生殖と突然変異によって生まれる遺伝情報の多様性の結果だが、あくまでも遺伝情報に基づいたものだ。つまり、「大きなクチバシ」「小さなクチバシ」という形質（表現型と呼ぶ）をもたらすような遺伝情報が存在する。もし大きなクチバシをもっていた方がエサを得るのに有利であれば、「大きなクチバシ」を形成するような遺伝情報をもった個体は、そうでない個体よりもより多くの子孫を残す。結果的に、「大きなクチバシ」を形成するような遺伝情報をもつ個体が、そうでない個体よりも増えるのだ。つまり、自然淘汰を受けるのは遺伝子ではなく表現型である。

ここでいう表現型は、なにも生物の身体の形だけではない。行動もまた表現型の一つであり、自然淘汰の対象となる。これは、我々人間を含め、生物の行動をつかさどるさまざまな器官（たとえば脳）もまた、遺伝情報によってその働きに制約を受けているせいだ。逆にいえば、遺伝情報としてコードされていない行動傾向は自然淘汰の影響を受けない。ラマルクの主張した獲得形質の遺伝というアイデアが否定されたのも、このロジックによる。たとえばあなたが、けがによって腕や足を失ったとしても、これがそのまま、あなたの子が腕や足を失った状態で生まれてくることにつながるわけではない。後天的に獲得された多くの特徴や機能、行動傾向は、ＤＮＡにその情報を格納されることがないため、次の世代には引き継がれないのだ。

地球上に生命が現れてから四〇億年にわたって、生命は進化を遂げてきた。生命の形、行動の傾向に大きな影響を与える遺伝子は、有性生殖や突然変異などさまざまな理由によってその形を変え、その結果として環境の中でより多くの子孫を残すことができるような表現型をもつ個体（適応的な個体）の数を増やし、多くの生物種が生み出された。人間もその一つだ。人間は他の動物とは異なる、さまざまな特徴をもっている。たとえば人間が用いる言語は、他の動物たちがコミュニケーションに用いる手段とは大きく異なる特徴を備えている。しかし進化の歴史の中で流れてきた時間は、すべての種の背後に平等に横たわっている。人間を特別な種と呼ぶのなら、同じ意味で他のすべての生き物もまた特別な種である。

生得性、多様性、あなたの人生

ここまで、簡単にではあるが、ダーウィンの自然淘汰説と遺伝子に関する話題から、進化について見てきた。四〇億年にわたる長い過去が、あなたの行動や心の背後にあり、また内部に折りたたまれていることをわかってもらえただろうか。あなたがみずからの行動の理由、心のありようについて知りたいと思ったとき、その答えのいくつかはあなたが生まれるよりずっと過去、数億年の過去にある。こうした数億年にわたって獲得されてきた人間の（そして他の生き物の）行動の傾向や「心」のありようを変えることは容易ではない。場合によっては、変えようとするのをあきらめて、それを受け入れてうまくつき合う方法を考える方がよい場合もあるだろう。

進化と遺伝的背景についての知見が我々に教えるものは、これだけではない。僕もあなたも、同じ人間という種に属する生き物だが、もっている遺伝子は異なっている。人間という種に属している個体が共有する多くの特徴を僕とあなたは共有しているが、顔の形も違えば行動の傾向も違う。もちろんその中には遺伝的背景をもたない後天的なもの、後述するような学習の影響を受けるものもあるが、それでもやはり僕とあなたには生得的に、つまり生まれながらに違う生き物である。この違い、「生まれながらに違う特徴をもつ違う生き物であること」はきわめて重要な意味をもつ。

僕とあなたは、同じ状況に置かれたとしても異なる行動をとることがあるだろう。同じ病原菌にさらされても、僕は倒れてしまってもあなたは生き残るということがあるだろう。長い進化の歴史がつくり上げてきた「人間という種」に同じように属していても、我々は異なる特徴をもっていて、それこそが進化の原動力となっていた。僕とあなたが、あるいは我々のまわりにいる人たちがみんな同じ特徴をもっていたら、その特徴が弱点になるような事態が起こったとき（全員が感染して死亡する病気がはやるなど）、人類は滅亡してしまう。我々が少しずつ違う特徴をもっていること、多様であることは、生き物の仕組みとして当然のことであり、また必要なことなのだ。

進化の歴史の中で、すべての生き物は「生まれながらにもっているもの」を獲得してきた。そしてそれは、同じ種に属していても、少しずつ違うものだ。僕もあなたも、こうした「生まれながらにもっているもの」を使って毎日の生活を送っている。「生まれながらにもっているもの」の中には、いまの僕らの人生の中で好都合なものもあれば、「あんなふうになれたらよかったのに」と他人をうらやむ原因になるようなものもあるかもしれない。しかしこうした違いは、長い進化の歴史の中で獲得されてきた、生き物の必然とでもいうべきものだ。カート・ヴォネガットの小説『スローターハウス5』でも引用されている有名な警句に「変えられるものを変える勇気を、変えられないものを受け入れる冷静さを、そして両者を識別する知恵を与えたまえ」というものがある。僕らが進化の歴史の中で獲得してきた特徴の中には変えられないものがあり、その上に僕らの行動や人生がある。そして「学習」とは、「変えられるものを変える」ための方法であり、「両者を識別する知恵」を提供してくれるものなのだ。

▼学習心理学における行動の説明▲

ここまで、目には見えない心なるものを行動を通じて研究するための道具立てや問いの設定について述べてきた。さて、あなたは忘れかかっているかもしれないが、この本は学習心理学に関するものである。ここまで述べてきた事柄は、学習という現象を理解するために、どう役に立つのだろう。

学習とは、「経験によって生じる、比較的永続的な行動の変化」であると定義した。学習心理学とは、経験によって生じる行動の変化のメカニズムを説明する学問であるといえよう。ここでいう行動の変化は、筋肉の動きや消化腺の反応といったミクロなものから、身体全体を使って行われるマクロなもの、あるいは日常生活の中で見られるような複雑な意思決定などさまざまなものを含む。序章で述べたように、本書では「これは行動だがこれは行動ではない」というような厳密な境界を設けずに進めている以上、その射程はとても広い。きわめて広い範囲の行動を扱いつつ、どのような経験が行動の変化を引き起こすのか、という環境要因を検討することもあれば、行動の変化を引き起こす内的過程を明らかにしようとすることもある。これらは、ティンバーゲンの四つの問いの中では、「至近要因」に関する問いが最も近い。至近要因について明らかにしようとするならば、徹底的行動主義に基づいて行動を制御している環境要因を特定する作業を行う場合もあれば、内的過程を明らかにするために操作的定義に基づいた仮説構成概念を導入することもある。すでに述べたように、ある主義主張にこだわって扱う問題を限定することはしない。そのつど、問いに答えるための方法を導入することとする。

学習心理学が扱うのは、至近要因だけではない。ある行動の変化が学習によるものなのか、それとも発達や加齢によるものなのかを分離するのは容易なことではない。この問題を扱うためには、学習心理学の中で「発達要因」に関しても問う必要がある。また、人間や動物がなぜ学習という機能をもっているのかを考えるならば、「究極要因」に関して考える必要がある。人間の学習と動物の学習を比較するならば、「系統進化要因」についても扱う必要があるだろう。人間や動物が行う複雑な行動を研究するうえでは、何か一つの切り口だけに注目するだけでは不十分だ。なにより、それでは面白くない。学習という現象を、さらには人間や動物の行動を包括的に説明するために、いろいろな側面から検討を進めることにしよう。

第2章
世界を知ること
古典的条件づけ

この章では、いわゆる古典的条件づけを紹介する。古典的、という名前からはずいぶんと古臭い話題なのではと思うかもしれない。たしかに発見されたのは一九世紀の終わりのことなので、古臭いといえば古臭い。とはいえ、最初から「古典的」であったわけではなく、この手続きと現象に「古典的条件づけ」という名前がついたのはアーネスト・ヒルガードとドナルド・マーキスによる本が出版された一九四〇年のことで[★1]、二〇世紀中頃である。いや、たしかにそれでも古い。それほどに昔から知られている有名な現象であるということだ。

古典的条件づけは、高校の生物の教科書で取り上げられていたこともある。古典的条件づけという言葉になじみがなくとも、条件反射と聞けばご存じかもしれない。そう、「イヌが唾液を流す」というあれである。古臭いうえに、ずいぶんと単純な話題だと思われたかもしれない。条件反射と聞くと、

「思わず何かをしてしまう」といった具合に、人間の複雑な思考とは無関係に起こるもののようなイメージがついてまわる。これは完全に間違いというわけではないが、この古典的条件づけという現象は、じつはとても複雑で多くの問題に関わっていることが後の研究で明らかになってきた。一九八八年には、「古典的条件づけはあなたが考えているようなものではない」というタイトルの論文まで出版されている。★2 いったい何がそこまで複雑で重要なのだろうか。

▼パブロフ以前▲

ロシアの生理学者、イワン・ペトロヴィッチ・パブロフが古典的条件づけを発見した、というのが学習心理学の教科書では定番となっている。これはもちろん、間違いではない。しかし、古典的条件づけという現象のもつ意味を理解するためには、パブロフよりももう少し時代を遡る必要がある。パブロフは一八四九年に生まれ、一九三六年に亡くなった。パブロフが生きた時代は、日露戦争、第一次世界大戦、ロシア革命による共産主義政権の樹立と激動の時代であり、その研究活動もこうした歴史の荒波と完全に無縁とはいかなかった。詳細は歴史書に譲るとして、ここでは時計の針を巻き戻し、パブロフに影響を与え、パブロフの行動観や世界観に影響を与えたように思われる先人の研究を見てみよう。

心理学を学んだことのある人ならば、エルンスト・ハインリヒ・ウェーバーという人物の名を聞いたことがあるだろう。刺激の弁別をするために必要な違いは、基準となる刺激の強度に比例するという、有名な「ウェーバーの法則」を発見した人物である。エルンスト・ウェーバーの兄弟たちも学者であったが、その中にエドゥアルト・フリードリヒ・ヴィルヘルム・ウェーバーという弟がおり、彼は解剖学者・生理学者であった。エドゥアルトは、エルンストと共同でカエルの迷走神経を用いた研究を行っていた。一八世紀末にルイージ・ガルヴァーニが電気的な刺激によってカエルの筋肉が収縮することを発見して以来、神経細胞の活動が電気的なものである可能性はすでに議論されていた。一八三一年にマイケル・ファラデーが電磁誘導を発見したことにより、神経系に対して電気的な刺激を与える技術が進展し、これを受けてウェーバー兄弟は、カエルの迷走神経に電気的な刺激を与えることで心臓の活動がどのように変化するかを検討した。その結果、迷走神経に対する刺激は心臓の活動を促進するのではなく、むしろ抑制することが明らかになった。[★3] 一八四五年に学会で発表されたこの結果は、神経細胞の興奮活動が自律的な活動を抑制、制止することを示した最初の発見であった。

この結果のもつ意味を引き継いだのが、イワン・ミハイロヴィッチ・セーチェノフである。セーチェノフの関心を理解するために、次のような状況を考えてもらいたい。あなたは映画館にいる。シリアスなシーンで、映画館は静まり返っている。そこで、空調のせいであなたの鼻にほこりが入り、くしゃみをしそうになる。あなたはどうするだろうか。大きな音をたてないように、なんとかくしゃみを抑えようとするだろう。そしてその試みは、ある程度成功する。くしゃみ自体は自律的な反応であり、反射である。くしゃみをしようと考えてくしゃみをするわけではない。しかし我々は、こうした意図とは無関係に起こる反応であってもある程度制御することが可能である。セーチェノフは、我々はいかにして自律的な行動を制御することが可能であるかに関心をもった。もし神経細胞の興奮が生体の他の部分の活動を促進するだけであれば、そして神経細胞から成り立っている機構によって人間や動物の行動が支えられているならば、なぜこのようなことが可能なのだろうか。外界からの刺激が引き金となって神経系の活動が起こり、それが行動を制御しているとするならば、その行動を「意図的に制御する」ための引き金はどこにあるのだろうか。「くしゃみを我慢する」といった自律反応に対する「意図的な制御」を可能にするためには、外界からの刺激によって生じる神経系の活動による説明だけではなく、ルネ・デカルトが考えたような二元論的な説明、たとえば「魂」「精神」「心」といったものが必要になるのだろうか。

セーチェノフは、「神経細胞の活動が生体の自律活動を抑制しうる」という知見に、二元論ではなく一元論でこの問題を解くカギを見たと思われる。そして、カエルの足を酸に浸けたときに起こる反射が、脳の視床と呼ばれる部位を刺激することによって抑制されることを見出した。こうした研究をもとに、セーチェノフは、デカルト以来長く信じられてきた反射に関するいくつかの問題に切り込んだ。デカルトの発想では、反応の強さは刺激の強さに関連する。しかし、すでに見たように、我々の反応は刺激の強さだけに依存するわけではない。弱い刺激であっても強い反応を誘発することがあるし、強い刺激であっても脳を刺激することによって抑制されることがある。セーチェノフは、脳の機能として制止の重要性を指摘し、反射概念を拡張することによってさまざまな心的活動を反射の枠組みで説明しようとした。こうしたアイデアは、『脳の反射』という本として一八六三年に出版され、

パブロフに大きな影響を与えることになる。★4

▼パブロフによる条件反射研究▲

こうした背景を踏まえ、パブロフの条件反射研究を見てみよう。パブロフは、その研究人生の最初から条件反射を研究していたわけではない。パブロフは、動物の消化器官に関する書物を読み、消化という生理的メカニズムの精巧さ、美しさに魅せられたといわれる。当初は司祭になるつもりで神学校に学ぶが、サンクトペテルブルク大学に進学し、医師となった。動物実験室の管理の仕事を経て、軍医大学校に教授職を得たのが四一歳のときであった。パブロフは消化器官、とくに消化液の分泌を研究するために、イヌを対象として実験を行い、食道に外科手術を行うことでエサを食べても胃に入らずに外に排出されてしまう擬似給餌法と、胃の一部を体外に露出させて麻酔がかかっていない状態で胃の活動を観察する方法を組み合わせた研究を行った。こうした研究で得られた知見が評価され、パブロフは一九〇四年にノーベル生理学・医学賞を受賞することになる。

パブロフは消化器と消化液の分泌に関心をもつ生理学者であったが、その研究は思いもよらない発展を遂げることになった。いうまでもなく、条件反射の発見である。発端は、さまざまな食物を与えたときにイヌが分泌する消化液の量や質がイヌによって異なること、また状況によって異なることであった。同じものを与えても、イヌの食物の好みや空腹の度合いなどによって、消化液の分泌の程度には大きな差が出てくる。また、イヌが食物を摂取すると、まだ胃に食物が到着するよりも前に消化液の分泌は胃においてスタートする。極端な場合、空腹なイヌは、食物のかけらを見ただけで胃液を分泌することも見出された。

パブロフの研究室では、こうした結果をどのように解釈するべきかについて意見が割れたようだ。「もうすぐエサにありつける」という期待を学習するのだ、というように心的な過程に踏み込んだ解釈を支持する者もいた。しかしパブロフは、主観的過程を導入することを拒否した。パブロフはあくまでも生理学者であり、この現象を神経系の生理学的研究のツールとして用いるという立場をとることとなった。もともと、パブロフは消化器の制御についても神経系の機能を重視しており、彼は条件反射研究を神経系の生理学的研究の中心に据えた。しかし、他の研究者の研究からホルモンなどの化学信号による消化系制御の重要性が明らかになった。

古典的条件づけ研究は、パブロフとその弟子たちによる現象の発見以降、とくに理論面においては多くの進展が見られてはいるが、基本的な手続きや現象についてはパブロフ自身によって膨大な知見が残されている。[★5] 最も基本的な手続きは以下のとおりだ（図2-1）。

まず、メトロノームの音をイヌに聞かせてみよう。イヌは最初、「おや、なんだ」といわんばかりに音がした方向に顔を向ける。これは定位反応と呼ばれる。定位反応は、何回か同じ音を聞いていると消失してしまうので、メトロノームの音はイヌに対して大きな反応を持続的に引き起こすことはない。一方で、イヌにエサを与えると、唾液を分泌する。これは生得的な反応、反射である。このように、生得的にある程度強い反応を引き出す刺激のことを無条件刺激（unconditioned stimulus）と呼

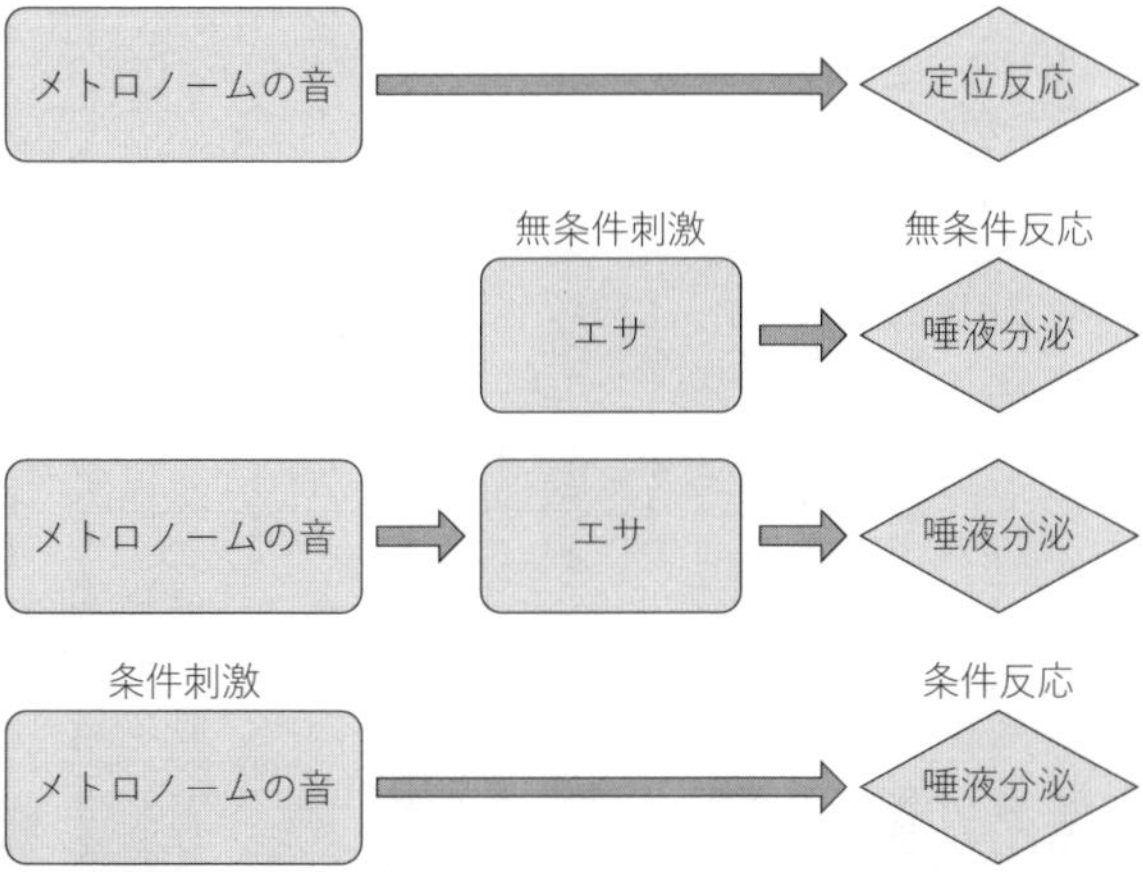

図 2-1　古典的条件づけの手続きと現象。メトロノームの音は，もともとは定位反応しか引き起こさないが，唾液分泌を引き起こすエサと対提示されることで，条件反応として唾液分泌を誘発するようになる。

び、頭文字をとってUSと略す。水やエサ、あるいは性的刺激のように好ましい無条件刺激もあれば、電気ショックや体調不良を引き起こす毒物のように好ましくない無条件刺激もある。こうしたUSが引き起こす反応のことを無条件反応（unconditioned response）と呼び、URと略す。このUSに先行して、メトロノームの音を提示する。メトロノームの音の後にエサが与えられるという対提示の手続きを多数回行うと、エサを提示しなくてもメトロノームの音だけで唾液を分泌するようになる。ここで、メトロノームの音は「エサとの対提示」という経験を経て唾液分泌という新しい反応を喚起する能力を獲得したことになる。このように、もともと特段の反応を喚起しないがUSとの対提示によって反応を喚起するようになった刺激を条件刺激（conditioned stimulus）と呼び、CSと略す。CSが喚起する反応が条件反射

(conditioned reflex)、あるいは条件反応(conditioned response)と呼ばれ、ＣＲと略される。パブロフは当初、心的反射と呼んでいたこの現象を条件反射と呼び換えることになるが、後述するように、この手続きによって獲得される行動の変化がもはや環境からの刺激に対する機械的な反射にとどまらなくなっているため、現在では条件反射とは呼ばず、条件反応と呼ばれることが一般的である。

「ＣＳとＵＳの対提示によって、ＣＳに対してＣＲが獲得される」という現象を前にして、パブロフはイヌが何を学習したと考えたのだろうか。パブロフは生理学者であるため、当然その答えを脳神経系に求めた。ただ、一九世紀末の脳神経科学の知見に基づいた解釈をいまなぞることには歴史的な意味しかない。二一世紀の現在、古典的条件づけを支える神経科学的基盤についてはパブロフの時代とは比較にならないほど多くのことがわかっている。ここでは、パブロフが考えたことのエッセンスを心理学的な水準、第4章、第5章でくわしく紹介するいわゆる学習理論の水準で紹介しよう。パブロフは、エサが口に入ると唾液が分泌される、つまりＵＳが提示されるとＵＲが喚起されるという生得的な反応が生じる機構について、「イヌの脳内にはＵＳについての処理を行う中枢とＵＲを表出する処理を行う中枢があり、これらの間には生得的な連絡経路がある」と考えた(図2-2)。つまり、ＵＳがＵＲを引き起こすのは中枢神経系にあらかじめつくりつけられた機構によるものだと考えた。一方で、メトロノームの音、つまりＣＳについては、それだけでは唾液分泌のような反応は生じない。しかし、音が聞こえていることは知覚しているはずであり、「イヌの脳内にはＣＳに関する処理をする中枢が存在する」と考えられる。ここで、メトロノームの音とエサの対提示、すなわちＣＳとＵＳ

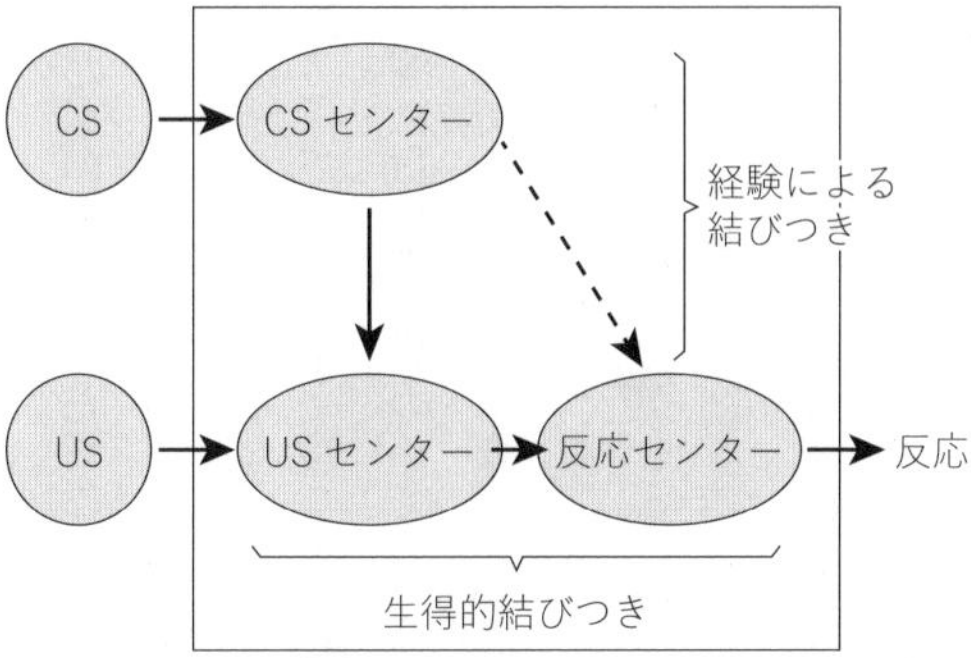

図 2-2　パブロフの刺激置換理論の概略図。四角で囲まれた部分が脳内（中枢神経系）の処理過程を表しており，無条件刺激（US）の処理を行う US センターと無条件反応をつくり出す反応センターの間には生得的な結びつきが仮定されているが，条件刺激（CS）の処理を行う CS センターと US センターや反応センターの間は古典的条件づけ手続きという経験によって新たな結びつきが形成される。

（出典）　メイザー（2008）を改変。

の対提示を経験すると，イヌの脳内でＣＳの処理中枢とＵＳの処理中枢の間に新しい連絡経路が形成されるとパブロフは考えた。この新しい連絡経路のおかげで，ＣＳとＵＳの対提示を経験した後には，ＣＳが単独で提示されたとしてもＵＳの処理経路へ情報が伝えられるため，唾液分泌という反応が表出されるようになるというわけである。この解釈は，ＣＳがＵＳと置き換え可能な機能を獲得することを示していることから，後に刺激置換理論と呼ばれるようになった。

刺激置換理論は，とてもわかりやすい。起こったことをそのまま表現しただけ，のようにも思える。しかし，刺激置換理論には，いくつか注意しなければならない点がある。まず，「ＣＳ中枢とＵＳ中枢の間に新しい連絡経路がつくられる」ということは，「刺激（ＣＳ）と刺激（ＵＳ）の間に結びつきができる」と考えているということである。この考え方は、刺激と刺激の間に結びつきができるという発想であり、Ｓ－Ｓ学説と呼ばれるが、歴史的にはＳ－Ｓ学説ではなく、メトロノームという刺激と唾液分泌という反応の間に結びつきができるというＳ－Ｒ学説に立脚したものも多かった。この本を書いている時点では、もはやＳ－Ｓ学説とＳ－Ｒ学説のどちらが統一見解として正しいのかという議論はほとんど行われていない。これからいろいろな状況で見ていくが、「状況によるし、そんなに単純なものではない」というのが結論だ。ここでは歴史的な意義として、パブロフ自身はＳ－Ｓ学説論者だったということだけを紹介しておく。

刺激置換理論についてもう一つ注目するべきは、もしこの考え方が正しければ、ＵＲとＣＲは同じものでなければならないというものである。刺激置換理論によれば、ＣＳがＣＲを引き起こすことができるのは、ＵＳからＵＲへの経路にＣＳが割り込むことができるからだ、という解釈になる。つまり、提示されるのがＣＳだろうがＵＳだろうが、最終的な反応としての出口は同じなため、ＣＲとＵＲは同じものになる。たしかに、唾液分泌の実験事態においては、メトロノームの音だろうがエサだろうが、同じように唾液分泌が起こるため、刺激置換理論の結論は正しいように見える。しかしこれについては、さまざまな反証が示されている。もちろんＣＲとＵＲが同じものになる場合もあるが、異なる反応が獲得されることもある。具体的な例は、これから見ていくことにしよう。

パブロフが発見した古典的条件づけという現象と基本的な手続きは理解していただけただろうか。パブロフはきわめて活動的な科学者で、この手続きを用いて膨大な実験を行っている。重要なものに

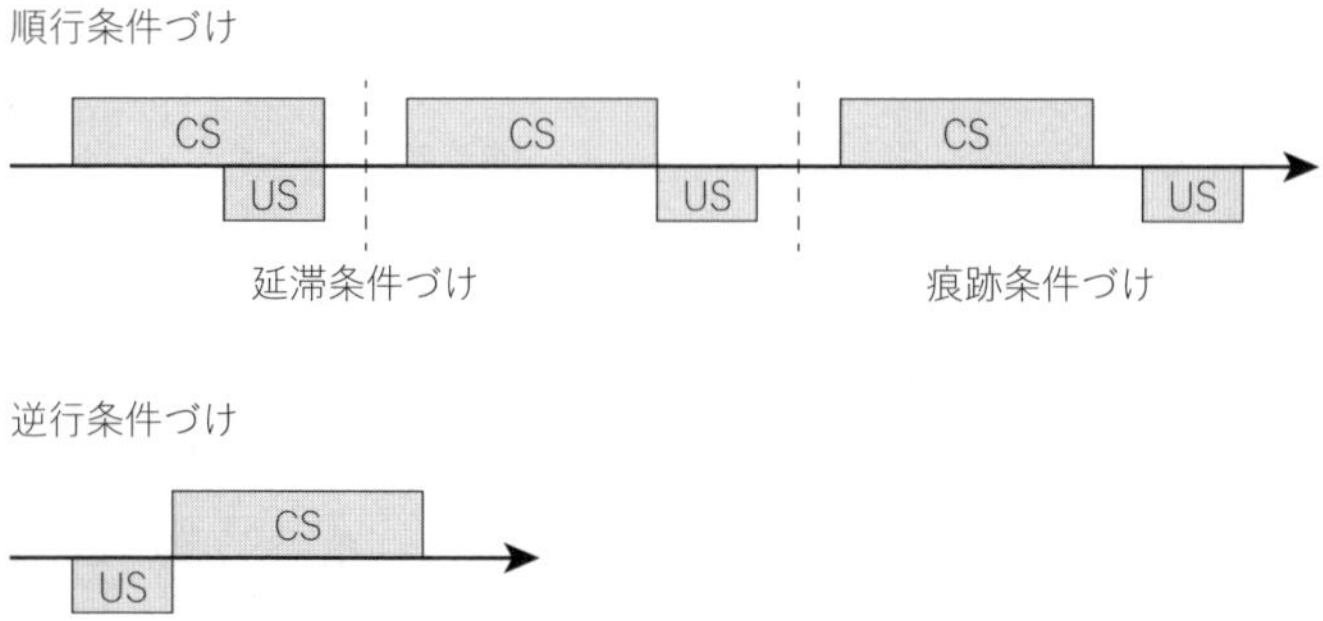

図 2-3　古典的条件づけの代表的な CS－US 時間関係。矢印にあるように，時間は左から右に流れており，CS と US の提示タイミングを示している。

ついては紹介するが、そのすべてをここで紹介するのは不可能なので、ぜひ注5に挙げたパブロフによる講義をまとめた書籍にあたっていただきたい。

▼CSとUSとの時間関係▲

CSとUSの対提示を行う際には、これらの刺激の順序や時間関係を操作することが可能であり、そうした操作により同じCSやUSを用いても、異なる現象が生じることがわかっている。パブロフ自身も、さまざまな手続きを考案してCSとUSの時間関係がCRに及ぼす影響について検討している。CSとUSの時間関係に関するさまざまな手続きを見てみよう（図2-3）。

　CSがUSよりも時間的に先行するような対提示手続きを順行条件づけと呼び、USがCSに先行するような手続きを逆行条件づけと呼ぶ。順行条件づけの中でも、CSの提示開始からUSの提示開始までに時間的な遅延があり、CSとUSの間に時間的な空白がない手続きを延滞条件づけと呼ぶ。通常、この延滞条件づけ手続きが最もCRの獲得が良好であることが知られている。ただし、CS提示開始とUS提示開始の時間的な長さには、用いる刺激や実験事態によって最適な値がある。

CSとUSの間に時間的な空白がある手続きを痕跡条件づけと呼ぶ。痕跡条件づけにおいては、延滞条件づけに比べて弱いCRしか獲得されないことが多く、また時間的空白があまりに長くなるとCR獲得が不可能となる。痕跡条件づけにおいてCRが獲得されにくいことは、CSとUSの時間的接近性がCR獲得に重要であることを示している。時間のみならず空間的にも接近性は重要で、多くの実験事態で接近性の効果は示されており、接近の法則と呼ばれる。

しかし、時間的に接近さえしていれば必ずCRが獲得されるわけではない。逆行条件づけにおいても、CSとUSは時間的に接近させることが可能であるが、実際にはCRの獲得は良好ではない。パブロフも、逆行条件づけではCRが獲得されないことを報告していた。このことから、多くの教科書では逆行条件づけではCRが獲得されないという記述が行われるようになったが、後の研究では、CSとUSの対提示回数によって異なる種類のCRが獲得されることが示されるなど、じつは逆行条件づけの背景には複雑な学習プロセスが存在することが示唆されている。時間的に接近していることだけがCR獲得に必要なわけではないならば、学習の条件として本質的なものとはいったい何だろうか。この問いに答えるためには、いわゆる学習理論について説明しなければならない。この問題については、第4章で扱う。

パブロフが用いた唾液分泌に関する実験事態以外にも、古典的条件づけの実験はさまざまな事態で行われている。次項から、代表的なものをいくつか紹介しよう。

▼唾液反射の条件づけ▲

レモンや梅干しを見たり匂いを嗅いだりすると、唾液が口の中に出てくるのを感じるだろう。この文章を読んでいるだけでも唾液が出てくる人もいるかもしれない。これは、まさにパブロフが行った実験と同じものである。レモンや梅干しのように、酸味の強い食物を口にすると我々の口内には唾液が分泌される。これは酸味がUSとして機能した結果のURである。一方で、我々がレモンや梅干しを食べるときには、当然のことながらレモンや梅干しを目で見てから、あるいは匂いを嗅いでから口にする。つまり、レモンや梅干しの外観や匂いがCSとして酸味というUSと対提示されるという状況を日常的に経験する。結果的に、我々はレモンや梅干しを見ただけで唾液を分泌するようになる。こうした事実は、ヒトにおいてもイヌと同様に古典的条件づけが生じるということを示すのみならず、我々の日常生活の中ではさまざまな条件づけが（気づかないかもしれないが）生じていることを示す。

▼恐怖条件づけ▲

恐怖条件づけとは、その名のとおり「恐怖」という情動を条件づけるものである。その端緒は行動主義宣言で有名なワトソンが行った「アルバート坊やの実験」と呼ばれるものである。[★6] ワトソンは、助手のロザリー・レイナーとともに、「アルバート」という名の乳児を対象に実験を行った（じつはこの赤ちゃんは「アルバート」という名前ではなかった、という説もあるため、あえてカギカッコをつけている）。ワトソンたちの論文によると、「アルバート」は生後九カ月で体重は二一ポンド（九・五キロ）、シロネズミやウサギ、燃える新聞紙などを提示しても怖がる様子のないおとなしい子だったという。

生後一一カ月と三日から実験は開始され、最初にワトソンたちは、「アルバート」にシロネズミを提示した。「アルバート」が左手でネズミに触れたところで、ワトソンは「アルバート」の後ろで、金属製の棒をハンマーで強く打ち鳴らし、大きな音を立てた。すると「アルバート」は驚いて倒れ込み、マットレスに顔をうずめるという行動をとった。あらためて「アルバート」が右手でネズミに触ると、同じように大きな音を提示した。今度もまた「アルバート」は驚き、泣き出した。

ワトソンたちは、「アルバート」への負担を考えて一週間の空白期間を設けたうえで、あらためてシロネズミと大きな音の対提示を行った。その結果、初回から数えて五回の対提示を経て、シロネズミの単独提示に対して顔にしわを寄せ、泣いてネズミから離れようとする行動、つまりシロネズミに対して恐怖反応を示すようになった。さらに五日後にはウサギや毛皮のコートなどに対しても恐怖を示すことが確認され、こうした効果は一カ月後になっても維持されていたという。

この実験は、シロネズミがCS、大きな音がUSとして用いられたことになる。シロネズミと大きな音が対提示された結果、シロネズミに対して恐怖反応というCRが獲得されたわけで、「恐怖という情動が古典的条件づけ手続きで獲得されうる」と解釈することができる。恐怖という問題は学習に関する基礎研究のみならず臨床的な問題へも応用が可能である。具体的な臨床的な応用については第

7章で紹介する。より詳細に検討するために、「アルバート坊や」の実験よりも洗練された手続きが後に考案されており、恐怖条件づけ手続きとして学習心理学のみならず臨床心理学や神経科学においても利用されている。

ラットやマウスを被験体とする典型的な恐怖条件づけ手続きでは、実験箱の床面に設置されたグリッド（金属性の棒を等間隔に並べたもの）から提示される電気ショックをUSとすることが多い。CSとしては音刺激や光刺激が用いられる。ラットやマウスといったげっ歯類は、電気ショックを経験すると鳴き声を上げて跳びのくといったURを示す。こうしたUSと対提示されたCSに対して、ラットやマウスは凍結反応（フリージング）と呼ばれる反応を獲得する。つまり、CSが提示されると呼吸以外の体の動きが止まり、動かなくなるのである。CRの強さは、この凍結反応の持続時間を測定する以外に、条件性抑制と呼ばれる実験事態で測定する方法がある。[★7] 条件性抑制事態では、被験体はまず空腹な状態やのどが渇いた状態に置かれ、「実験箱内のレバーを押せばエサが与えられる」あるいは「実験箱内の飲み口から水を飲むことができる」といった訓練を受ける。すると被験体は、一定のペースでレバーを押したり飲み口をなめたりといった行動を持続的に示すようになる（ベースライン行動）。次に、CSとUS、すなわち光刺激や音刺激と電気ショックの対提示を行う。CSとUSの対提示を行った後に、ベースライン行動を行っている被験体に対してCSを提示すると、CSが喚起する凍結反応によって、ベースライン行動の遂行が抑制される。CSによって喚起される恐怖反応が強ければ強いほど、ベースライン行動の抑制の程度が大きくなる。このときの抑制の程度をもって、

CRの強さを測定するのが条件性抑制である。この方法は、用いる刺激やベースライン行動を工夫することでヒトに対しても適用することができる。

▼自動反応形成▲

自動反応形成は、ポール・ブラウンとハーバート・ジェンキンスによって発見された現象で、最初の報告はハトを用いた実験であった。★8 ハトがクチバシでつつくことができる反応キーとエサが提示できるエサ皿を備え付けた実験箱にハトを入れる。そして、反応キーに光刺激を提示し、その後にエサ皿にエサを提示するという訓練を行う。すると、訓練初期にはエサが提示されるとエサを食べるだけだったが、訓練が進むにつれてハトは光刺激が提示されると、反応キーをクチバシでつつくようになる。これが自動反応形成である。

自動反応形成では、唾液分泌のような末梢的な反応が獲得されるわけでも、恐怖のような自律系が強く関与するような反応が獲得されるわけでもない。反応キーをつつくという、身体全体を使った反応が獲得される。その意味では、これは古典的条件づけというものものもっている「末梢的で非随意的で単純な反応の学習」というイメージとは違うかもしれない。しかし、自動反応形成の事態で反応が獲得されるのは、「光刺激とエサの対提示」という手続き、すなわちCSとUSの対提示によってであり、これは古典的条件づけの一つである。これは重要な点である。

自動反応形成については、もう一つ重要な点がある。それは刺激置換理論との関係だ。先に見たように、刺激置換理論は、CRとURが同じものであることを要請する。自動反応形成の事態では、URとはエサに対する反応である。ではCRはどうだろうか。この点を確かめるために、USとしてエサを用いたときと水を用いたときで反応キーへの反応がどう変化するかを確かめた研究がある。それによると、USとしてエサを用いた場合には、ハトは「クチバシを開き、まるでエサを食べるときのように」反応キーをつつくが、USとして水を用いたときには、「クチバシを閉じ、まるで水を吸い出すように」反応キーをつつくということが明らかになった。つまり、USとして用いられる刺激の種類によって、それに対応した反応がCRとして確認されたということである。また、アオカケス、ムクドリ、コマドリを用いて自動反応形成を検討した研究がある。この三種類のトリは、それぞれエサを食べるときの反応の形態が異なるのだが、エサを用いた自動反応形成において獲得されるCRがそれぞれの種がエサを食べるときの形態に類似する。[★9] こうした結果は、刺激置換理論の仮定にマッチしている。

▼味覚嫌悪学習▲

私事で恐縮だが、僕はお好み焼きが食べられない。関西で生まれ育ったので、お好み焼きが食べられないと社交上いろいろと大変なのだが、とにかく食べられない。なにも最初から食べられなかったわけではなく、ちゃんと理由めいたものがある。僕は山芋アレルギーで、山芋を食べると体調を崩してしまうのだが、子どもの頃に山芋の入ったお好み焼きを食べて体調を崩したことがある。それ以来、山芋が入っていなくとも、お好み焼きが食べられないのだ。匂いを嗅ぐだけで気分が悪くなってしまう。

これは、味覚嫌悪学習と呼ばれる現象である。発見したのは、ジョン・ガルシアという研究者で、その名をとってガルシア効果とも呼ばれている。★10 ガルシアたちは、ラットを被験体として次のような実験を行った。まず、複数のラットたちに甘味を付けた飲み物を提示する。同時に、実験装置には細工がしてあり、甘い飲み物を飲むためにボトルに口をつけると、音と光が提示されるようになっている。つまりラットたちは、甘い飲み物を飲みつつ音と光の刺激を同時に経験するわけである。「甘くて光って音がする刺激」を経験したラットたちは、二つの群に分けられる。一方の群には、床からの電気ショックが与えられる。先ほど説明した恐怖条件づけと同様の手続きである。もう一方の群には、塩化リチウムという薬物がラットのお腹（腹腔）に注射される。塩化リチウムは、なめると塩と区別がつかないような塩辛い物質だが、一定量以上を投与されると気分不快を引き起こし、下痢や嘔吐を誘発する（ただ、ラットは身体の構造上、嘔吐はできない）。この手続きの後、テストではラットたちは甘い飲み物だけを提示される条件と、たんなる水だがボトルをなめると光と音刺激が提示される条件に振り分けられる。すると、塩化リチウムを投与されたラットたちは甘い飲み物を飲まなくなるが、なめると光と音刺激が提示される水は問題なく飲んだ。一方で、電気ショックを経験したラットたちは、なめると光と音刺激が提示される水はあまり飲まないが、甘い飲み物は問題なく摂取した。つまり、塩化リチウムを投与されて気分不快を経験したラットたちは「甘い飲み物」を避けるようになり、電気ショックを経験したラットたちは「光や音刺激」を避けるようになったのである。

このように、味覚刺激と内臓不快感（気分不快）を経験すると、味覚刺激に対して嫌悪反応が学習され、摂取量が減少する。これが味覚嫌悪学習である。味覚嫌悪学習は、味覚刺激をCS、内臓不快感を喚起する刺激をUSとした古典的条件づけであると捉えることができ、塩化リチウム以外にも放射線照射による気分不快や車酔い、風邪などによる気分不快もUSとして機能する。この現象はラットだけでなくヒトでも（僕がお好み焼きを食べられないように）生じることが知られており、かわったところではナメクジ[★11]でも生じるという、動物には幅広く確認されるものである。

味覚嫌悪学習は、実験的に示された当時はいろいろな議論を呼んだ。この現象が見つかるまで、古典的条件づけの特徴と思われていたいくつかの点と、あきらかに一致しない特徴を味覚嫌悪学習は備えていた。たとえば、唾液分泌の条件づけは、CSとUSの対提示は数十回必要であるといわれている。比較的学習の早い恐怖条件づけであっても、数回は対提示を行うことが一般的だ。しかし味覚嫌悪学習は、たった一回の経験で強い学習が確認される。僕がお好み焼きを食べられなくなったのも、たった一回の経験のせいである。また、CSとUSの間に時間的なギャップがあると条件づけがうまくいかないという接近の法則についてはすでに紹介した。しかし味覚嫌悪学習は、CSとUSの時間間隔が数時間空いても学習が成立する。こうした味覚嫌悪学習の特徴は、それまでの古典的条件づけ研究の「常識」とは大きく異なるものだった。

味覚嫌悪学習の研究が示した興味深い点は、まだある。ガルシアたちの実験では、ラットは「甘い飲み物と気分不快」の関係と「光や音刺激と電気ショック」の関係を学習したように見える。つまり、「甘い飲み物と電気ショック」「光や音刺激と気分不快」の関係は学習していないように見える。これは、ある意味では不思議なことである。実験手続きとしては、ラットはたしかに甘い飲み物を飲んだ後に電気ショックを経験しているし、また光や音刺激の後に気分不快を経験している。しかしラットたちは、電気ショックを経験しても甘い飲み物を避けるようにはならなかったし、気分不快を経験しても光や音刺激を避けるようにはならなかった。これは、CSとUSの間には学習しやすい組み合わせや学習しにくい組み合わせがあることを示唆している。たしかに、何か食物を食べた後に体調を崩したならば、食べた場所が悪かったと考えるよりも食べたものが悪かったと考える方が自然であろう。第1章でも紹介したが、学習という機能は進化の産物であり、こうした学習のしやすさ・しにくさは、進化の過程で獲得されてきたものと推測される。

その一方で、「エサを食べた後に天敵に襲われたら、そのエサがある場所には天敵がいるということだから、やはり何か学習した方がよいのでは」という疑問もわく。じつは、そうした学習も生じることが知られている。味覚刺激と電気ショックの間でも学習は生じるのである。味覚嫌悪学習は、CSとUSの対提示が一回だけであっても強い学習が生じるほど強力なものだが、味覚刺激をCS、電気ショックをUSとすると、非常に多くの試行を経験しないと学習が生じない。それでも、不可能なことではない。十分な試行を経験すると、電気ショックに先立って提示される味覚刺激を動物は避けるようになることは実験的に示されている。★12

ただし、注意しなければならないことがある。気分不快をUSとした場合と、電気ショックをUSとした場合では学習されるものが違うようなのだ。そもそも、ある味の食物を避けるのはどういう理由によるものだろうか。あなたは「その食物が嫌いだから」と答えるかもしれない。では、あなたは嫌いな食物を食べたらどういう反応をするだろう。多くの場合、顔をしかめ、いかにもまずそうな反応をすることになる。これは赤ちゃんを用いた実験でも示されていて、生まれたばかりの赤ちゃんに甘味、塩味、酸味、苦味の刺激を与えると、甘味を与えたときと苦味を与えたときでは、あきらかに異なる表情を見せる。[13] 赤ちゃんは言葉を話すことができないが、その様子は、あたかも「おいしい」「まずい」と感じているように見える。ラットも同じように、甘味のように水よりもたくさん飲む（つまり好きだと推測される）味覚刺激を口にしたときと、苦味のように水よりも飲む量が少ない（つまり嫌いだと推測される）味覚刺激を口にしたときでは、表情が異なる（といっても、ラットには表情筋がないのでヒトの表情とは意味合いが違うため、顔面反応と呼ばれる）。[14] そこで、甘味と気分不快を対提示して味覚嫌悪学習を行わせ、味覚刺激への顔面反応を調べたところ、甘味に対して見られたような快の顔面反応が、学習後には苦味に対して見られるような不快の顔面反応に変化した。[15] 一方で、甘味と電気ショックを対提示した場合には、甘味の摂取量は減少するものの、顔面反応には変化が見られなかった。この結果は、気分不快をUSとしたときには「CSが嫌いになる」ことによってCS摂取量が減るが、電気ショックをUSとしたときには「CSが嫌いになったのではなく、この後危険がやってくる」ことを学習したことによってCS摂取量が減ることを示唆している。

この結果は、味覚嫌悪学習でヒトを含めた動物が何を学習しているかを知るうえで重要なものだが、それだけではない。古典的条件づけを含め、ヒトや動物の行動変容を研究するうえで、ある一つの行動指標の変化だけを見ていてはダメだということを示している。実験場面においては、事前に決めた行動の変化を追いかけることが一般的だが、行動の変化は単一のメカニズムだけで起こるわけではない。まして、日常で見られるような複雑な行動については、きわめて複雑な背景が考えられる。複数の観点から行動の変化を追いかけることが重要である。

▼補償反応の条件づけ▲

自動反応形成は、刺激置換理論が予測するように、CRとURが基本的には同じものであった。しかし、そうでない実験例も存在する。補償反応の条件づけがそれだ。この現象は、シェパード・シーゲルが、薬物耐性のメカニズムを学習の観点から研究するなかで発見された。

我々のまわりには多くの薬物がある。その中には、依存といった問題を引き起こすものも存在する。たとえばアルコールやニコチンは、個人差はあるものの依存性が強い薬物であり、こうした依存性薬物の多くは、薬物耐性を引き起こすことが知られている。タバコを吸う人は、最初はニコチンやタールの少ないものでも満足感があったのに、徐々により強いものが欲しくなるという経験があるかもしれない。お酒についても、成人して飲み始めた頃にはアルコール度数が少ないものでも酔えたのに、飲み慣れてくるとより強いお酒を好むように変わったりする。また、依存状態に陥ると、タバコやお酒が切れるとイライラしてタバコやお酒が欲しくなる。なぜこういったことが生じるのかについては、薬理的・生理的な説明がある一方で、シーゲルは古典的条件づけを援用して心理学的説明を与えた。

彼らの研究では、強い鎮痛効果と依存性をもつモルヒネを用いた実験が行われた。★16 実験機材はホットプレートである。ホットプレートといっても、料理をするような強力なものではない。この上にラットを乗せると、熱さのせいでラットは前足を床から離してなめたりする行動を見せる。ホットプレートに乗せてからこうした行動が生じるまでの時間を測ると、ラットがどれくらいの熱さや痛みへの感受性をもっているかを推測することができる。ラットにモルヒネを与えると、その鎮痛効果のために、ラットの痛み感受性は落ちる。シーゲルは、ラットにモルヒネを与える際に、いつも決まった外的手がかりがある状況を設定した。いつも決まった手がかりのもとでモルヒネ投与を受けたラットを、ホットプレートに乗せる。すると、はじめてモルヒネを投与されたときよりも、痛み感受性が上がっていくことがわかる。つまり、モルヒネが効きにくくなっていくのだ。それだけではない。決まった手がかりにさらされ、今度はモルヒネではなく、統制条件として何の薬理作用もない注射を受けた後にホットプレートに乗せられたラットは、モルヒネを何度も経験する前にはじめてホットプレートに乗ったときよりも、さらに痛み感受性が高くなることが示された。つまり痛覚過敏になるというのである。

この実験は、手続き上は「モルヒネ投与前に提示される手がかり」がCS、「モルヒネ」がUSとして用いられた古典的条件づけである。では、URとCRは何だろうか。URはモルヒネによって引き起こされるものなので、ここではモルヒネの鎮痛作用による痛み感受性の低下である。先に紹介した実験でも、モルヒネを与えてホットプレートに乗せたラットは、痛み感受性が低くなっている。問題はCRである。外的手がかりがCSなので、モルヒネを投与せずに外的手がかりだけを経験してホットプレートに乗せられたラットは、痛覚過敏を示した。これはURである鎮痛作用とはまったく逆、つまり補償的であることがわかる。つまり、ラットは外的手がかりとモルヒネの対提示を経験することで、外的手がかりによってモルヒネの効果とはまったく逆の痛覚過敏というCRを引き起こすようになったということである。

はたしてこんなことが日常で起こるのかと疑うかもしれない。タバコの例を考えてみよう。タバコを吸うときには、タバコの箱、ライターやマッチ、灰皿といった手がかり刺激を経験した後に、タバコを吸うことでニコチンを摂取するということになる。つまり、タバコの箱などは、ニコチンというUSに先行して提示されるCSとなり、古典的条件づけが生じうる。もしタバコの箱というCSが、ニコチンというUSが引き起こすUR（ニコチンによる薬理効果）と同じ反応を引き起こすとすれば、何が起こるだろう。そう、タバコを吸う必要がなくなる。タバコが吸いたくなれば、タバコの箱を見つめればよい。しかし残念ながら、そうはならないのだ。アルコールでも同じである。ビール瓶を見つめれば心地よく酔えるだろうか。むしろ「ああビールが飲みたい」と思うだろう。タバコにしても、タバコの箱を見たり、誰かがタバコを吸っているのを見ると、自分も吸いたくなるものである。シーゲルがモルヒネを用いて示した結果は、我々の日常の中でも生じているようである。

ＣＲとＵＲが同じどころか、まったく逆になるということの結果は、いろいろな示唆がある。まず、この結果は、薬物耐性がなぜ起こるのかという問いに対しても一定の答えを与えている。薬物耐性とは、最初は十分な効果があった薬物であっても、繰り返し使用しているうちに徐々にその効果が薄れ、効きにくくなっていくということである。シーゲルの実験によれば、薬物を決まった手がかりの中で使用すると、薬物の効果とは逆の反応が学習されるということであり、これは薬物の効果を打ち消す方向に働いてしまう。つまり、薬物が効きにくくなり、耐性が生じたように見えるわけである。実際、薬物に耐性ができたと思ってＣＳとして機能する刺激のない場面で多量の薬物を摂取すると、薬物の効果を打ち消すようなＣＲが生じないために、過剰摂取となってしまうことがある。また、シーゲルの示した結果は、ＣＲとＵＲが同じものであることを要請する刺激置換理論とは明らかに一致しない。たしかに刺激置換理論はわかりやすい説明ではあるが、古典的条件づけのすべてを説明できるようなものではないことがわかる。

▼古典的条件づけの獲得と消去▲

ここまで紹介したように、古典的条件づけ研究で用いられている実験事態にはさまざまなものがある。これらの多くで、共通して確認される現象にもまたさまざまなものがある。理論的に重要なものについては第４章であらためて紹介するとして、最も基本的な現象について説明しておこう。それはＣＲの獲得と消去である。

CSとUSの対提示によって、CSのみであっても反応を、つまりCRを表出できるようになることを、CRの獲得と呼ぶ。獲得されるCRの強さを縦軸に、対提示の経験回数（試行数）を横軸にとってグラフを書くと、いわゆる学習曲線を得ることができる。典型的な学習曲線は、対提示の初期には大きくCRが変化し、徐々にその変化量が小さくなって、最終的には横ばいになるという、いわゆる「負の加速」と呼ばれる形状になる。多くの場合、天井なしにCRが獲得されることはなく、ある一定の強度に落ち着く。もちろん、学習の速さには実験事態や刺激の強さによって違いは見られる。すでに紹介した味覚嫌悪学習では、一回のCS－US対提示によって非常に強いCRが獲得されるため、用いる刺激の強さによっては典型的な学習曲線にはならない。

では、CS－US対提示によってCRを獲得させた後に、USを取り除いてCSを単独で提示すると何が起こるだろうか。こうすることで、CRは逆に表出されなくなっていくことが知られている。この手続きと現象を、CRの消去と呼ぶ。この消去という現象は、きわめて重要である。まず、消去が起こるということは、古典的条件づけという学習が環境の変化に対してうまく適応していくうえで都合のいいシステムであることを示唆する。野生動物にとって、天敵の襲来を事前に知ることはきわめて重要であり、何かしらの手がかりが天敵の襲来に先立って存在するならば、その手がかりに対して何かしらの反応を獲得することは適応的だが、いったんその手がかりが天敵の襲来を予告しなくなれば、もう恐れる必要はない。不必要に恐怖を感じることは、むしろ適応的ではなくなってしまう。また、古典的条件づけによって獲得されたCRは、USを取り除くことで消去可能であるということは、第7章で紹介するような臨床的な応用を考えるうえではとても都合のよいことだ。恐怖条件づけや補償反応の条件づけで見たように、学習の機構そのものは適応的なものであっても、そこで獲得されるCRが日常生活の中では不都合を生じてしまうことはある。しかし、消去が可能であるということは、いったん学習された不都合な、不適応な行動であっても、消去することが可能であることを示唆する。もちろん、これはそう簡単なことではない。実際の臨床場面では、考慮しなければならないことが数多くある。消去を巡るさまざまな問題は、第7章であらためて触れることにする。

▼古典的条件づけの定義と一般性▲

このように、現在の学習心理学において古典的条件づけとして扱われている現象は多岐にわたる。また、古典的条件づけが起こる生物も数多くいる。パブロフは、イヌを用いて唾液分泌の実験を中心に行ったが、この現象はなにもイヌだけで起こるわけではなく、唾液分泌反応だけが学習されるわけでもない。こうした学習はさまざまな生物種において確認されるし、またさまざまな刺激を用いた実験事態で確認されている。では、このように千差万別に見える古典的条件づけのエッセンスとは何だろうか。

古典的条件づけのエッセンスを考えるときには、複数の側面を考慮に入れなければならない。まず、手続きの側面である。古典的条件づけの手続きでは、CSとUSが対提示されるというのが一般的だ。複数の刺激が対提示され、それによってヒトや動物の行動が変化する。突き詰めてしまえばそれだけである。ポイントとしては、「刺激が対提示される」ことが要請されているが「生活体が反応すること」は求められてはいないということだ。もちろん、学習の定義にあったように、生活体の行動の変化がなければ学習があったことを確認することはできないので、生活体の反応は重要ではある。しかし、明示的に反応が生じていなくとも、何かしらの学習が生じていたと考えられる現象は存在する。

例を挙げよう。順を追って説明するために、まず二次条件づけと呼ばれる現象について紹介しよう。二次条件づけは、パブロフが発見した現象であり、きわめて古くから知られているのみならず、さまざまな刺激の組み合わせで検討が加えられている。この手続きでは、まず音刺激と電気ショックの対提示といった、いわゆる古典的条件づけが行われる。この手続きによって、音刺激はCR（ここでは恐怖反応）を獲得する。続いて、光刺激と音刺激の対提示を行う。これによって、光刺激は、電気ショックと対提示されていないにもかかわらずCRを獲得する。ここで、音刺激は直接電気ショックと対提示されているために一次CS、光刺激はこの一次CSと対提示されているために二次CSと呼ばれる。光刺激は、なぜCRを獲得することができるのだろうか。この問題に答えるために行われた研究は第4章で紹介するので詳細はそちらに譲るが、ざっくりいってしまえば、「一次CSがUSの代わりをする」ということになる。生得的ではないものの、一次CSがUSと同じように強い反応を喚起するので二次条件づけが成立するというわけだ。ここまでであれば、古典的条件づけの理解を大きく変える必要はない。

一方で、感性予備条件づけという実験手続きがある。[★17] 感性予備条件づけ手続きは、二次条件づけの実験手続きの順序を逆転させたものである。つまり、この実験では、音刺激と電気ショックの対提示といったいわゆる古典的条件づけ手続きに先立って、光刺激と音刺激の対提示が行われる。音刺激と電気ショックが対提示されれば、音刺激はもちろんCR（ここでは恐怖反応）を獲得するが、それに先立って光刺激と音刺激を対提示するときには、音刺激は光刺激と同様に特段強い反応は引き起こさない（光刺激と音刺激の対提示の回数は予備実験で調べておく）。しかし、この一連の手続きの後に光刺激を提示すると、光刺激に対してCR（つまり恐怖反応）が確認される。なぜ光刺激はCRを獲得できるのだろう。二次条件づけと異なり、光刺激が対提示された音刺激は、その時点では特段の反応を引き出さないものであった。にもかかわらず、音刺激と電気ショックが対提示されると、それによって光刺激もまたCRを獲得する。これは、「中性刺激同士の対提示であっても、その時点では明確な行動変容は観察されないが何かしらの学習が生じている」ということを示唆する。何が学習されたのかについてはいろいろな解釈がありうる。これは学習理論とも関係するので、第4章であらためて扱うが、ここでは中性刺激同士の対提示でも何かが学習されることを知ってほしい。提示された刺激によって生活体が外部から観察できるような明らかな反応をすることは、学習にとって必須ではないのだ。

では、中性刺激同士の対提示によって生じる学習は、古典的条件づけといってよいのだろうか。これにも多くの意見がある。これはあくまでも古典的条件づけ以外のものであって、いわゆるCSとUSの対提示による行動変容のみを古典的条件づけと呼ぶ、という立場も可能だ。しかしここでは、あえて「中性刺激同士の対提示によって起こる何かしらの学習」もまた、古典的条件づけの一つであると捉えておく。つまり、提示されるのが中性刺激であろうが、生得的に強い意味をもった刺激であろうが、ヒトや動物が複数の刺激を経験することによって何かしらの学習が起こるとき、これを古典的条件づけと呼ぶことにする。異論は……とりあえずおいておこう。

こう考えることの利点はいろいろある。パブロフの実験では、CSとしてはメトロノームの音が用いられ、USはエサが多く用いられた。一方で、味覚嫌悪学習では、食物や飲み物（つまり動物にとってみればエサ）がCS、気分不快を引き起こす処理がUSである。ここで注目すべきは、「エサ（食物）はCSとしてもUSとしても用いられる」ということである。古典的条件づけが「中性刺激とそうでない刺激の対提示」に限定されるのであれば、エサをCSとする実験手続きはこの定義に合わないことになってしまう。もちろん、味覚嫌悪学習においてはUSが喚起する反応である気分不快はCSであるエサによっては引き起こされないので、見方によってはエサは中性刺激だといえなくもない。しかし、「複数の刺激を対提示することによって生じる学習」と定義することで、こうしたややこしさは回避することができ、より一般的な扱いが可能になる。

第2章を終えるにあたり、もう一つ指摘しておきたいことがある。古典的条件づけは、「複数の刺激を対提示することによって起こる何かしらの学習」であると考えることにした。ここでは、生活体の反応は要求していない。要求していないだけではない。複数の刺激の間の関係について、生活体の反応が影響を与えない。たとえば、音刺激の後に電気ショックが提示されるのが恐怖条件づけであったが、もしヒトや動物が何かしらの反応や行動をとることによって、電気ショックの物理的な強さが強くなったり弱くなったり、あるいはなくなってしまうということはない。複数の刺激間の関係そのものは、ヒトや動物の反応とは関係なく存在する。いわば、古典的条件づけとは「自分の行動とは別に外部環境がどのように動いているか」に関する学習であるといえる。

第3章 世界と関わること　道具的条件づけ

第2章では、古典的条件づけという学習過程を紹介した。古典的条件づけとは、複数の刺激が対提示されることでヒトや動物の行動が変化するというものであったが、第2章の最後で紹介したように、刺激間の関係性について生活体の反応や行動は影響を与えない。しかし一方で、我々は絶えず、外部世界に対して積極的に関わり合い、自律的に行動しているように見える。雲行きが怪しくなると雨が降るというように、外部世界の中にある出来事の間の関係を学習することはたしかにあるだろう。しかし我々は、雨が降ったら傘をさして濡れないようにするというように、外部世界に対してみずから反応することで外部と関わるような行動をとっている。この章では、こうした「人間や動物の自発的な行動の学習」である道具的条件づけについて見ていこう。

▼ソーンダイクによる問題箱実験▲

道具的条件づけに関する実験的研究の出発点は、エドワード・ソーンダイクというアメリカの心理学者、教育学者である。ソーンダイクは、一八九五年にハーバード大学に入学し、プラグマティズムと呼ばれる哲学的立場の創始者の一人でありアメリカ心理学の出発点ともいわれるウィリアム・ジェームズの講義を受けた。なんともうらやましい話なのだが、ジェームズの自宅の地下室でニワトリのヒナを使った実験を開始したという。その後、ソーンダイクは奨学金を得てコロンビア大学に移り、ネコやイヌを用いて学習の研究を行った。そのときの研究結果は *Animal intelligence*『動物の知能』というタイトルで一九一一年に出版された。ほぼ一〇〇年前のことである。[★1]

ソーンダイクが行った研究で、最も有名なのはネコを用いた問題箱の実験である。この実験では、空腹な状態に置かれたネコ一三匹が用いられ、一五種類の異なる問題箱が用いられた。問題箱とは、木製の実験箱で、中にネコを閉じ込めることができるが、箱の中にはいろいろな仕掛けが施されており、床にあるペダルを踏むなどの正しい反応をすると箱から脱出することができるようになっている（図３－１）。まさに問題箱である。空腹なネコは問題箱の中に入れられ、箱の外にはエサが置かれる。ソーンダイクは、箱に入れられたネコが正しい反応をして脱出するまでの時間を計測した。その結果、個体ごとに違いはあるものの、ネコが問題箱から脱出するのに必要な時間が訓練を通じて徐々に短くなっていくことを示した（図３－２）。最初は、問題箱の中で落ち着かない、衝動的に見える行動をとっていたネコが、最終的には問題箱に入れられると正しい反応（正反応）をすぐにとって箱から脱出

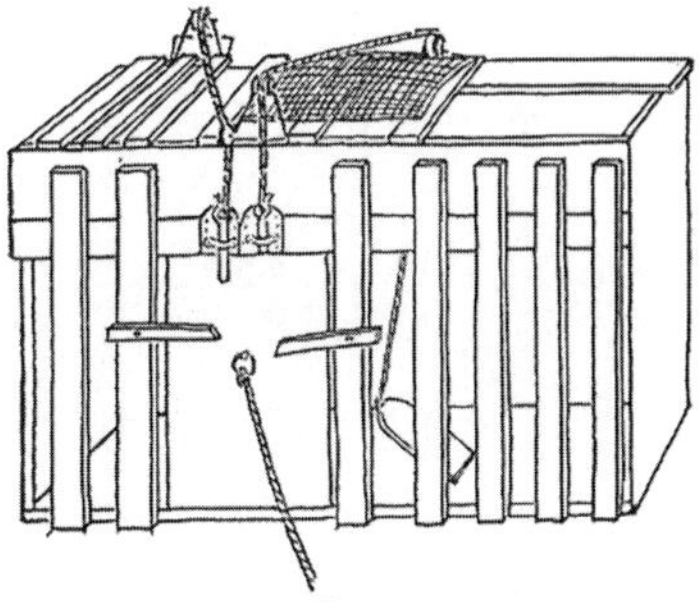

Fig. 1.

図 3-1　ソーンダイクが用いた問題箱のイラスト。
（出典） Thorndike（1911）。

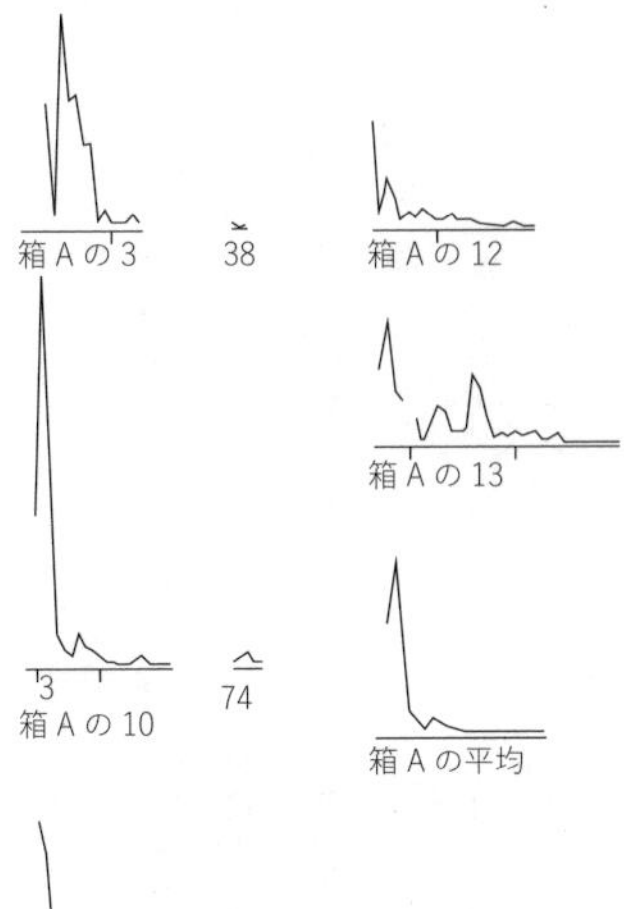

図 3-2　ソーンダイクの問題箱実験の結果の例。横軸が試行数，横軸の下に被験体の識別番号，示されていないが縦軸は脱出までの時間を表している。
（出典） Thorndike（1911）より作成。

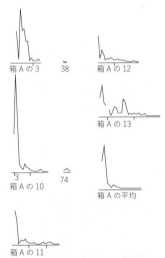

し、エサにありつくようになったのだ。

動物がこのように「問題を解く」という事例は、ソーンダイクよりもずっと昔から存在している。少し時代を遡ってみよう。たとえばジョージ・ロマネスは、*Animal intelligence* というタイトルの書物を著している★2（ソーンダイクと同じタイトル！）。この本は、当時流行の話題だった「動物の知的行動」について、いろいろな事例や逸話を収集して紹介したもので、まるで人間のような（擬人的な）振る舞いを動物が行う様子が記されている。

一方で、比較心理学（comparative psychology）という言葉をタイトルに冠した本をはじめて書いた人物であるロイド・モーガンは、また「単純な過程で説明できるときには、動物の行動を複雑な過程で説明してはならない」といういわゆる「モーガンの公準」という警句で安易な擬人的な解釈に警鐘をならしている。モーガンもまた、「イヌが問題を解く」という事例についての観察を報告している。モーガンは、自分の飼いイヌが門扉の掛け金を外す様子を観察し、それが試行錯誤によるものであると考えた。イヌはあれこれと試した結果としてうまくいく方法を学習したということであり、この方法で学習するならば、イヌは「掛け金を外すためには何が必要か」といったように問題の構造を理解する必要はない。複雑な知的作業はいらないのだ。

今後の議論のために説明しておくと、これは「イヌは掛け金を外すために何が必要かを理解していない」と言っているのではない。「理解していなくとも、あるいは理解していると考えなくともイヌの行動を説明することができる」というだけだ。この認識は決定的に重要だ。人間や動物の知性について考えるとき、直接には観察不可能な知性というものを、その現れである観察可能な行動から推測するときには、最初はなるべく単純な過程の仮説を置く。それでは説明できないような実験事実が示されたときなどに、より複雑な過程の仮説をとるようにする。

ソーンダイクは、まさにこうした方略をとった。問題箱から脱出したネコは、問題箱からどうすれば脱出できるのか、問題箱の物理的な構造とはどういうものかについての洞察や思考を行うのではないと考えたのだ。その代わりに、ソーンダイクは、問題箱という刺激にさらされると、正反応が機械的に引き出されると考えた。つまり、問題箱という刺激と正反応の間にS－R連合が形成され、これが問題箱からの脱出という「知的な行動」を支えていると考えた。ソーンダイクは、類似した実験をイヌでも行っており、三頭のイヌと一〇種類の問題箱を使用した。その結果は、イヌはネコほどには衝動的に見える行動を行わないなど種の違いはあったものの、問題箱からの脱出にかかる時間の変化の様子はネコと大きくは変わらなかった。ニワトリを使った実験では、問題箱ではなく本や木のブロックを組み合わせてつくった簡単な迷路を用いて実験を行い、迷路からの脱出時間の変化がネコやイヌの問題箱実験で得られたものと類似していることを示している。種によって活動性や行動に違いはあるものの、学習の進み具合については同様のものであった。

▼効果の法則▲

問題箱から脱出することを学習したネコやイヌたちは、どのようにしてS－R連合を獲得したのだろうか。ソーンダイクは、問題箱から脱出したときに与えられるエサが、S－R連合の形成に重要であると考えた。つまり、「ある反応をした後に、動物にとって満足が得られるような刺激が与えられると、その反応を行った刺激状況と反応の間の連合が強められ、そうでない場合には連合が弱められる」と考えた。これを効果の法則と呼ぶ。効果の法則のもともとの英語は law of effect なのだが、「反応の結果として満足が得られる刺激が与えられる」という意味合いから考えると、効果の法則と訳すよりも結果の法則と訳した方が正確だったかもしれない。ともかく、日本語では効果の法則と呼ばれている。

先に紹介したように、ソーンダイクはなるべく単純な過程でネコやイヌの行動変容を説明しようとした。物言わぬ動物たちが何を考えているのかを知るのは、とても難しいことである。デカルトは「動物は外界からの刺激に反射を通して機械的に反応する自動機械である」と考えた。ソーンダイクもまた、動物の行動変容の説明の中に主観的な用語が混入することを注意深く避けようとした。たとえば、効果の法則に関する教科書的な説明には、「反応の後に快刺激が与えられる」といった表現があったりもするが、ソーンダイクは「動物が快を感じるというのは主観的な過程に踏み込んでいる」と考えていたのか、「快」といった言葉を使うのをできるかぎり避けた。その代わりに「満足をもたらすもの」という表現を使っていたのだが、それでも「動物が満足するのか」という批判はぬぐえない。効果の法則において、S－R連合を強めることができるような反応に後続する刺激とはどういうものなのかという問題については、ソーンダイク以後多くの検討が行われた。ある程度の決着がつくのは一九七〇年代のことであり、じつに六〇年という時間がかかった。この問題は重要かつ興味深い点を含んでいるので、後でくわしく紹介する。

S－R連合が重要だというソーンダイクの主張で、もう一つ注意するべき点がある。それは、この連合構造の中には、「反応の後に与えられる満足をもたらす刺激」が含まれていないということだ。問題箱実験の状況をあらためて考えてみよう。まず動物は問題箱に入れられ、問題箱という刺激状況を経験する。続いて動物は反応を行い、その後にエサにありつく。ここで、動物の反応を引き出したもの、いってみれば「原因」と考えられるものは何だろうか。常識的には、原因が起こってから結果が起こる。したがって、反応の原因と考えられるのは、問題箱という刺激状況だ。S－R連合というのは、問題箱という刺激状況の後で反応が起こるという時間的な関係をそのまま連合という言葉で置き換えたものである。きわめて単純であるが、実際に起こった観察可能な事柄から説明するという方略に基づけば、もっともそうに思える。しかし、ここで一つの疑問が生じる。もしS－R連合が動物の（あるいは人間の）行動を支えているならば、刺激が提示されれば人間や動物は機械的かつ反射的に反応を行うということになる。反応の結果として何が起こるのか、問題箱の実験でいえばエサがもらえるかどうか、といった「反応の結果に関する知識」は行動するうえでは不要だということになる。

まさにこれが、ソーンダイクの主張である。動物は、みずからの行動の結果として何が起こるのかを知識としてもってはいない、とソーンダイクは考えた。反応の結果として起こるもの、問題箱でいえばエサにありつけるということは、S－R連合を強めるために必要ではあるが、動物はそれについての知識を獲得はしない、いってみれば触媒のようなものである。わかりやすくいうと、「動物は先行する刺激に結びついた反応を行うだけであって、エサが得られるから反応するわけではない」ということである。これは、我々の直観に反するように思われる。あなたがお昼時に食堂に行って食事をするのはなぜだろう。時計が一二時を指すという刺激が、あなたを機械的に食堂へと導くのだろうか。いや、「食事をするため」という目的があって、つまり「食堂へ行けば食事ができる」というように、我々の行動はその結果の影響を受けるのではないのか？　人間だけでなく、ネコやイヌもそうではないのか？　問題箱の中のネコは「脱出してエサを食べるため」に正しい反応をするのではないのだろうか？

あなたは自分の行動の原因や目的を、自分でわかっているつもりだろう。だからこそ、こういった疑問が出てくる。しかしこれは、そう簡単な問題ではない。ネコやイヌ、ラットといった動物であればなおのことだ。我々は彼らが何を考えているかを知ることは容易ではない。ソーンダイクが考えたことは、彼がもっていた実験結果をシンプルに解釈するならば、けっして的外れなものではない。実際、問題箱から脱出するネコが「目的をもって行動している」とある程度の確信をもっていえるようになるのは、一九八〇年代に入ってからのことだ。この問題は第5章であらためて触れるとして、「行動の結果として起こること」がどういう意味をもつのかを考えるために、時代を先に進めることにしよう。

▼スキナーとオペラント条件づけ研究の出発▲

学習心理学のみならず、心理学全体にとって、スキナーという名前は特別な意味をもつ。世界最大の心理学の学会であるアメリカ心理学会が行ったアンケート調査で、「二〇世紀で最も偉大な心理学者は誰か」を問うものがあった。その結果、フロイトやジャン・ピアジェをしのぎ、一位になったのがスキナーだ。その一方で、猛烈な批判や誤解を受けたことでも知られている。その毀誉褒貶の激しさがなぜ起こったのかは、スキナーが成し遂げたことを見ていくと納得してもらえるかもしれない。スキナーは、最初は作家になることを夢見ており、実際に小説も書いているのだが、彼の中心的な業績は徹底的行動主義の確立と行動分析学の創設である。その体系の中で、とくに重要な現象として挙げられるのがオペラント条件づけである。スキナーの思想や徹底的行動主義については第1章でも紹介したが、その全貌を説明するのはこの本の守備範囲を大きく超えてしまう。

スキナーがオペラント条件づけ研究を行うにあたって、重要な役割を果たしたのがオペラントチャンバーやオペラント箱と呼ばれる実験装置の考案である（図3-3）。スキナー自身はそうは呼ばなかったのだが、彼の名にちなんでスキナー箱とも呼ばれる。スキナー箱は、ラット用やハト用のものが代表的である。ラット用のスキナー箱には、レバーが備え付けられており、いろいろな音刺激を提示するためのスピーカーや光刺激を提示するためのライトなどが設置されている。場合によっては電気ショックを提示するために金属製の棒が等間隔に並べられたグリッドと呼ばれるものが床に設置されてある場合もある。ハトの場合にはレバーの代わりに、クチバシでつつくための反応キーと呼ばれる

図 3-3　オペラントチャンバーの例。右側面にエサ皿や出し入れ可能なレバーなどを備え，床には電気ショックを提示するためのグリッドが設置されている。

円形のプラスチックやアクリルの板が設置されており、この反応キーにさまざまな視覚刺激を投映できるようになっている。このスキナー箱ができあがるまでにはいろいろな試行錯誤があったが、最終的にできあがったスキナー箱は、心理学史上でも最も多くのデータを生み出した実験機材の一つとなり、現在にいたっても世界中の研究室で用いられている。

スキナーは、スキナー箱を用いた多くの研究の中で、ソーンダイク以来の効果の法則を重視した。すなわち、行動はその後に起こることによって増加したり減少したりする、ということである。しかし、ソーンダイクがそうした行動の背景に刺激と反応の連合、すなわちS－R連合を仮定して行動の後に起こる事象はS－R連合を強めるための触媒と捉えたのに対して、スキナーはそうは考えなかった。むしろスキナーは、行動とその後続事象の関係を重視した。後にもくわしく述べるが、いわゆる随伴性である。人間や動物の行動と、その後続事象の随伴関係によって、行動が選択される。これは、第1章で紹介したダーウィンの進化論とも関係する。より適応的な形状、行動をとる個体が多くの子孫を残せるように（正確にいうと「多くの子孫が残るから適応的」なのだが）、より「適応的な」機能をもった行動が増加し、そうでない行動は減少する。「適応的な」、とカッコをつけたのは、ダーウィン的な意味での適応、つまり多くの子孫を残すという意味ではないからだが、結果によって選択がなされるという意味では、ダーウィンの発想はスキナーに対して大きな影響を与えているといえよう。このように、人間や動物が行うさまざまな行動が、その結果によって選択され、増減するというのがオペラント条件づけであり、そうした行動をオペラント行動と呼ぶ。スキナー箱の中でラットがレバーを押し、その後にエサが与えられると、レバーを押すという行動は増加する。一方で、レバーを押せば電気ショックが与えられる場面では、レバー押しは消失する。これは、レバー押しというオペラント行動が、その後に起こった出来事によって選択され、変化したのだと考えられる。

一方で、人間や動物はレバー押しのように随意的に全身を使って行動するだけではない。パブロフが示したように、エサが与えられると唾液を分泌するし、あるいは目にゴミが入れば瞬きを行うなど、刺激によって誘発される行動もある。スキナーはこうした行動をレスポンデント行動と呼び、レスポンデント行動に関する学習、後にも述べるがパブロフが示した古典的条件づけに似たプロセスを、レスポンデント条件づけと呼んだ。ざっくりと要約してしまえば、スキナーは、人間や動物の行動をオペラント行動とレスポンデント行動に区分することで、複雑な行動をこれらの組み合わせで記述すること、そして行動を予測し、制御することを目指した。

行動の予測と制御という題目は、ワトソン以来の行動主義心理学の中である種の目標、ある種の幻想であった。環境と行動の関数関係を記述し、そのルールを明らかにすることができれば、環境を調べることで人間や動物が次にどのような行動をとるか予測することができるだろうし、適切な環境を設定してやれば、ねらった通りの行動をとらせること、行動を制御することが可能になるだろう。スキナーは、第1章でも説明した徹底的行動主義に基づき、まさに行動の予測と制御を目標に掲げた。スキナーの徹底的行動主義では、「主観と客観」という区分が取り払われる。そこには、「内的自由」や「自由意志」といったものは仮定されないのだ。すべては、環境とそれに随伴して起こる変化である。こうした発想に基づいて進められた行動分析学的研究は、多くの知見を生み出し、第7章で見るように臨床的にも多くの有益な技法を生み出しはしたが、その一方で、人間の自由意志を信じる人たちからは強い批判を浴びた。なにせ、「人間に自由意志などない、我々の行動は環境によってコントロールされている」というのだ。そりゃあ批判もされるだろうというものである。また、多くの自然科学的研究が目指す「還元的なメカニズムの説明」を与えないという批判もある。いずれにせよ、徹底的行動主義とそれに基づく学術体系は、既存の多くの心理学的研究とは一線を画す、よくいえば画期的、悪くいえば特異なものである。

徹底的行動主義を巡る議論は、きわめて興味深い。僕は、この本を読んでいるみなさんには、ぜひともそのエッセンスを知ってほしいと思う。できればここでそのすべてを説明したいのだが、それは僕の手にあまる大事業になるし、多くの良書もある。その発想に同意するかしないかは別にして、ぜひ一度触れてみてほしい。ちなみに僕は、徹底的行動主義が大好きである。

▼「道具的条件づけ」と「オペラント条件づけ」、「古典的条件づけ」と「レスポンデント条件づけ」▲

スキナーの打ち立てた行動分析学の体系の中では、生活体が行う随意的で自発的な行動の変容について「オペラント条件づけ」という用語が用いられている。その一方で、この本の中では「道具的条件づけ」という用語も使ってきた。また、刺激によって誘発される、非随意的な行動の変容については、「レスポンデント条件づけ」という用語があてられている。これは、第2章で紹介した「古典的条件づけ」あるいは「パブロフ型条件づけ」と呼ばれるものに対応しているように見える。なぜ違う用語が用いられているのだろうか。これにはもちろん理由がある。

オペラント条件づけにせよレスポンデント条件づけにせよ、まず押さえておかないといけないのはオペラント行動とレスポンデント行動の区別だ。オペラント行動とは、生活体が自発する行動であり、レスポンデント行動とは刺激によって誘発される行動のことであると区別することが一応可能である。しかしこれだけでは足らない。オペラント行動とは、オペラントの随伴性によって制御される行動であるという側面もある。オペラントの随伴性とは、スキナーが重視した「行動の結果による選択」ということだ。オペラント行動は、その行動の結果によって影響を受ける。レバーを押したらエサが提示されたというとき、レバー押しという行動はエサ提示という結果の影響を受け、レバー押し行動の増加が引き起こされる。エサ提示という結果によって行動が増えたという意味で、これはオペラント行動だ。あなたがお昼時に食堂に行くという行動はどうだろう。ある食堂に行ったら、とてもおいしい食事にありつけたとする。すると、その食堂に行く頻度が増えることになる。この意味で、食堂に行くという行動もオペラント行動だ。こうしたオペラント行動が、その結果によって変化していく様子がオペラント条件づけというものである。

一方で、レスポンデント反応は行動に先行する刺激によって影響される。後続する結果によってではない。メトロノームの音の後にエサを提示すると、メトロノームの音だけで唾液分泌が起こるというパブロフの実験を考えてみよう。ここでは唾液分泌という行動が問題になるが、唾液分泌は生活体が自発するものというよりは、エサによって誘発されるものであり、その意味でレスポンデント反応といえる。また、メトロノームの音によって誘発されるようになった唾液分泌反応は、それによってエサの到来に影響することはない。たくさん唾液を出せばより多くのエサが与えられるわけではないのだ。レスポンデント行動はあくまでも先行する刺激によって制御されるのであって、行動の結果に制御されるのではない。先行する刺激によって行動が変容する様子が、レスポンデント条件づけだ。このように、行動分析学においてオペラントとレスポンデントの区別はきわめて明確であり、「どういった機能をもち、何によって制御されているか」によって区別される。

行動分析学は徹底的行動主義に基づいたものだが、徹底的行動主義は、いわば徹底的に機能主義である。刺激にせよ、行動にせよ、それは「どういった機能をもつか」あるいは「どういった随伴性によって制御されるか」といった観点から区分される。行動分析学という学問を理解しようとすれば、こうした機能主義的観点はきわめて重要である。行動の理解は、その機能によって行われる。たとえば、レバーを押すという行動があったときに、右手で押すこと、左手で押すこと、頭突きで押すことなど、さまざまな形態がありうるが、「レバーを押し下げることによってエサが提示される」という意味ではこれらはすべて同一の機能を持っているため、「同一のオペラントクラスに属する」と言われる。形態的には違う行動であっても、機能的には同じなのだ。

さて、この本では「オペラント条件づけ」ではなく「道具的条件づけ」、「レスポンデント条件づけ」ではなく「古典的条件づけ」という用語を使用している。もちろんスキナーの研究に基づく部分については、オペラントやレスポンデントという言葉を使ったが、基本的には別の言葉を使うようにしている。これももちろん、根拠がある。

まず、「オペラント条件づけ」という言葉を使うならば、対になるのはかならず「レスポンデント条件づけ」でなければならない。この二つは、行動について考えるときに「異なるものを重複しないように区分する枠組み」として機能しているのだ。ある行動がオペラントかレスポンデントか、という問いを立てたときには、その行動が何によって制御されているか、どんな機能をもっているかに基づいて答えを出すことができる。基本的にこれらは排他的なものだからこそ、答えを出すことができる。

しかし、「オペラント条件づけ」と「古典的条件づけ」、あるいは「道具的条件づけ」と「レスポンデント条件づけ」というように、混ぜて使うことは好ましくない。これらの組み合わせでは、排他的な区分にならないのだ。第2章で見たように、そして次章以降でさらに見ていくように、我々は古典的条件づけを「複数の刺激が提示されたときに生じる学習」と捉えた。ここで含意されているのは、古典的条件づけとは本質的に刺激と刺激の間の関係の学習であるということだ。学習される行動が刺激によって誘発されるものや非随意的なものでなければならないということではない。この意味で、行動分析学が行動を明確に区別するために導入したレスポンデント条件づけというものと、古典的条件づけとして我々が扱おうとしているものは、完全に一致するものではない。この違いは、次章以降でより複雑な行動を扱う際にさらに明確になる。レスポンデント行動ではないものを古典的条件づけとして扱うときがやってくるのだ。したがって、本書ではレスポンデント条件づけではなく古典的条件づけという言葉を使っている。その帰結として、オペラント条件づけではなく道具的条件づけという言葉を用いることになる。

では、オペラント条件づけと道具的条件づけの区別はどこにあるのだろうか。これは難しい問題だ。レスポンデント条件づけと古典的条件づけの区別よりも、はるかに面倒である。なぜかというと、オペラント条件づけという言葉が扱う行動変容は、どういう随伴性によって制御されているかという点からは明確に切り出すことができるが、「何が学習されているのか」という点からはきわめて複雑な問題をはらんでいるからだ。古典的条件づけは、「刺激と刺激の間の関係の学習」と要約することができる。一方で、道具的条件づけは「行動と結果の間の関係の学習」と要約することができるが、オペラント条件づけという用語が立脚する行動分析学においては、「行動と結果の間の関係の学習」という表現は（厳密には）不適切だ。問題となるのは、あくまでも随伴性と行動変容の関係であって、ヒトや動物が「何かと何かの関係に関する知識を得る」ということではない。この意味で、行動分析学者がオペラント条件づけという言葉で語ろうとする事柄と、僕が（そして方法論的行動主義に基づいた学習心理学者が）道具的条件づけという言葉で語ろうとする事柄とは、いろいろな意味で違ってくる。さらに、道具的条件づけの事態において、ヒトや動物が何を学習するかを考えるうえでは、古典的条件づけとの相互作用に関する議論が必要になる。ヒトや動物が随意的な行動を行うときに、行動と結果に関する知識のみが行動の制御に関わっているという状況は、実際にはまれだ。古典的条件づけで扱うような刺激に関する知識が、随意的な行動に影響する例はたくさんある。

用語の問題でなぜこんなに面倒な議論をするのか、と思われるかもしれない。いや、これは重要なことなのだ。行動分析学を理解するためにも、また方法論的行動主義に立脚した学習心理学を理解するためにも、何が前提されているのか、その違いは何かを知っておくことは、議論の混乱を避けることにつながる。ここでは、第1章で取り決めたように、方法論的行動主義に立脚して進めることにして、「道具的条件づけと古典的条件づけ」の組み合わせを使うことにする。この組み合わせで議論することの意義は、第5章であらためて見ることになる。

▼三項随伴性▲

道具的条件づけについて紹介していくために、分析の単位となる三項随伴性を説明しよう。三項随伴性について説明することは、あわせて用語を理解することにもつながる。道具的条件づけにおいてまず注目すべきなのは、人間や動物が自発する行動と、その後に起こる出来事（後続事象）だ。この、行動の後に起こる後続事象にはさまざまな種類がある。あるものは、その直前の行動の生起頻度を上昇させる。たとえば、問題箱の中である反応を行えば脱出してエサが得られるといった場合、この「エサ」は「問題箱でのある反応」の生起頻度を上昇させる。仮に、エサの代わりに電気ショックを与えるようにすれば、「問題箱でのある反応」の生起頻度は減少する。より日常的な行動に当てはめてみよう。あなたは学校で講義を受けている。あなたは手を挙げ、先生に向かって質問をする。先生が「それはいい質問だ、すばらしい」とほめてくれたとする。人にもよるが、多くの人にとってはこれは好ましい結果であり、また講義の中で「手を挙げて質問する」という行動が増加するだろう。しかし、講義の最中に立ち上がって冗談を言い出したらどうだろう。おそらく、こっぴどく怒られるはずだ。あなたは、もう講義中に立ち上がって冗談を言おうとはしないだろう。問題箱の中のネコにかぎらず、人間であっても、その行動の後に起こる出来事は行動を変化させる。このように、行動の後に起こることで直前の行動を増やしたり減らしたりする事象のことを強化子と呼び、強化子の提示などにより行動を増減させる手続きを強化と呼ぶ。ただ、強化とは行動を増やすときに限定して用い、行動を減らすときには罰という言葉を使うことも多い。これ以降、強化と罰の両方の意味を込めるときには後続事象という言葉を使う。

行動は、後続事象によって選択される（つまり増えたり減ったりする）。しかし、行動とその後続事象だけを見るのでは十分ではない。人間や動物の行動は、何もない状況で突然起こるわけではなく、そこには何かしらの先行刺激が存在する。問題箱の例でいえば、問題箱から脱出するための適切な反応が起こるのは、問題箱の中においてである。ここでは「問題箱の中」という刺激は、行動に先立って存在している。先ほどと同様に、日常的な例を挙げてみよう。講義の最中に「手を挙げて質問する」という行動は、その後に「いい質問だ」とほめられたりするが、一方で「立ち上がって冗談を言う」という行動の後には「怒られる」ということになる。しかし、これが友人との食事や飲み会であればどうだろうか。「手を挙げて質問する」という行動は、今度は野暮だと非難されるかもしれない。しかし「立ち上がって冗談を言う」という行動は、（センスが必要だが）「面白い」とほめてもらえるかもしれない。このように、同じ行動であっても、状況に応じてよい後続事象が起こったり、よくない後続事象が起こったりする。行動と後続事象を見るだけではダメなのだ。行動が起こることに先行して存在している刺激状況は、その行動がどういう後続事象をもたらすかに関連する。このように、行動に先行する刺激状況を、弁別刺激と呼ぶ。これらの弁別刺激、行動、後続事象（強化）という三つの項目をあわせて三項随伴性と呼び（図３−４）、古くから道具的条件づけを考えるための基本単位と見なしてきた（厳密には、ここでは行動分析学における弁別刺激とは異なる意味で用いているので注意してもらいたい）。

ここで、随伴性という言葉について説明しておこう。随伴性という言葉は、第４章において学習理論を紹介するときにも重要な意味をもつが、その意味するところは、「因果性を仮定しない」ということである。弁別刺激と行動の間にも、行動と後続事象の間にも、因果性は存在する必要はない。因果性とは何か、というとても難しい問題はいったん置くとして、常識的な意味での因果性は必要ない

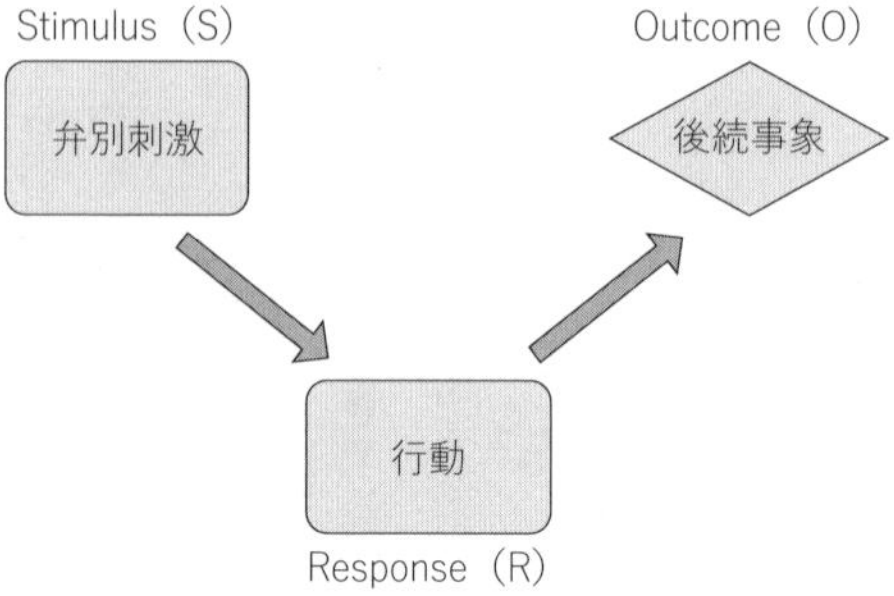

図 3-4　三項随伴性の概略図。行動に先行する刺激を弁別刺激と呼ぶこともあるが，行動分析学では「行動に先行する」ことは必要とされず「行動を制御する機能を獲得した刺激」を弁別刺激と呼ぶ。

ということはきわめて重要だ。行動と後続事象の間に因果関係がなくとも、後続事象は行動に対して影響を与えるのである。

とても有名な例を紹介しよう。スキナーによって報告されている、迷信行動の実験である。[★3] スキナーは、八羽のハトを実験箱に入れ、「ハトの行動とはまったく無関係に」一定時間ごとにエサを与えるという実験を行った。この実験では、ハトはエサを得るために何の行動も不要である。極端にいえば、寝ていてもよい。何もしなくとも、時間が来ればエサが与えられる。

さて、何が起こったのだろうか。なんと、ハトたちは何かしらの行動を学習してしまうのである。個体ごとに違いはあるが、たしかにハトは何かしらの行動を繰り返すようになったと報告されている。あるハトは実験箱の中でぐるぐると回転してみたり、別のハトは身体を左右に揺り動かしたりといったように、それまでにはなかった行動を学習してしまうのだ。スキナーは、この結果を次のように解釈した。ハトは実験箱の中で、いろいろな行動を自発する。決められた時間が経過すると、ハトの行動とは無関係にエサが提示される。すると、たまたま偶然にエサ提示の直前にハトが行っていた行動がエサによって強化される。強化された行動は、生起頻度が増加するため、その行動をとっているときに次のエサが提示される可能性が高まる。そして、ますます強化される。その行動とエサ提示との間には、一切の因果関係は存在しない。しかし、行動にエサという強化が後続すると、機械的にその行動は強化されてしまい、その生起頻度は増加していく。

これはある種の「迷信」である。人間においても、こうした「迷信行動」は多く観察される。「ゲンを担ぐ」という言葉を聞いたことがあるかもしれない。宝くじでちょっとした当たりに恵まれた人は、以前と同じ宝くじ売り場に行くようになるだろう。その売り場で宝くじを買うことは、宝くじに当たることとは本来的には何の関係もない。こうした現象は、人間を対象にした実験でも確かめられている。

▼反応形成と道具的条件づけの手続き▲

では、典型的かつ具体的な道具的条件づけの手続きを見ていこう。おそらく最も典型的なものは、ラットを用いたレバー押しの事態である。オペラント箱に、ラットが入っている。実験箱の中にはレバーがあり、レバーを押すことでエサが与えられる仕組みになっている。すでに述べたように、道具的条件づけではヒトや動物の随意的な行動が問題となる。レバー押しの実験事態では、このレバーを押す行動がおもな関心の対象である。すでに見たように、道具的条件づけ事態においては、行動の後に強化子が与えられるとその行動が増加する。では、レバーを押せばエサがもらえる、という状況においてやれば、ラットは勝手にレバーを押すようになってくれるだろうか？

現実は甘くない。残念ながら、レバーを備えた実験箱にラットを入れ、レバーを押せばエサが提示されるようにしておけば、あっという間にラットは勝手にレバーを押すようになるということはない。もちろん、時間をかければレバー押しするようになるのだが、それほど簡単なものではないのだ。「それほど簡単ではない」というのは、第7章で臨床応用を考える際には重要な認識なので、知っておいてもらいたい。なぜうまくいかないのだろうか？

理由はいくつか挙げることができる。まず第一に、ラットにとってはレバーを押すという行動は生得的にもっている行動ではない。実験動物としてのラットは、いわゆるドブネズミを家畜化したものであって、「レバーを押す」という行動はあくまでも実験上の都合で決められたものだ。生得的にもっている行動であれば、何もしなくともある程度の確率でそうした行動は見られるだろうが、生まれてはじめて見たレバーをいきなり押してくれるとは思えないし、実際いきなり押すことはない。すべての随意的行動に共通するわけではないが、行動が自発する頻度がそもそも少ない場合、あるいはまったく新しい行動を学習させたい場合には、工夫が必要だ。

工夫の一つ目は、強化子の提示の仕方である。古典的条件づけに関する説明の中で、接近の法則というものを紹介した。条件刺激と無条件刺激の間の時間的な接近性が学習にとっては重要である、というものである。これは道具的条件づけにおいてもあてはまる。行動と強化子の間の時間間隔が離れてしまうと、うまくいかないのだ。実験事態や動物種によって程度の違いはあるが、基本的には時間間隔が近い方がよい。レバーを押すラットの例で考えてみよう。仮にラットがレバーを運よく押してくれたとする。レバーを押すと、エサが提示されるわけだが、ラットはエサが提示されると同時にエサを食べるわけではない。エサが提示された場所まで移動してエサを食べるわけである。当然、そこには時間的なギャップが生じる。また、実験箱の中ではじめてエサを提示されたときには、ラットはいきなりエサの場所に行って食べてくれるわけではない。警戒もするし、そもそもどこからエサが提示されるのかわからないことだってありうる。当然、レバーを押してからエサを実際に食べるまでの時間間隔は長くなる。

この問題をクリアしてくれるのが、マガジン訓練と呼ばれる手法だ。マガジンとは、エサが提示される機構のことを指す。ラットにレバーを押せばエサが与えられるという状況をいきなり経験させるのではなく、まずは「実験箱の中でエサが与えられる」という訓練のみを行う。レバー押しは要求しないのだ。ただただ、所定の時間が経過するとエサが与えられる。そうすることで、ラットは実験箱の中でエサが与えられること、どこからエサが与えられるかなどを学習する。そして重要なことに、マガジンの作動時には何かしらの音がするため、エサが与えられるときには必ずマガジンの作動音がするのだが、ラットはマガジン作動音がするとエサが提示されるということを学習する。そう、これは古典的条件づけだ。マガジン作動音がエサと対提示されることで、マガジン作動音がエサ提示の信号になってくれる。エサは生得的に強化子として機能するが、マガジン作動音はエサとの対提示によって強化子としての機能を獲得するわけだ。こうした刺激を二次強化子と呼ぶ。マガジン作動音では心もとないなら、別途音刺激を準備してもよい。音刺激の後にはエサが与えられる。そして、レバーを押せばエサが与えられるという訓練のときには、エサを与えるときにこの音刺激も提示するように設定してやるのだ。レバー押しの直後にエサを食べることはできないが、レバー押しの直後にマガジン作動音や別途設定した音刺激を聞くことはできる。これによって、行動の直後に何かしらの結果を与えるという問題をクリアすることができる。

もう一つの工夫を紹介しよう。先に述べたように、ラットはそもそもレバーを押してくれない。生得的な行動のレパートリーに含まれていないため、「レバーを押せばエサ（あるいはマガジン作動音）を提示する」といった状況をつくっても、レバーをなかなか押してくれないので、エサを与える機会がそもそもない。これはレバー押しに限ったことではない。「朝のゴミ出しを忘れる家族に、ちゃんとゴミ出しをするよう学習させたい」といった場合、「ゴミ出しをしたら何かご褒美を与えよう」と思っていても、そもそもゴミ出しをしてくれないのが問題なわけで、いつまで経ってもご褒美を与える機会がやってこないだろう。ラットのレバー押し訓練も同じことだ。こういったときに用いられる手法が、反応形成（シェーピング）と呼ばれるものだ。反応形成にはいろいろな技法があり、そのすべてを紹介することはできないが、典型的なものを紹介しよう。

ラットにレバー押し反応を学習させる場面を考えよう。すでにマガジン訓練を終え、実験箱の中でエサを食べることをラットは学習しているとする。なんとかレバーを押してほしいわけだが、最初はまったくレバーを押してはくれない。そこで、最初は「ラットがレバーの方向を向いたらエサを与える」という状況をつくる。頭をレバーの方向に向けたら、エサを与えるわけだ。レバー以外の方向を向いているときには、当然エサを与えてはいけない。レバーの方向を向いたらエサを与える。これを繰り返す。すると、最初は実験箱の中でウロウロしていただけのラットが、レバーの方向を向く回数が増える。レバー押しを訓練したかったのに、レバーの方向を向くことを訓練してどうなるのか、と思うかもしれない。焦ってはいけない。レバーの方向を向く行動が増えただけでも、道具的条件づけ自体はうまくいっていることがわかるだろう。「レバーの方向を向く」という行動の頻度が、「エサの提示」という結果によって変化したのだ。

レバーの方向を向く行動が増えてきたら、一度エサを与えるのを中断する。なぜエサを与えるのを止めるのだろうか。レバーの方向を向く行動が学習されたが、ここでエサを与えるのを中断すると、今度は「レバーの方向を向く」だけではなく、「レバーの方向を向いて動き回る」というように、ラットの行動のバラエティが増加する。行動の振れ幅が大きくなるのだ。行動のバラエティが増えたところを見計らって、今度は「レバーの方向に近づく」という行動に対してエサを与える。レバーの方向を向いただけではダメだ。今度は、レバーの方向に近づかなければならない。つまり、エサを与える基準を厳しくして、レバーの方向に近づいたときだけエサを与えるのだ。レバーの方向に近づくようになったら、今度はレバーに手を乗せたときにエサを与える。次はレバーを押したときにエサを与える。徐々に、少しずつ、レバー押しという最終目標に向かって行動を近づけていくのだ。こうした手法を逐次接近法と呼ぶ。逐次接近法は、もともとの自発頻度が極端に少ない行動や、新しい行動を形成するために用いられる。重要なポイントは、強化を与える基準を厳しくする際には、一気に厳しくするのではなく、少しずつ基準を変えていくことである。これをスモールステップの原理と呼ぶ。焦ってはいけない。

かくして、ラットはレバーを押すようになる。面倒なことだと思われるかもしれない。しかし、たったこれだけのことでラットは生得的にはもっていなかった行動を獲得するのだ。ラットだけではない。ハトにタッチスクリーンに表示された刺激をつつかせることもできるし、「玄関にゴミを置いてゴミ出しをしないと家を出られない」というところから少しずつゴミの位置を変えていくといったステップを踏むことで、ゴミ出しをしない同居人に自分からゴミ出しをさせることもできる。道具的条件づけは人間にも生じるし、学習可能な行動はきわめて多岐にわたる。

しかし、あらゆる行動が学習可能というわけではない。スキナーの弟子であったブレランド夫妻の仕事を紹介しよう。ブレランド夫妻は、道具的条件づけの手法を用いて動物にさまざまな行動を訓練し、テレビのコマーシャルに出演させたり、楽器を演奏したり三目並べをする動物を「ＩＱ ＺＯＯ」という見世物として興業を行ったりしていた（図３－５）。彼らが、ブタやアライグマにコインを与えて貯金箱に入れたら強化子を与えるという訓練を行ったところ、最初はうまくいったものの、徐々にブタやアライグマはコインを鼻でいじったり、両手で「洗う」ような行動を示すようになり、貯金箱に入れるという行動が消えてしまったことを報告している。この、鼻でいじったり両手で「洗う」といった行動は、ブタやアライグマがエサを扱うときに見せる行動であり、生得的な行動傾向で

図 3-5　ピアノを弾くウサギ，ダンスをするニワトリとケリー・ブレランド。
（出典）　University of Central Arkansas, IQ Zoo Collection より，Robert E. Bailey 氏の許諾を得て掲載。

ある。このように、二次強化子を用いたときに一次強化子に対する生得的な行動が影響してしまうことを、本能的逸脱と呼ぶ。[★4]

▼道具的条件づけの実験事態と累積反応記録▲

ラットのレバー押し行動の学習と、ネコが問題箱から脱出する行動の道具的条件づけの学習を比較してみよう。もちろん、どちらも道具的条件づけの実験事態であるが、そこには手続き的な差異がある。レバー押し行動の学習においては、関心のある道具的行動は「レバー押し」である。このレバー押し行動は、実験箱の中にラットがいるかぎり、ラット任せでいくらでも自発することが可能である。その一方で、問題箱の実験においては、関心のある道具的行動は問題箱の中でのある特定の行動であり、この行動が一回自発するとネコは問題箱から脱出してしまい、あらためて問題箱に入れてやらないとその行動を観察することはできない。この違いはとても大きいのだ。

人間や動物の行動に関する科学的な実験では、行動を何かしらの数字で表すことで客観的な分析を行う。問題箱の実験において、ネコの行動を何かしらの数字で表そうとしたら、何を扱うことになるだろうか。すでに述べたように、その際たるものは反応時間、すなわち「問題箱に入れられてから脱出するための反応が起こるまでの時間」、あるいは脱出にかかった時間ということになる。訓練の最初の段階では、この時間は長くかかるが、訓練が進むにつれてそれは短くなる。この反応時間の変化、短縮が学習の証拠と見なされる。一方で、レバー押しの実験ではどうだろうか。もちろん、レバー押し行動が出るまでの時間を測定することはできる。しかし、それと同時に「レバー押しの回数」を測定することもできる。問題箱では、レバー押しに対応する行動は問題箱の中で一度きりしか観察されないが、レバー押し実験では、実験者がレバーを押させないように操作しないかぎり、何回でもレバーを押すことができるため、レバー押しの回数を数量化することができるのだ。それだけではない。基準となる時間を設定し、「一分あたり何回のレバー押し」というように、反応率を計算することもできる。実験箱の中で、どのタイミングでレバーを押したかというように、レバー押し行動の時間的な分布を調べることもできるのだ。

このように、レバー押し行動のように「実験状況に置かれているかぎり、いくらでも反応ができる」という実験事態をフリーオペラント事態と呼ぶ。そして、フリーオペラント事態において重要な、反応の回数や反応の時間的な分布を調べるために、研究の初期から長く用いられてきたのが累積反応記録と呼ばれるものだ。累積反応記録とは、その名の通り、反応回数を累積的に記録したものだが、時間的な分布をあわせて検討するために工夫が施されている。累積反応記録は、横軸に時間、縦軸に反応の累積回数をとったグラフだ。まったく反応がないならば、累積反応記録のグラフは横に直線が引かれるだけであるが、反応があると上方向に線が移動する。さらに反応があると、さらに上に移動する。時間は左から右に向かって進むようにグラフが描かれるため、右肩上がりのグラフが描かれることになる。さらに、強化子が与えられると、累積反応記録の中に「ここで強化子が与えられた」というマークが記入されるようになっている。この累積反応記録の便利なところは、グラフの形状が反応のペースをそのまま表現していることだ。反応がなければグラフは横ばいになるが、反応があるとグラフは右肩上がりになる。その際、反応のペースがゆっくりだと右肩上がりのグラフの傾きが緩やかになり、反応のペースが速いと傾きが急峻になる。慣れてくると、累積反応記録を眺めるだけで多くの情報を得ることができるようになる。

ここで注意をしておきたいことがある。人間や動物の行動とは、当たり前だが、きわめて複雑なものだ。あなたが毎日行っている行動を振り返ってみるとよい。コーヒーを飲む、本を読む、学校や職場に向かって移動する、友人と語らう、などなどなど。こうした一見して関連のない行動が、どういう機能をもっているかという点からひとまとめにすることで、レバー押しならレバー押しという行動で代替するというのが、実験箱の中での動物行動を研究することの意味の一つであり、限定された状況で人間を対象に実験することの意味だ。そのため、非常に複雑で多面的な機能をもちうる行動の変化を研究するうえでは、しばしば累積反応記録「だけ」を観察するのでは不十分なケースもありうる。

第2章でも少し触れたが、数量化された指標一つだけを見ていてはわからないことも多々ある。それを理解したうえで、累積反応記録や特定の行動の反応数や反応率、反応時間が何を反映しているかを考えることが重要だ。

▼強化スケジュール▲

累積反応記録とあわせて、道具的条件づけ研究においてきわめて重要なツールが強化スケジュールである。強化スケジュールとは、端的にいえば、どの行動に対して強化子が与えられるかを定めた規則である。その最も単純なものは、「標的行動が一回生起すると、強化が与えられる」というものだ。レバー押しを標的行動とする実験に当てはめると、一回レバーを押せばエサが与えられる。もう一回押せば、またエサが与えられる。すべての行動が強化されるので、これは全強化スケジュール、あるいは連続強化スケジュールと呼ばれる。全強化スケジュールでは、すべての標的行動が強化されるために、道具的条件づけ訓練の初期において用いられることが多いが、問題点もある。全強化スケジュールで維持されている行動は、いったん強化子を取り除いてしまうと、消去が早い。古典的条件づけにおいて条件刺激と無条件刺激の対提示を行うと条件反応が獲得されるが、無条件刺激を取り除くと条件反応が消去されたことを思い出してほしい。道具的条件づけにおいても、行動に対して強化子を随伴させることで道具的反応を獲得・維持することができるが、強化子を取り除くことで行動が消去される。全強化スケジュールで維持されている行動は、いったん強化子を取り除いてしまうと、比較的早く消去されてしまう。

日常的な例を挙げてみよう。あなたは自動販売機の前にいる。自動販売機にお金を入れると、商品のボタンが赤く光る。あなたは欲しい商品のボタンを押す。すると商品が手に入る。これは、「ボタンが赤く光ること」が弁別刺激、「ボタンを押すこと」が行動、「商品が手に入ること」が強化子となっていると考えられる。いや自分はレバーを押しているラットとは違うと思うかもしれない。いやいや、同じなのだ。あなたがどう思っているかは問題ではない。どういった状況で、あなたがどう行動し、その後に何が起こるかが問題なのだ。さて、自動販売機の前で赤く光ったボタンを押すと商品が手に入るという状況では、どういった規則で商品が手に入っているだろう。お金を入れてボタンを押せば、必ず商品は手に入る。全強化スケジュールである。ボタンを押すという反応は、必ず強化される。では、あるときあなたが自動販売機の前で赤く光った商品ボタンを押しても何も出てこなかったらどうするだろう？「ん？　おかしいぞ？」とばかりに、何度か続けて商品ボタンを押すだろう。そして、「壊れてるのかな……」と思ったのか、ボタンを押すのをやめるだろう。レバー押し事態でのラットも、まったく同じことをするのだ。レバーを押せば必ずエサがもらえるという全強化スケジュールで行動を維持しているところで、エサを与えるのを止めてみると、ラットは一時的に反応回数を増加させる。これを消去バーストと呼ぶ。一時的な反応回数の増加の後、レバーを押す反応は消去される。そう、あなたが自動販売機のボタンを何度も何度も押してみて、ついには押さなくなるように、ラットも同じことをするのだ。

やはりあなたは、実験箱の中でレバーを押すラットと、自動販売機の前で悪戦苦闘する自分は違うと思うかもしれない。しかし、何が違うのか明確に説明することができるだろうか。あなたは、自動販売機のボタンを連打したり、押さなくなったことの原因を、「壊れているのかと思ったから」というように、自分の主観的な言葉で説明しようとするだろう。たしかにそれはそうなのかもしれない。しかし、なぜあなたは「壊れていると思う」という主観的経験をもったのだろうか？　それは「いつもは毎回商品が出ていたのに、出てこなくなった」という状況のせいだ。ラットのレバー押し事態でも、それは同様である。強化スケジュール研究の、ひいては行動分析学的研究の重要なポイントはここにある。あなたが何を考えているか、またラットが何を「考えて」いるのかは問題ではないのだ。強化スケジュールがあなたの、ラットの行動のパターンを決めてしまう。あなたの主観的経験が行動の原因ではなく、その主観的経験をもつに至った状況、刺激状況や強化が与えられるルールが、あなたの行動を決めている。

強化スケジュールは、全強化スケジュール以外にも膨大な数がある。全強化スケジュールでは、すべての標的行動が強化されていた。しかし、我々の日常生活において、すべての標的行動が強化されることはまれである。好きな人に告白するたびに必ず受け入れてもらえるわけではない。人生は厳しい。多くの場合、標的行動に対して強化は「たまに」与えられることになる。このように、標的行動のすべてではなく、その中のいくつかに対して強化が与えられるようなスケジュールのことを部分強化スケジュールと呼ぶ。

部分強化スケジュールでは、どの反応に対して強化を随伴させるのかについての基準が必要だ。この基準にはさまざまなものがある。まず大きな区分として、「時間の経過」を基準とするものと、「反応の回数」を基準にするものに分類することができる。前者を間隔（時隔）スケジュール、後者を比率スケジュールと呼ぶ。間隔スケジュールにおいては、時間が基準となるので、一度強化が与えられてから決められた時間が経過した後の最初の反応に強化を随伴させることになる。一方で、比率スケジュールでは反応の回数が重要であり、決められた回数の反応が生じたときに強化が随伴することになる。こうした分類とは別に、時間経過や反応回数といった基準をどのように定めるかについても分類が行われている。毎回必ず決められた基準を用いるスケジュールを固定スケジュール、平均値だけを決めておいて毎回基準が変動するスケジュールを変動スケジュールと呼ぶ。これらを組み合わせることで、固定間隔スケジュール（FI）、変動間隔スケジュール（VI）、固定比率スケジュール（FR）、変動比率スケジュール（VR）という、四つの基本的な部分強化スケジュールをつくることができ、それぞれについて特徴的な累積反応を観察することができる（図3-6）。

これ以外にも、強化スケジュールの種類は膨大な種類がある。ここでは、そのすべてを紹介することは不可能だ。これ以降、必要に応じて説明を加えることにするが、強化スケジュールに関して最も重要なことは、前に述べたとおりだ。我々の行動は、強化スケジュールを操作することによってそれに合わせて変容する。あなたは自分の意思で自分の行動を決定していると考えているかもしれないが、その行動は強化スケジュールによって変化するということだ。さらに興味のある人は、ぜひスキ

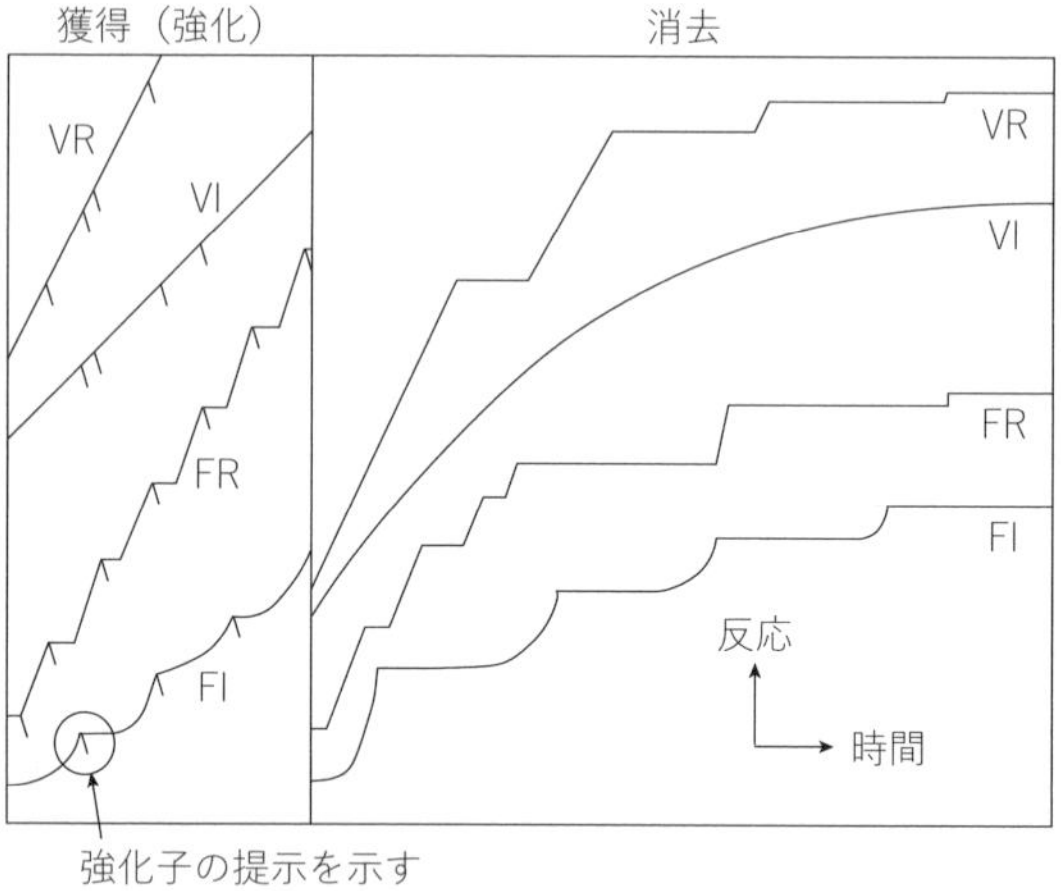

図 3-6　代表的な強化スケジュールにおける累積反応記録の例。VR：変動比率スケジュール，VI：変動間隔スケジュール，FR：固定比率スケジュール，FI：固定間隔スケジュール。左が反応の獲得（強化），右が消去を表す。短い斜線は強化が与えられたことを示す。

（出典） Reynolds（1968）; 坂上・井上（2018）より作成。

ナーとチャールズ・ファスターが著した *Schedule of reinforcement*、日本語に直すと『強化スケジュール』というそのものズバリのタイトルの書籍を手にとってみてほしい。[★5] その分厚さに面食らうとともに、ひたすら累積反応記録が列挙されている様子に圧倒される。多くの心理学の書籍では棒グラフや折れ線グラフが多く用いられるが、この本は累積反応記録だけである。

▼行動を増やすこと、減らすこと――強化のマトリクス▲

我々の行動が、後続事象とその与え方によって変化することを理解してもらえただろうか。行動の変化は、何も「増える」というだけではない。行動は増えることもあれば減ることもある。エサを与える、ある

		行動	
		増加	減少
刺激	出現	正の強化	正の罰 (正の弱化)
	消失	負の強化	負の罰 (負の弱化)

図 3-7　強化のマトリクス。行動によって刺激が出現するか消失するか，その結果として行動が増加するか減少するかの 2 × 2 の分類がなされている。

いは自動販売機で商品が手に入るといったときには、その直前の行動は増加し、また維持されるが、エサがもらえない、商品が手に入らないといった状況ではそうした反応は減少した。このように、行動を増加させることや減少させるための手続きを整理したものが、強化のマトリクスだ。

強化のマトリクスは、二×二の表で示すことができる（図3－7）。行は「行動によって環境に何かが出現するのか、消失するのか」に対応し、列は「行動が増加するのか、減少するのか」に対応している。これだけではわかりにくいかもしれないので、順々に説明していく。まず左上は、「行動によって環境に何かが与えられ、結果的に行動が増加する」というケースである。これは、これまでになじみのある状況であろう。レバーを押せばエサが与えられるといったときには、レバー押しが増加する。こうしたケースを、正の強化、あるいはたんに強化と呼ぶ。右上は、「行動によって環境に何かが与えられ、結果的に行動が減少する」というケースだ。これもなじみ深いかもしれない。レバーを押せば電気ショックが与えられるといった状況では、レバー押しは減っていく。こうしたケースを、正の罰、あるいはたんに罰と呼ぶ。罰という言葉がネガティブな意味を連想させたり、誤解を招くことがあることから、最近では、罰の代わりに弱化という言葉を使うこともある。左下は、「行動によって環境から何かが消失し、結果的に行動が増加する」という状況を指す。これはわかりにくいかもしれないので、例を示そう。あなたは、急に雨が降って濡れてしまいそうな状況にいる。あなたは傘をさす。すると、雨に濡れずに済む。これは、「傘をさすという行動によって、雨に濡れるという状況が消失し、結果的に傘をさすという行動が今後増加する」という状況である。ご理解いただけただろうか。こうしたケースを、負の強化と呼ぶ。最後に右下は、「行動によって環境から何かが消失し、結果的に行動が減少する」といった状況を指す。日常的な例に即すと、「兄弟でケンカをしてしまい、おやつ抜きになる」といった状況が考えられる。「ケンカをするという行動によっておやつが消失し、結果的にケンカをする頻度が減る」ということだ。こうしたケースを、負の罰（負の弱化）と呼ぶ。

整理してみよう。この強化のマトリクスにおいては、行動が増加する状況を強化、減少する状況を罰と表現し、環境に何かが与えられる状況を正、消失する状況を負と表現している。これらを組み合わせて正の強化や負の強化、正の罰や負の罰という状況がつくられる。ここで重要なことは、強化のマトリクスの中には「よい刺激」「よくない刺激」といった言葉は出てこないということだ。正の強化は、「行動することでよい刺激が与えられる」と表現したくなるし、負の強化は「行動することでよくない刺激が消失する」と言いたくなるだろう。その方がわかりやすい、と思うかもしれない。しかし、「よい」とか「よくない」といった判断は、何をもって行うのだろうか。あなたの判断だろうか？　それは客観的ではない。常識？　そんなものはない。お金は多くの人にとって「よい刺激」かもしれないが、一万円もらって嬉しい人もいれば、石油王にしてみれば何の感慨もないだろう。刺激がよいかよくないかを客観的に定めることは難しい。どんな状況であっても、どんな相手に対しても適用できるように、「よい」「よくない」という属性を決めることはできないのだ。こうした問題を引き起こさないために、強化のマトリクスでは「行動が増えるか減るか」「環境に何かが与えられるのか消失するのか」という、客観的に定められるものに基づいた分類がなされている。

▼道具的条件づけの定義▲

道具的条件づけとは何か、どのような手続きによって行動変容が起こり、それを記述・分析するためにどういったロジックが用いられているのかは理解できただろうか。スキナーによる行動分析学の体系の中では、ここまでの説明ではとても足りないような豊かな世界が広がっている。そのすべてを説明するのはここでの目的ではない。古典的条件づけとの相互作用やより複雑な行動を扱う研究、臨床的な応用などに関連する話題は、後の章であらためて取り扱う。

第3章を終えるにあたり、ここまでの議論を踏まえて道具的条件づけの定義をあらためて示しておこう。道具的条件づけとは、人間や動物が行う随意的な行動に対して何かしらの後続事象を提示（あるいは消失）させることで、そうした行動を増加させ、あるいは減少させ、場合によってはそれまでになかった行動を獲得させる過程であるといえる。とりわけ重要なのは、行動によって環境に変化が生じるという点である。これは、古典的条件づけとは手続き上は決定的に異なる。古典的条件づけでは、CRによってUSの到来・非到来や強度に変化が生じることはない。古典的条件づけが外部環境の刺激間の関係についての学習であり、いわば世界を知るという学習であったのに対し、道具的条件づけは「自分の行動と環境とがどのように関係するか」についての学習であり、いわば世界と関わることの学習であると要約することができる。

もちろん、これだけで道具的条件づけの本質をすべて示せたわけではない。後で見るように、じつは道具的条件づけは古典的条件づけと切っても切れない間柄にある。手続き上はたしかに分離することができるのだが、我々の複雑な行動の記述するうえでは、あるいは「古典的条件づけや道具的条件づけにおいて何が学習されるのか」といった理論的な問いに答えようとすれば、この二つの学習の関係はそこまで簡単ではないことがわかるだろう。

それでは、古典的条件づけと道具的条件づけの手続き的側面を踏まえつつ、理論の深みへ進んでいこう。

第4章 統一的理解

古典的条件づけの連合学習理論

「自分の行動とは別に外部環境がどのように動いているか」に関する学習である古典的条件づけと、「自分の行動と環境とがどのように関係するか」についての学習である道具的条件づけという、二つの異なる手続き・現象について見てきた。たしかにこれらは、異なる手続きによって検討されているし、また扱っている行動も異なっているように見える。しかしこれらを統一的な枠組みで扱うことも可能である。異なるものを同じものとして乱暴にまとめてしまおう、ということではない。異なる二つの学習現象を、抽象化と理論化によって同じまな板に載せてやろうということである。そこでまず、古典的条件づけに注目することにしよう。

なお、本章では理論とモデルという言葉が登場する。これらの間には一応の区別があるのだが、ここではその詳細には立ち入らない。およそ同じ意味で用いられていると受け取ってもらってかまわない。

▼そもそも理論とは何か▲

学習理論について見ていく前に、そもそも理論という言葉から始めよう。心理学にかぎらず、理論という言葉はいろいろな学問分野に登場する。日常会話でも「理論的」という言いまわしは耳にしたことがあるかもしれない。しかし、いざ「理論」と聞くと、どうも難しいものでとっつきにくい印象をもつ人が多い。そもそも、理論とは何だろうか。

学習心理学を含め、科学的営みは具体的な出来事から出発することがある。具体的な出来事、あえていってしまえば具体的事実というのは、何も大仰な実験によって確かめられたものだけではない。我々が日常的に経験したことや、あるいは観察したことでもよい。こうした具体的な出来事がなぜ起こったのか、その背後にはどんなメカニズムがあるのかについて、さまざまな観点から答えを出そうとするのが、科学の目的の一つだ。より正確な答えを出すためには、どういう状況で何が起こったのかを正確に記述できなければならない。

一方で、具体的な出来事について、その状況を具体的にくわしく記述すればするほど、その説明は限定的になってしまう。「あるイヌに対してメトロノームの音の後に肉片を提示すると、そのイヌはメトロノームの音だけで唾液を流すようになる」という記述は、パブロフの実験の説明としてはおおむね正確なものだ。しかし、このままでは具体的すぎる。「あるイヌ」に起こったことは、他のイヌにも起こるのだろうか？　メトロノームの音にしかこういった現象は起こらないのだろうか？　肉片ではなくてドッグフードならばどうか？　こうした個別具体的な情報は、「あるイヌに対してメトロノームの音の後に肉片を提示すると、そのイヌはメトロノームの音だけで唾液を流すようになる」という現象を考えるうえで、どこまで重要なものなのだろうか。古典的条件づけという現象を「理論的に」取り扱うためには、ここで抽象化という作業が必要になる。

抽象化と聞くと、これもまた難しそうに聞こえるかもしれない。ざっくり言うと、ここでいう抽象化とは「捨てること」、具体的な情報の一部を捨てることで適用範囲を広げていくことである。具体的な出来事の記述には、当然のことながら多くの具体的な情報が含まれている。たとえば「イヌ」というのは、ある動物種を指す。しかし、古典的条件づけはイヌに限定して起こるわけではないので、「イヌ」という言葉から具体的な情報を捨て去って、「動物」にしてしまってもよいかもしれない。「メトロノームの音」についても同様だ。「純音」でもよいかもしれないし、「ホワイトノイズ」でもよいかもしれない。それなら、具体的な情報を捨てて「音」にしてもよい。「ライト」でもよいならば、「視聴覚刺激」でも大丈夫だし、たんに「刺激」でもよいかもしれない。このように、もともとは個別具体的だったものから、その現象を捉えるうえで不要なものを捨てていくことで、説明が徐々に抽象化されていく。抽象化が進めば進むほど、その説明は適用できる範囲が広がっていく。イヌに対して行った実験の説明が、ネコやラット、ヒトに適用できるようになったり、メトロノームの音を使った実験が光刺激を使った実験に適用できるようになる。複雑な日常生活に適用することも可能になるかもしれない。抽象化するという作業は、科学の中ではとても重要なものである。

ただし、何でも捨て去って抽象化してしまえばよいというわけではない。説明しようとする現象の重要な側面を失わせるような抽象化はしてはならない。「あるイヌに対してメトロノームの音の後に肉片を提示すると、そのイヌはメトロノームの音だけで唾液を流すようになる」という例でいえば、「肉片」の部分を「生存にとって重要な刺激」というように抽象化してしまうと、電気ショックなども含まれてしまうが、これでは「唾液を流す」という反応が重要な場合には不具合が生じてしまう。唾液を流すという反応が重要な場面であれば、抽象化の水準は「食物」というあたりまでになるだろう。説明しようとしている現象、扱いたい現象によって、適切な抽象化の水準はおのずと変わってくる。もちろん、「唾液を流す」という部分を「反応が生じる」というように抽象化すれば、それに合わせて「肉片」を「生存にとって重要な刺激」、あるいは「その生物にとって重要な刺激」というように抽象化することができる。どういった抽象化が許されるのかは、扱う現象や目的に依存することになる。

抽象化は理論を構成するために重要な作業だが、それだけで完結するわけではない。うまく抽象化しただけでは、「起こった出来事を別の言葉で言い換えただけ」になってしまう。心理学的な理論を構成するためには、抽象化された現象の背景にあるメカニズムについて、適用範囲の広い一般的な説明を与えなければならない。学習理論についても同様である。学習理論とは、個別具体的な情報をできるかぎり抽象化することによって、古典的条件づけや道具的条件づけといった手続きによって生じる個別の現象の背景にあるものを、より一般的な形で説明するものである。もちろん、理論ごとに説明しようとする標的があるため、「古典的条件づけの理論」や「道具的条件づけの理論」といったように対象を限定しているものもある。その一方で、より適用範囲が広い方が理論としての評価は高い。残念ながら、現時点では学習に関する万物理論は存在しないが、学習理論研究者は、より広範な現象を説明できるような理論を構築するべく研究を続けている。

▼接近の法則と連合▲

古典的条件づけという手続きと現象については、すでに理解してもらえたと思う。では、古典的条件づけは、どのようなときに生じるのだろう。また、古典的条件づけの手続きによって学習されるものとは、いったい何だろうか。前者についての一応の答えが、「接近の法則」と呼ばれるものだ。条件刺激と無条件刺激の対提示が古典的条件づけ手続きの本質だが、その際に条件刺激と無条件刺激の間に時間的なギャップがあると、条件反応の獲得はうまくいかない。第2章でも紹介したように、条件刺激と無条件刺激の間に時間的なギャップを設ける手続きを痕跡条件づけと呼ぶが、このギャップが長くなると条件反応の獲得はうまくいかないことが知られている。つまり、時間的に接近していることが古典的条件づけが生じるための重要な条件だ、という主張である。

これは、多くの場合においては正しい。一方で、味覚嫌悪学習は反証になるのではないかと思われるかもしれない。たしかに、味覚嫌悪学習では、条件刺激（食物）と無条件刺激（内臓不快感）との間に数時間のギャップがあっても学習が成立する。接近している、とは言いにくいと思うかもしれない。では、味覚嫌悪学習で条件刺激と無条件刺激の間のギャップを徐々に伸ばすような実験をしたらどうなるだろうか。ギャップがあろうがなかろうが、同じ程度に学習が生じるのだろうか。答えはノー、である。味覚嫌悪学習においても、ギャップの長さを変えてやれば、学習の程度は変わる。[★1] 数時間のギャップがあっても学習そのものは生じるのだが、その強さはギャップが短いときに比べると弱くなる。つまり、接近の法則が成り立つ。接近の程度については絶対的な基準があるわけではなく、用いる刺激によって変化する相対的なものなのである。

　接近の法則は、古典的条件づけのみに有効なものではない。道具的条件づけにおいても、同様の議論が行われている。第3章で見たように、道具的条件づけとは弁別刺激、道具的反応（行動）、後続事象（結果事象、強化子）という三つの要素で記述することができる。ここで、道具的反応と強化子との間に時間的なギャップがあると、道具的反応の獲得や維持がうまくいかない場合がある。[★2] ヒトの場合には、みずからの反応と結果の間に相当な時間的ギャップがあっても学習が成立するが、これは「こうすればこうなる」というような随伴性を記述したルールを学習しているからと考えられていて、言語化されたルールなしに行動と結果の関係を学習するにはやはり時間的な接近性が重要である。

　では、複数の刺激が接近して対提示されたときに古典的条件づけが成立し、また道具的反応に対して強化子が接近して後続したときに道具的条件づけが成立するとして、そこでは何が学習されるのだろうか。もちろん条件反応なり道具的反応なりが学習されるのだが、そのときヒトや動物の中では何が起こっているのだろうか。この問いは、「条件反応や道具的反応の表出を支えている知識とはどういうものだろうか」と言い換えることができる。その説明のために用いられるのが、「連合」というものだ。連合という発想の歴史は古く、遡ろうと思えば古代ギリシャ時代まで遡ることができるが、ここではジョン・ロックやデヴィッド・ヒュームに代表されるイギリス経験論哲学の考えを、簡単に紹介しよう。★3

哲学が扱う問題は多岐にわたるが、その中に「我々の知識の源は何か、それは信用に足るものか」といったものがある。人間は多くの知識をもっている。赤くて丸い、おいしそうな匂いの果物を見せられれば「これはりんごだ」と答えることができるし、物理学について複雑なことを知らなくとも、手に持ったりんごは手を離せば下に落ちてしまうことを知っている。こうした知識はどこから来るのだろうか？　経験論者は、「それは我々の経験によって得られる」と答える。「りんご」という事物について考えてみよう。我々は「りんご」というものを、生まれつき知っているだろうか。答えはおそらく、ノーである。我々ははじめてりんごを見たときに、それがなんであるかを知らない。赤くて、丸い、甘酸っぱい匂いがする、食べてみるとおいしい。そうした経験があり、「これはりんごと言うんだよ」と教えてもらう経験があってはじめて、それがりんごであるという知識を得る。経験論者は、知識の源泉を経験に求める。実際には、第1章で見たように、我々は非常に多くのことを進化の歴史によって学んでおり、行動の背景にある知識のすべてが経験によって獲得されるわけではない。しかしここでは、「知識の獲得には経験が重要だ」という程度の認識にとどめ、先に進もう。

あなたは「りんご」という知識を得た。この知識は、どのように支えられているだろう。「りんご」というのは、一見するととても単純なもの、一つの事物の名前にすぎないように思われる。しかし実際は、複数の要素が集まった複雑なものだ。りんごは赤い。丸い。甘酸っぱい匂いがする。こうした、より単純な経験的要素の集まりが「りんご」だ。「りんご」という複雑な知識は、「赤い」「丸い」「甘酸っぱい匂い」といった、より単純な経験的要素からできている。ここで、単純な要素を組み合わせて複雑な知識をつくるために登場するのが、連合というアイデアだ。赤い、丸いといった単純な要素は、お互いに結びつき、すなわち連合して、りんごという複雑な知識を形成する。連合とは、単純な要素同士を、またあるときは複雑な知識同士をさまざまな形で結びつける。連合によって相互に結びつけられたものは、ある種のまとまり、ネットワークを形成することになる。そして連合している要素の一つが知覚されると、それと連合したものも思い浮かべられるようになる。プラトンの著した『パイドン』にも、「好きな人がよく竪琴を弾いているのを聞いているうちに、竪琴の音を聞くだけで好きな人のことが思い浮かぶ」という事例が登場するが、[★4]これは竪琴の音と好きな人の間に連合が形成されたと解釈することができる。似たような経験は、誰しも思い当たるだろう。ロックやヒューム、あるいはそれに続く経験論哲学はさらに詳細な議論を行っているのだが、学習心理学における連合というものの取り扱いを考えるうえでは、さしあたってはこの程度の理解で十分であろう。

複数の刺激が対提示されたときに生じる行動の変化が古典的条件づけ、行動に対して後続事象が生じたときに成立する行動の変化が道具的条件づけであった。こうした行動変容の背景にある知識を説明するために、連合というアイデアが利用される。すなわち、古典的条件づけにおいては複数の刺激の間に連合が形成される、また道具的条件づけにおいては道具的反応と後続事象の間に連合が形成される、といった具合である。いや、古典的条件づけでは条件刺激が反応と直接結びついているのではないのか、あるいは道具的条件づけでは弁別刺激も何かと連合しているのではないのか、といった疑問もわくかもしれない。この点については、本章の最後の項と次の章で取り扱う。とにかく、我々が経験する刺激や我々が行う行動が、連合と呼ばれる結びつきによって相互に連絡し合ってネットワークを形成するというアイデアが、行動の変化の説明として用いられるというアイデアを飲み込んでもらいたい。

古典的条件づけや道具的条件づけを支えるのが連合であるならば、どのようなときに連合が形成されるのか、連合が形成される条件とは何かという問いは、先に述べた「どのようなときに古典的条件づけが成立するのか」あるいは「どのようなときに道具的条件づけが成立するのか」という問いと重なる。連合形成の条件に関するとりあえずの答えは「接近の法則」であった。もう一つ、道具的条件づけにおいては「効果の法則」を第3章で紹介したが、これについては後述する。接近の法則の重要性は実験的な事実によって一応支えられており、ヒュームも連合形成の要因の一つとして「時空間的接近」を挙げている。ここでの問題は、「時空間的接近は連合形成の必要十分条件であるのか」ということである。つまり、接近していれば必ず連合が形成されるのか、接近していないときにはいかなる連合も形成されないのかということだ。たしかに、包丁とまな板やイスとテーブル、パソコンとマウスなど時空間的に接近したものの間に何かしらの連合が形成されるというアイデアは直観的にもわかりやすい。本当に接近の法則は、連合形成の必要十分条件なのだろうか？

▼レスコーラの随伴性理論▲

接近の法則が連合形成の必要十分条件であるというアイデアとは異なる観点を与えたのが、ロバート・レスコーラによる随伴性理論★5である。随伴性という言葉は、第3章においても登場した。オペラント行動を制御する、行動と結果の関係や、弁別刺激・行動・後続事象という三つをまとめた三項随伴性というものである。随伴性理論の随伴性も、条件刺激と無条件刺激の関係を記述するものだ。レスコーラによる具体的な実験例を見てみよう。

この実験では、ラットを対象として音や光といった視聴覚刺激を条件刺激（CS）、嫌悪的な刺激を無条件刺激（US）とした恐怖条件づけが用いられた。条件刺激と無条件刺激の提示回数やタイミングが操作され、条件刺激と無条件刺激の間の確率関係が条件反応の強さに与える影響が観察された。その結果、条件刺激と無条件刺激が接近して対提示された回数が、そのまま条件反応の強さを決定しているわけではないことが明らかになった。もし接近の法則が古典的条件づけにおける連合形成の必要十分条件であれば、接近して対提示された回数が反応の強さを決定するはずである。しかしそうはならなかった。では、何が条件反応の強さを決めているのだろうか。レスコーラは、条件刺激と無条件刺激の間の確率的な関係性に注目した。条件刺激と無条件刺激の確率的な関係を理解するために、

	無条件刺激あり	無条件刺激なし
条件刺激あり	a	b
条件刺激なし	c	d

図 4-1　実験セッション内で条件刺激および無条件刺激の提示・非提示に基づいて試行を分類したもの。条件刺激と無条件刺激が対提示された場合には a に，条件刺激単独提示の場合には b に，無条件刺激単独提示の場合には c に，どちらも提示されなかった場合は d にカウントされる。

図4－1を見てみよう。実験セッションを試行の長さで分割し、分割した各時点における条件刺激の提示の有無と無条件刺激の提示の有無に関して回数をカウントしたものだ。条件刺激と無条件刺激が両方提示された試行が a 回、条件刺激は提示されているが無条件刺激が提示されなかった試行が b 回、条件刺激は提示されなかったが無条件刺激は提示された試行が c 回、どちらの刺激も提示されなかった試行が d 回、となっている。つまり、条件刺激と無条件刺激が接近して対提示された試行は a 回ということになり、もし接近の法則が連合形成の必要十分条件であれば、a に相当する数字が大きくなればなるほど条件反応は強くなり、少なければそれだけ弱くなると考えられる。しかしすでに述べたように、そうはならなかった。

ここで、表から読み取れる確率関係について考えてみよう。全体の試行回数は、a、b、c、d をすべて加えたものである（$a+b+c+d$）。この中で、条件刺激が提示された試行は a と b を加えたものだ（$a+b$）。つまり、全試行において条件刺激が提示される確率は、後者を前者で割ったものになる（$(a+b) \div (a+b+c+d)$）。同様に、無条件刺激が提示される確率も計算することができる（$(a+c) \div (a+b+c+d)$）。もう一歩進めよう。条件刺激が提示された試行の中で、無条件刺激が提示される

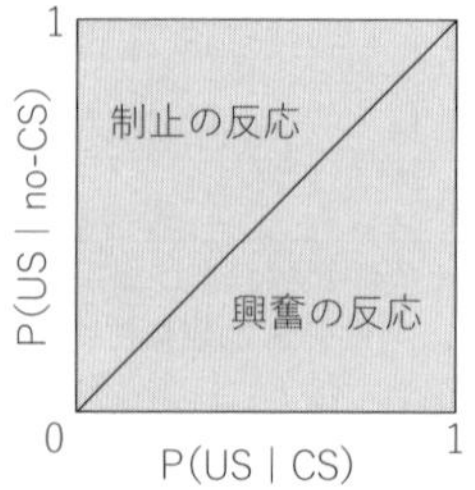

図 4-2　随伴性空間。横軸は条件刺激提示時に無条件刺激が提示される条件付き確率，縦軸は条件刺激非提示時に無条件刺激が提示される条件付き確率を表す。確率の定義により，1 × 1 の正方形となる。

確率はどれくらいだろうか。条件刺激が提示された試行の回数は、すでに見たように $a+b$ で計算することができる。この中で、無条件刺激も提示された試行は a 回である。つまり、条件刺激が提示された試行で無条件刺激が提示される確率は、$a \div (a+b)$ で計算することができる。数学の言葉では、これは条件付き確率と呼ばれる（条件刺激だから条件付き、というわけではない）。同様に、条件刺激が提示されない試行で無条件刺激が提示される条件付き確率も $c \div (c+d)$ で計算することができる。

これらの条件付き確率が何を意味しているのか理解するために、それぞれの条件付き確率を縦軸と横軸に取った図を考えてみよう。これは随伴性空間と呼ばれる。（図4－2）。条件付き確率といっても確率であることは間違いないので、縦軸も横軸も0から一までの範囲に限定されることになり、一辺の長さが一の正方形となる。この正方形に、縦横どちらも0の点からどちらも一の点へ対角線を引いてみよう。この対角線は、縦軸と横軸の値が等しい点を結んだものと解釈することができる。つまり、条件刺激が提示されたときの無条件刺激の提示確率と、条件刺激が提示されなかったときの無条件刺激の提示確率が等しい、ということだ。では、この対角線より右下の部分は何を意味しているのだろう。正方形の右下の角は、条件刺激が提示されたときに無条件刺激が提示される確率が一、条件刺激が提示されないときに無条件刺激が提示される確率が0である状況に対応している。ここからもわかるように、対角線よりも右下の領域は、「条件刺激が提示されたときの方が、提示されないときよりも無条件刺激の提示確率が高い」という状況に対応している。言い換えると、「条件刺激は無条件刺激の到来を予告する信号である」ということである。逆に、対角線よりも左上の領域は、「条件刺激が提示されないときの方が、提示されたときよりも無条件刺激の提示確率が高い」という状況に対応し、「条件刺激は無条件刺激の非到来を予測する信号である」と言い換えることができる。

この枠組みからは、こうした刺激間の確率関係から導かれる信号としての機能に生き物が敏感であるならば、対角線よりも右下に離れれば離れるほど生き物にとって条件刺激は無条件刺激の到来信号となり、左上に離れれば離れるほど条件刺激は無条件刺激の非到来信号となるだろうと考えられる。無条件刺激が電気ショックであれば、右下に離れるほどに条件刺激は電気ショックが来ることを予測する危険信号になるし、左上に離れるほどに電気ショックが来ないことを予測する安全信号になる。無条件刺激がエサであれば、右下に離れるほどに条件刺激はエサがもらえることを信号する好ましい刺激になるだろうし、左上に離れるほどエサがもらえないことを信号する残念な刺激となるだろう。この推測が正しければ、随伴性空間において対角線から離れれば離れるほど、無条件刺激の到来に対応する条件反応や非到来に対応する条件反応が強く学習されると考えられる。レスコーラの一連の実験は、この推測を裏付けている。対角線から離れれば離れるほど、より強い反応が確認されたのだ。また、対角線上になるような状況では、条件刺激の有無にかかわらず無条件刺激の到来・非到来の確率は同じになる。つまり、条件刺激は無条件刺激の到来も非到来も積極的には予測しない刺激となる。この状況では、明確な条件反応は確認されなかった。

これが随伴性理論とそれを支持する実験結果の概要である。随伴性理論において重要なのは、条件刺激と無条件刺激の到来・非到来に関する条件付き確率であった。すでに見たように、この条件付き確率を計算するためには、図4-1にあったa、b、c、dのすべての数値を使う必要がある。条件刺激と無条件刺激が接近して対提示される試行だけが重要なわけではないのだ。条件反応の種類や強さを決めるのは条件刺激と無条件刺激の接近対提示だけではなく、条件刺激と無条件刺激の間の確率的関係であり、随伴性が重要なのである。

ここで、これまで使ってこなかった用語を導入しておこう。条件刺激が無条件刺激の到来を予測するような状況において形成される連合を、興奮の連合と呼び、またそうした状況において確認されるような条件反応を興奮の反応と呼ぶ。一方で、条件刺激が無条件刺激の非到来を予測するような状況において形成される連合を、制止の連合と呼び、この状況で確認される反応を制止の反応と呼ぶ。電気ショックを無条件刺激とした場合には、電気ショックの到来を予測する状況で確認される興奮の条件反応は恐怖反応になるし、電気ショックの非到来を予測する（電気ショックが来ないことを予測する）

状況での条件反応は、電気ショックから逃げようとする行動が抑制されるといった形で制止の条件反応が確認される。ここで、「条件刺激と無条件刺激の間に連合が形成される」という表現をしなかったことに留意してほしい。何と何の間に連合が形成されるのかは、じつはとても難しい問題だ。「条件刺激と無条件刺激の間に連合が形成される」と言っても、大きな間違いではない。しかし、場面によっては正確ではない。この問題については、後で扱う。

▼随伴性理論に見る「理論を考えることの意義」▲

随伴性理論は、条件刺激と無条件刺激の到来・非到来に関する試行数をカウントし、そこから計算される条件付き確率によって条件反応の種類や強さを説明するというものであった。ここでは、条件刺激が何か、無条件刺激が何かといった個別の情報は捨てられ、抽象化されている。さらにいうと、随伴性理論を適用するうえでは、条件刺激と無条件刺激のように刺激に何かしらの属性を与える必要もない。「ネコが顔を洗う」という事象と、「雨が降る」という事象の関係について適用し、「ネコが顔を洗ったときに雨が降る条件付き確率」と「ネコが顔を洗わなかったときに雨が降る条件付き確率」にこの枠組みを適用し、ネコが顔を洗うことと雨が降ることの関係を検討するために流用してもよい。二つの出来事の間の関係であれば、どういうものであれ随伴性理論に落とし込むことが可能である。これが理論のもつ力の一つだ。理論として抽象化することで、適用できる範囲が広くなる。

そしてもう一つ、随伴性理論のもつ魅力がある。それは美しさだ。随伴性空間は、二つの条件付き確率から構成されているきわめてシンプルなものであり、縦横が一の正方形にすぎない。しかしこの正方形の中に、二つの事象の関係性が、いろいろな仮定がありつつも、圧縮されて表現されている。複雑多様に見える世界が、正方形の中に凝縮されているのだ。もちろん、心理学において、また科学において審美的な側面は最も重要なものというわけではない。より多くの現象を説明でき、人間や動物の行動を正確に予測できる方がよい。それでもなお、理論として抽象化されたもののもつシンプルな美しさは、時に抗いがたい魅力を放つ。

▼阻止現象の発見▲

随伴性理論は、条件刺激と無条件刺激の到来・非到来に関する条件付き確率を算出して条件反応の強度を説明することにより、古典的条件づけにおいて接近の法則以外にも重要な要因があることを示してみせた。その点では、一定の成功を収めたといってよいだろう。接近の法則のみならず、条件刺激が無条件刺激の到来や非到来をどの程度予測してくれるかという予測性が条件反応の程度に重要だったのである。この予測性については、多くの学習心理学の教科書で取り上げられている重要な現象がある。それは阻止と呼ばれる。

阻止現象は、レオン・ケーミンによって一九六八年に報告された。[★6] 重要な部分のみ抜き出した実験デザインは図4－3のようなものである。統制群では、AとXという二つの条件刺激が無条件刺激と対提示され（条件刺激の名前に加えて無条件刺激の提示を＋で表記し、AX＋と略する）、テストでは条件

群	訓練1	訓練2	テスト
阻止群	A＋	AX＋	X？
統制群	なし	AX＋	X？

図4-3　阻止の実験デザイン。アルファベットは刺激のラベル，＋は無条件刺激提示を表す。

刺激Xが単独で提示される。これはパブロフが発見した隠蔽と呼ばれる手続きであり、条件刺激Xが単独で無条件刺激と対提示されたときに比べると条件反応は弱まるものの、ある程度の条件反応が確認される。阻止群では、AX＋の手続きに先立って、条件刺激Aが無条件刺激と対提示される（A＋）。それ以降の手続きは統制群と阻止群で違いはない。問題は結果である。阻止群では、テストにおける条件刺激Xに対する条件反応が、統制群よりも弱かった。これが阻止の手続きと現象である。

阻止の手続きと現象において重要なのは、条件刺激Xと無条件刺激の関係は統制群と阻止群の間で違いがないにもかかわらず、テストにおける条件反応の程度に違いがあったことである。もし接近の法則が古典的条件づけにおいて条件反応を形成するための必要十分条件であれば、条件刺激Xと無条件刺激が両群で同じだけ対提示されている以上、条件反応に差が出ることはありえない。ではなぜ、阻止群においては条件刺激Xに対する条件反応が弱かったのだろうか。この結果について、ケーミンは「学習には驚きが必要である」という解釈を示した。あらためて阻止現象の手続きを見てみよう。この実験における阻止群の被験体はまず、条件刺激Aと無条件刺激の対提示を経験する。これによって、条件刺激Aは無条件刺激の到来を予測する信号となる。続いて、条件刺激AとXが無条件刺激と対提示される。この時点ですでに、条件刺激Aは無条件刺激の到来を予測する信号であるため、無条件刺激が到来したところで驚きはない。これに対して、統制群では条件刺激Aはあらかじめ無条件刺激の到来信号になっていないため、条件刺激AとXが無条件刺激と対提示されたときに、被験体は驚きを経験する。このように、条件刺激Xが無条件刺激と対提示されたときに被験体が経験する驚きの違いが条件反応の違いを生んだということである。

「驚き」という言葉について、あなたはどう感じただろうか？ たしかに予測していなかったことが起こると、あなたは驚くだろう。予測どおりにことが進めば、あなたが経験する驚きは小さいだろう。しかし、ラットやイヌも「驚き」を経験するのだろうか？ 驚きという言葉は、我々の日常生活で使う言葉なのでとてもわかりやすいが、その一方できわめて主観的な経験であるともいえる。驚くとはどういうことだろう？ 驚きという主観的な言葉を使って、このまま説明を続けてよいものだろうか？

▼レスコーラ・ワグナーモデルの登場▲

「驚き」という、ともすれば主観的な言葉ではなく、阻止現象に対してより抽象的な理論的説明を与えたのが、レスコーラ・ワグナーモデルである。★7 提案したのは、随伴性理論を提案したレスコーラと、同じ大学に所属していたアラン・ワグナーだ。レスコーラ・ワグナーモデルは、以下の式で表現される。

$$\Delta V = \alpha\beta(\lambda - \Sigma V)$$

いきなり数式が出てきて面食らうかもしれないが、内容はそれほど複雑なものではない。順を追って説明しよう。まずVは連合強度を表す。ここでいう連合強度とは、条件刺激と無条件刺激の間に形成される連合の強さである。これが大きくなればなるほど、条件刺激と無条件刺激とが強く結びついていることになり、より強い条件反応が表出される。くわしくは後に紹介するが、負の値をとることもある。正の値のときには興奮の反応が、負の値のときには制止の反応が表出される。モデル式の左辺のVには、Δという記号がついている。これは「差分」や「変化量」を表すものである。連合強度の差分、変化量とはどういうことだろうか。じつはレスコーラ・ワグナーモデルは、「ある試行において連合強度がどの程度変化するか」を記述したモデルである。これまで見てきたように、条件刺激と無条件刺激を対提示すると、条件刺激は条件反応を喚起するようになる。レスコーラ・ワグナーモデルでは、これは「条件刺激と無条件刺激の間の連合強度が増加し、連合を形成したため」と考える。逆に、すでに条件反応を表出する条件刺激を無条件刺激なしに単独提示し続けると、条件反応は消去される。レスコーラ・ワグナーモデルによると、これは「条件刺激が無条件刺激との間の連合強度を失ったため」と解釈される。レスコーラ・ワグナーモデルは、このようにさまざまな種類の試行を被験体が経験するなかで、「ある試行において連合強度がどの程度変化するか」を説明するようにつくられている。

続いて、モデル式の右辺を見てみよう。αは条件刺激の強度によって決まる学習パラメータである。

ここでいう学習パラメータとは、連合強度の変化がどの程度のスピードで起こるかを決める役割をもっている。レスコーラ・ワグナーモデルにおいてαは、条件刺激の強度によって決まるもの（明瞭度と呼ばれる）と仮定されているため、大きい音や明るい光など強い刺激を使えば大きな値が、小さい音や暗い光なら小さい値が代入される。モデルの運用上、αには0から一の間の値が代入されることが一般的である。ここで重要なのは、αは条件刺激の強度のみに依存するということである。つまり、被験体がその刺激をはじめて経験するのか、何度も経験しているのかといった要因の影響を受けず、同じ刺激が使用されれば同じ値が代入される。これは、当然のことのように思えるかもしれない。しかし、後でくわしく見ていくが、この点こそがレスコーラ・ワグナーモデル最大の弱点になる。

βはαと同じく連合強度の変化のスピードを調整する学習パラメータである。ただ、βが学習現象において重要な意味をもつケースは内容的に高度になるため、ここでは詳細は割愛する。λもまた無条件刺激によって規定されるものだが、連合強度が変化する速度を決めるのではなく、獲得される連合強度の上限を決めるものである。条件反応は、無条件刺激との対提示を増やせば増やすほど、いくらでも強くなるというものではない。梅干しを見たときに分泌される唾液がどんどん増えてしまうということはないだろう。多くの場合、学習される反応はどこかで頭打ちになる。この頭打ちになる水準を決めるのがλであり、強い無条件刺激を使えば使うほど、より大きな値がλに代入されることになる。これは、弱い無条件刺激よりも強い無条件刺激と対提示される方が最終的に獲得される条件反応が強くなることと対応する。

最後に、ΣVについて説明しよう。じつはこの部分が、レスコーラ・ワグナーモデルの本質の一つだ。すでに見たように、Vは連合強度を表している。高校数学で習ったことのある人もいるかもしれないが、Σは和の記号、つまり何かを足せという意味である。では、何を足すのだろうか。ここではΣの後ろにあるもの、つまり連合強度Vを足すということになる。しかし連合強度Vに足すべき複数のものがあるのだろうか。これは、実際にレスコーラ・ワグナーモデルを運用してみるとわかりやすい。そこで、いくつかの簡単な例を使ってレスコーラ・ワグナーモデルがどんな挙動を示すのか見てみよう。

▼レスコーラ・ワグナーモデルの挙動 —— 単純な条件反応の獲得▲

レスコーラ・ワグナーモデルは、ある試行における連合強度の変化量を説明するためのモデルである。まず、条件刺激と無条件刺激を対提示するだけの単純な例を考えてみよう。条件刺激Aと無条件刺激の対提示を行う状況を考える。条件刺激Aは、光刺激でも音刺激でも構わないが、ここでは記号でAとしておく。レスコーラ・ワグナーモデルの式をあらためて見てみよう（簡単のためにβは省略しておく）。

$$\Delta V = \alpha(\lambda - \Sigma V)$$

αは条件刺激Aの強度によって決まる学習パラメータであった。ここでは仮に〇・一としておこう。〇・一という数値に特別な意味はない。音刺激がこの強さなら〇・一とする、あるいは光刺激がこの明るさなら〇・一とするといった決まりはなく、あくまでも相対的なものだ。λは無条件刺激の強度によって決まる条件反応の上限であった。ここでは一〇〇としておこう。これもαと同様に特別な意味はなく、強い無条件刺激と弱い無条件刺激に対して違う値を用いてやればよい。ではこれから、条件刺激Aと無条件刺激の対提示を行う場面に、レスコーラ・ワグナーモデルを適用しよう。第一試行で起こることは、次のようになる。

$$\Delta V = \alpha(\lambda - \Sigma V) = 0.1(100 - 0) = 10$$

拍子抜けするかもしれないが、これだけである。先に述べたように、αは〇・一、λは一〇〇という数値を代入した。第一試行なので、まだ条件刺激Aは無条件刺激と連合していない状態からスタートするため、右辺の連合強度Vはゼロのままだ。Σはどうなった、と思われるかもしれない。じつは条件刺激Aのみを考えるような今回の例では、Σはあってもなくても同じである。この意味は後に説明する。式の意味に戻ろう。ΔVは、計算すると一〇ということになった。これが、条件刺激Aと無条件刺激を対提示した第一試行における連合強度の変化量である。もともとゼロであった連合強度が、一〇だけ変化する、とこのモデルは主張している。では、第二試行ではどうだろうか。第二試行で起こることは、次のようになる。

$$\Delta V = \alpha(\lambda - \Sigma V) = 0.1(100 - 10) = 9$$

これもまた、拍子抜けするほど単純な計算である。αとλは、用いている条件刺激と無条件刺激が同じである以上、同じ値が代入される。問題はΣVの部分であり、第一試行ではゼロだったところが一〇となっている。これは、第一試行において連合強度Vが一〇増加したからだ。条件刺激Aは、もともとゼロだった連合強度を一〇だけ獲得し、その総量は一〇となった。結果として、第二試行での連合強度の変化量ΔVは九となり、条件刺激Aはさらに連合強度を九だけ獲得するということになる。このまま、第三試行に進んでみよう。

$$\Delta V = \alpha(\lambda - \Sigma V) = 0.1(100 - 19) = 8.1$$

第三試行でもやるべきことは変わらない。αとλは同じ値が代入されており、ΣVだけが変化した。第二試行において一〇になっていた連合強度がさらに九増加したため、ΣVは一九となったわけだ。第三試行の結果、条件刺激Aの連合強度は、さらに八・一増加することになり、連合強度は二七・一となる。以降、第四試行でも第五試行でも同様の計算が続く。表計算ソフトなどでも簡単に計算できるので、興味のある方は気の済むまで計算してみてほしい。

ここまでの計算で、何かに気づかなかっただろうか。ΣVの値は、最初はゼロだったものが一〇、一九、二七・一と増加している。これは条件刺激Aと無条件刺激の対提示によって連合強度が徐々に増加し、学習が進んでいることを示している。一方で、ΔVの値はどうだろう。第一試行では一〇だったものが、第二試行では九、第三試行では八・一と、むしろ減少していることがわかる。つまり、学習が進むにつれて連合強度の増加量そのものは減少していくのである。この様子をグラフで表すと、図4-4のようになる。学習初期には大きく増加していた連合強度が、徐々に増加量を減らしつつ上限に近づいていることがわかるだろう。これはいわゆる学習曲線と呼ばれるものである。このような、

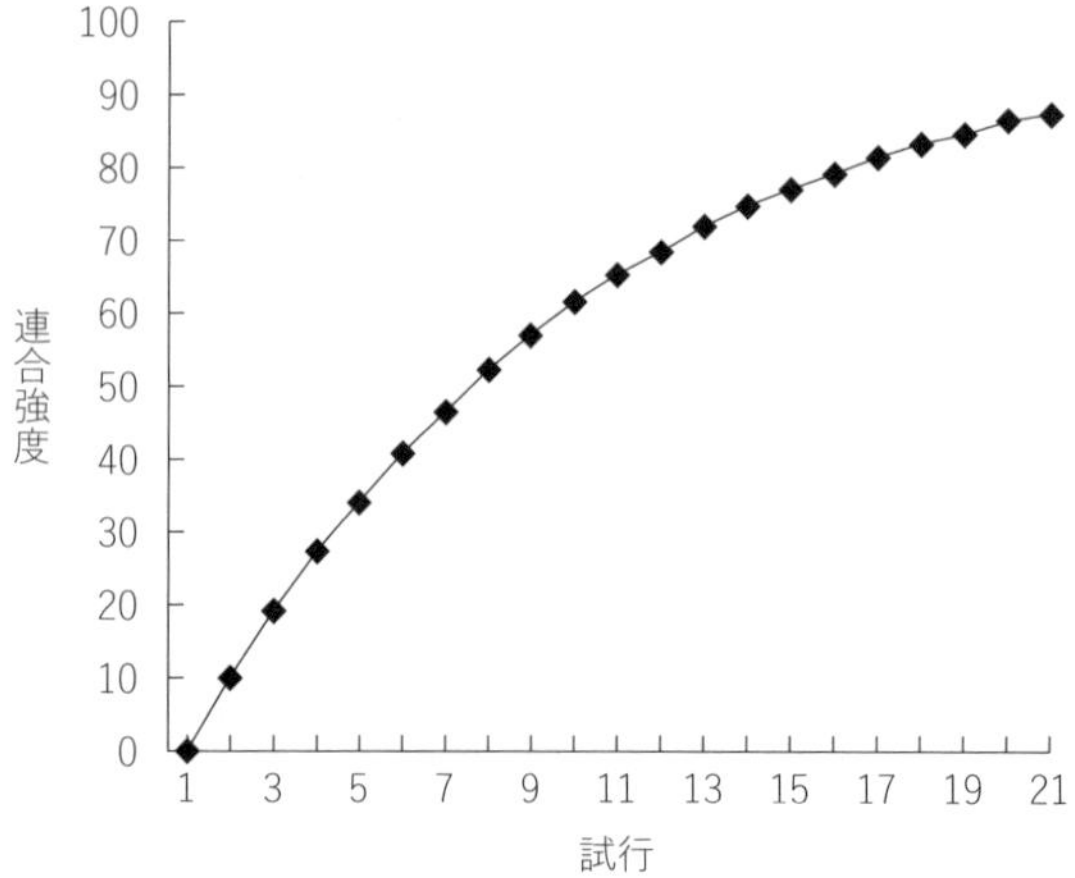

図 4-4 レスコーラ・ワグナーモデルによる，古典的条件づけの獲得のシミュレーション結果。横軸は試行数，縦軸は連合強度を表し，典型的な学習曲線が得られることがわかる。

学習初期には大きな行動上の変化があり、徐々に横ばいに近づくという結果は実際の実験場面でもしばしば確認される。すべての学習がこの曲線の通りになるわけではないし、またさまざまな要因によって上達の速度は変化するのだが、スポーツなどで新しいことを始めると、最初は順調に上達していくものの、どこかで頭打ちになるという経験があるだろう。

レスコーラ・ワグナーモデルのどの部分が、こうした学習曲線の実現に関わっているのだろうか。αは条件刺激の強度によって決まる値のため、学習の速度に影響はするものの、試行ごとに変化しない。重要なのは、$\lambda - \Sigma V$の部分である。λは無条件刺激の強度によって決まる学習の上限値であるが、これはいってみれば「現実に提示された無条件刺激のインパクト」に相当する。これに対して、ΣVは条件刺激がその試行までに獲得していた連合強度であり、いわば「条件刺激が提供する無条件刺激の予測量」に対応する。λ－ΣVが大きい値をとるということは、現実のインパクトと予測量の差、つまり予測誤差が大きいことを表す。言い換えれば、「予測が外れれば外れるほど連合強度が大きく変化する」ということをこのモデルは主張している。ここで、ケーミンによる阻止現象の説明を思い出してみよう。ケーミンは、「驚き」が学習には重要だと考えた。予測が外れれば、我々は驚く。予測どおりにことが進めば、驚きは小さい。つまりレスコーラ・ワグナーモデルでは、「驚き」という日常的な言葉が、λ－ΣVという抽象化された形で表現されているのである。

ここまで、最も単純な事態を例にとってレスコーラ・ワグナーモデルの挙動を説明してきた。条件刺激Aと無条件刺激の対提示だけでなく、すでに条件づけられた条件刺激Aを単独提示することで条件反応が弱くなっていく消去に関しても、レスコーラ・ワグナーモデルをそのまま適用することが可能である。無条件刺激が提示されないことからλにゼロを代入しさえすれば、条件反応の単純な獲得と同様に連合強度の変化量（消去の場合には減少量）を計算することができる。獲得や消去を説明するうえで重要な役割を果たしていたのは「現実と予測の間にギャップがあるときに、外れ具合に応じて予測を現実に近づけていく」という計算方法なのだが、じつはこれはレスコーラ・ワグナーモデルの専売特許ではなく、もっと古くから提案されていた方法である。次に、レスコーラ・ワグナーモデルがそれまでの学習理論とは異なる点について見ていこう。

▼レスコーラ・ワグナーモデルの挙動――ΣVの意味と隠蔽・阻止現象▲

レスコーラ・ワグナーモデルについてのここまでの説明の中で、詳細な説明をしていない部分がある。それはΣVの部分だ。ΣVという項が意味をもつのは、条件刺激にあたるものが複数存在するときである。そこで、複数の条件刺激が用いられるなかで最も単純な事態、隠蔽現象を例にとって、ΣVという項のもつ意味を見てみよう。

隠蔽は、古典的条件づけの発見者であるパブロフによって見出された現象であり、古典的条件づけ研究の当初から知られていた。最も単純な古典的条件づけ手続きでは、一つの条件刺激が無条件刺激と対提示されるのに対して、隠蔽の手続きでは、たとえば光刺激と音刺激のように複数の条件刺激が無条件刺激と対提示される。そしてテストでは、複数の条件刺激のうち一方が単独で提示され、条件反応の程度が検討される。すると、単独の条件刺激が無条件刺激と対提示された場合に比べて、複数の条件刺激と無条件刺激が対提示された方が、個々の条件刺激が獲得する条件反応は相対的に弱くなるという結果が得られる。この隠蔽現象は、知覚的な問題なども含めさまざまな解釈が可能だが、レスコーラ・ワグナーモデルを使って説明することもできる。

レスコーラ・ワグナーモデルを使って隠蔽を説明するうえでは、条件刺激が二種類あることに注意する必要がある。ここでは条件刺激Aと条件刺激Xを無条件刺激と対提示すること（AX＋）を考えよう。条件刺激AとXの明瞭度であるα_Aとα_Xを〇・一、無条件刺激によって決まるλを一〇〇とする。まず第一試行で条件刺激Aが獲得する連合強度ΔV_A、および条件刺激Xが獲得する連合強度ΔV_Xは次のようになる。

$$\Delta V_A = \alpha_A(\lambda - \Sigma V) = 0.1(100 - 0) = 10$$

$$\Delta V_X = \alpha_X(\lambda - \Sigma V) = 0.1(100 - 0) = 10$$

第一試行ではどちらの刺激もまだ連合強度は獲得していないため、ΣVはゼロのままである。問題は第二試行である。第二試行において条件刺激Aが獲得する連合強度は、次のように計算される。

$$\Delta V_A = \alpha_A(\lambda - \Sigma V) = 0.1(100 - 20) = 8$$

ΣVの値が二〇になっていることに注目してもらいたい。条件刺激Aが獲得していた連合強度は一〇だったはずであるが、ここでは二〇となっている。これは、条件刺激AとXが同時に提示されているために、これらの獲得している連合強度が加算されたことが原因である。ΣVの意味がわかっていただけただろうか。Σは和の記号、加算の意味であった。レスコーラ・ワグナーモデルにおいてΣVとは、「その試行において提示されている条件刺激の連合強度を加算したもの」を意味している。今回の例では、条件刺激AとXが無条件刺激と対提示されているため、条件刺激AとXが獲得している連合強度が加算されることになり、二〇という値が代入されるのである。結果的に、第二試行では条件刺激Aは八の連合強度を獲得し、第一試行と合わせて一八の連合強度を得ることになる。これは条件刺激Xについても同様である。

ここで、前項で見た条件刺激Aと無条件刺激の対提示に関するレスコーラ・ワグナーモデルの挙動を見直してみよう。第一試行では一〇、第二試行では九の連合強度を獲得していたことがわかる。つまり、第二試行が終了した時点で、条件刺激Aは一九の連合強度を得たことになっていた。一方で、同じ明瞭度（α）をもっている条件刺激AがXと一緒に無条件刺激と対提示された隠蔽の事態では、第二試行終了時点で獲得した連合強度の総量は一八であり、条件刺激Aを単独で無条件刺激と対提示したときよりも連合強度が小さい。この時点では差はたったの一だが、訓練を続けていけばその差はどんどん大きくなっていく。途中の計算は省くが、この条件で訓練を続けていくと、条件刺激Aを単独で用いた場合には連合強度はλの値である一〇〇にどんどん近づいていく一方で、隠蔽手続きでは条件刺激Aが獲得する連合強度はλの半分、つまり五〇に近づいていくだけである。この連合強度の差が、テストにおける条件反応の差に対応し、隠蔽現象が生じていることを説明する。

なぜこういう結果になったのだろうか。それは、ΣVという項に理由がある。レスコーラ・ワグナーモデルにおいて、λ－ΣVという予測誤差の計算は、学習の程度を決める重要な部分である。λは無条件刺激のインパクト、ΣVは無条件刺激の予測の程度に相当する。複数の条件刺激が存在する場面では、無条件刺激の予測は一つの条件刺激のみによって行われるのではなく、「いま存在している刺激全体でどの程度無条件刺激を予測するか」が問題となるために、個々の条件刺激（先の例ではAとX）の連合強度を加算することになる。λは有限の値（先の例では一〇〇）が代入されているため、ΣVの値が加算によって大きくなるとそれだけλ－ΣVの値は小さくなってしまい、連合強度の変化量は小さくなる。いわば、有限のλを複数の条件刺激が奪い合う（あるいは分配する）という状況が生まれる。

このことから、複数の条件刺激が存在する場面において生じるさまざまな現象を刺激間競合と呼ぶことがある。隠蔽現象についても、条件刺激AとXが有限のλを奪い合うことで、結果として個々の条件刺激が獲得できる連合強度の総量が少なくなり、最終的な反応が弱くなるとレスコーラ・ワグナーモデルは説明する。

ケーミンが見出した阻止現象についても見ておこう。阻止の手続きでは、条件刺激Aと無条件刺激を繰り返し対提示した後（A＋）に、条件刺激AとXを無条件刺激と対提示する（AX＋）。最初の条件刺激Aと無条件刺激の対提示によって、条件刺激Aが八〇の連合強度を獲得したとしよう。続く条件刺激AとXを無条件刺激と対提示する際に、条件刺激Xが第一試行で獲得する連合強度は、αやλが先の例と同じであるとすれば、レスコーラ・ワグナーモデルの予測は以下のようになる。

$$\Delta V_X = \alpha_X(\lambda - \Sigma V) = 0.1(100 - 80) = 2$$

たった二である。隠蔽手続きにおいて第一試行で獲得できた連合強度一〇に比べて格段に少ない。計算は省くが、このまま試行を重ねても、条件刺激Xが獲得できる連合強度は、隠蔽手続きのときよりも小さいものになる（この例では一〇になる）。つまり、阻止現象を説明することができる。これは、条件刺激Aがすでに八〇の連合強度を獲得していたため、ΣVの値が最初から八〇になり、$\lambda - \Sigma V$が小さい値になることが原因である。言い換えると、条件刺激Aがすでに無条件刺激の到来を予測する信号になっていたために、条件刺激AとXを無条件刺激と対提示する試行において現実と予測のギャップ、予測誤差が小さくなる。「驚き」が小さい、ということだ。すでに説明したように、予測誤差が学習に影響するというモデルは、レスコーラ・ワグナーモデルより前から存在した。レスコーラ・

ワグナーモデルの重要な特徴は、予測誤差の計算のために複数の条件刺激が獲得している連合強度を加算して用いると考えたことだ。いや当たり前だろう、と思うかもしれない。しかしこの当たり前のようなことを、モデルの中にきちんと定式化することが重要なのだ。

▼レスコーラ・ワグナーモデルの特徴と評価▲

レスコーラ・ワグナーモデルは、学習理論、とくに刺激と刺激の連合に関する理論の中では異例の成功を収めたといってよい。元論文の引用件数、教科書での紹介頻度、神経科学など隣接分野への影響など、発表から四〇年以上が経過した現在でも、モデルとしての価値は十分に高いといっていいだろう。この分野の研究者は、新たな実験手続きを考案するときに、「レスコーラ・ワグナーモデルならどういう結果を予測するだろう」といった具合に、基本的な思考の道具として用いることも少なくない。しかしそれでも、レスコーラ・ワグナーモデルは、あくまでもモデルである。現実を、ラットやヒトの学習アルゴリズムのすべてを、その中に包含したものではない。そこにはさまざまな仮定があり、また弱点が存在する。

レスコーラ・ワグナーモデルの仮定の一つに、「連合強度が反応強度を決定する」というものがある。古典的条件づけの実験において、実験者である我々が観察できるのは、条件反応の強さだけである。唾液分泌の条件づけであれば唾液の分泌量、恐怖条件づけであればラットが身をすくめて動かなくなる時間や反応の抑制量などが、条件反応の強さとして測定される。レスコーラ・ワグナーモデルの仮定では、計算される連合強度はそのまま条件反応の強さに対応することになっている。つまり、連合強度が大きくなればなるほど反応も強くなるし、逆に反応が強いということは連合強度が大きいということを示していると考える。考えてみれば、これは相当に強い仮定である。あなたは、「わかってはいるが行動に出せない」という経験はないだろうか。あるいは、「知っているのに言葉が出てこない、思い出せない」という経験はどうだろう。このように、直観的には知識をもっていることと行動として表出することとの間にはギャップがありそうだ。しかしレスコーラ・ワグナーモデルの仮定では、連合強度という知識は、条件反応という行動にそのまま変換されることになっている。はたしてこれは、妥当な仮定だろうか。

レスコーラ・ワグナーモデルのもう一つの仮定は、連合強度 V 以外のパラメータ、α や λ が条件刺激や無条件刺激の強度によって決定される量、つまり経験によって変化しうる量ではなく、環境によって決まる量としている点である。この仮定は、一見すると妥当であるように見えるかもしれない。同じ刺激を使っている以上、その強さは一定であると考えても問題はないように思える。しかしこの仮定のせいで、さまざまな現象がレスコーラ・ワグナーモデルでは説明できないという事態を招くことになる。次にこの点を見てみよう。

▼マッキントッシュの注意理論▲

レスコーラ・ワグナーモデルが発表された時点で、すでにレスコーラ・ワグナーモデルでは説明できない現象があることは知られていた。代表的なものに潜在制止と呼ばれる現象がある。[★8] 潜在制止の手続きは、いたってシンプルだ。条件刺激Aと無条件刺激を対提示するのに先立って、条件刺激Aを無条件刺激なしに単独で提示する。これだけである。すると、この単独提示手続きを経験していないときに比べて、条件刺激Aに対する条件反応の獲得が遅れてしまうのだ。潜在制止はヒトを含めさまざまな動物種で繰り返し確認されており、レスコーラ・ワグナーモデルの発表時点でもすでに知られている現象であった。しかしレスコーラ・ワグナーモデルは、この潜在制止を説明することができない。

レスコーラ・ワグナーモデルを潜在制止の手続きに当てはめてみよう。条件刺激Aの単独提示を行うと、連合強度の変化量は次のように計算される。αやλは、これまでの例と同じものを使う。

$$\Delta V = \alpha(\lambda - \Sigma V) = 0.1(0 - 0) = 0$$

ゼロである。何も変わらないのだ。無条件刺激が提示されていないので、λの値がゼロになってしまう都合上、レスコーラ・ワグナーモデルに基づけば、連合強度の変化が起こらない。これを何試行繰り返しても同じことだ。無条件刺激を提示しないかぎり、連合強度には変化が起こらないのである。そのため、この手続きの後に条件刺激Aと無条件刺激の対提示を始めたとしても、連合強度の獲得が遅れるような結果を予測することはできない。αもλも変化しないため、連合強度Vがゼロの状態から学習を始めるのと同じことが起こるとレスコーラ・ワグナーモデルは予測してしまう。

レスコーラ・ワグナーモデルから少し遅れて、ニコラス・マッキントッシュが注意という観点に注目した理論を発表した。[★9] マッキントッシュの注意理論によると、条件刺激を無条件刺激と対提示したときの連合強度の変化量 ΔV は、以下のような式で表される。

$$\Delta V = \alpha\theta(\lambda - V)$$

θ は無条件刺激の強度によって決まる学習パラメータであり、レスコーラ・ワグナーモデルでいうと β に対応する（本章では説明の多くを省いている）。一見して、レスコーラ・ワグナーモデルとほとんど変わらない式のように思えるだろう。モデルの式として大きな変更点は、Σ がなくなったところである。つまり、条件刺激Aの連合強度の変化量を計算するときには、条件刺激Aの連合強度のみと λ の差分が予測誤差として用いられる。別の条件刺激があったとしても、それはこの式の中では勘案されないのだ。レスコーラ・ワグナーモデルにおいては、Σ によって複数の条件刺激の連合強度が加算されることによって隠蔽や阻止が説明されていた。Σ がなくなったマッキントッシュの理論では、そうした現象は説明できないのだろうか。レスコーラ・ワグナーモデル以降、とくに阻止という現象は、新たに連合学習の理論を考えるうえでは説明するべき基本的な基準となったといってよい。マッキントッシュの理論でも、隠蔽はもとより、阻止の現象も説明することができる。その仕掛けは、じつは α の中にある。

レスコーラ・ワグナーモデルでは、α は条件刺激の強度によって決まる値であり、経験によって変化することはなかった。しかしマッキントッシュの理論では、α は条件刺激の強度によってのみ定まるものではなく、経験によって変化すると決められている。その変化のルールは次の式で与えられる。

$|\lambda - V_A| < |\lambda - V_X|$ のとき、α_Aは増加
$|\lambda - V_A| \geqq |\lambda - V_X|$ のとき、α_Aは減少

この式は何を意味しているのだろうか。用いられている記号は、すべてこれまでと同じである。不等式の両辺にある縦線は絶対値の記号であり、いってみれば$\lambda - V_A$と$\lambda - V_X$の値について正負の符号を無視した、数の大きさそのものを意味する。式の内容は、条件刺激Aに対応する学習パラメータα_Aは条件刺激AとXの連合強度を示している。λは無条件刺激の強度によって決まる量、V_AとV_Xが増加するかどうかを、$|\lambda - V_A|$と$|\lambda - V_X|$の大小関係が決めるというものだ。絶対値記号の中身、$\lambda - V_A$と$\lambda - V_X$は何を表しているのだろう。レスコーラ・ワグナーモデルを思い出してもらいたい。$\lambda - V_A$と$\lambda - V_X$は、それぞれ条件刺激Aに関する予測誤差と条件刺激Xに関する予測誤差を示している。つまり、$|\lambda - V_A|$と$|\lambda - V_X|$の大小関係とは、「条件刺激Aと条件刺激Xのどちらの予測誤差が大きいか」、言い換えれば「条件刺激AとXではどちらがより予測が正確か（あるいは不正確か）」を示している。つまり、αの変化のルールは、条件刺激Aの方が他の刺激（ここでは条件刺激X）よりも予測誤差が小さい、すなわち条件刺激Aの方がよい予測信号である場合にはα_Aを増加させ、そうでないときにはα_Aを減少させるという意味なのだ。

もう一歩進めてみよう。αは学習の速度を調整するパラメータであり、大きければそれだけ学習が進み、小さければ学習の進む速度が遅くなる。よい予測刺激であればαは大きくなり、そうでない場合には小さくなる。我々の日常的な言葉に直すと、こうなる。「よい予測刺激にはより注意を向け、

結果的に学習が進みやすくなる」。つまりマッキントッシュの理論においてαとは、条件刺激に対して向けられる注意の量であると解釈できる。レスコーラ・ワグナーモデルにおけるαは条件刺激の強度によって決まっていたため、経験によって変化することがなかったが、マッキントッシュの理論におけるαは、注意という心理量に対応するものであり、経験によって変化する。これがマッキントッシュの理論の大きな特徴であり、レスコーラ・ワグナーモデルとの決定的な違いである。このおかげで、レスコーラ・ワグナーモデルでは説明できなかった潜在制止を説明することも可能となった。潜在制止の手続きにおいては、条件刺激Aが単独提示される。単独提示なので条件刺激Xが存在しないではないかと思われるだろうが、ここでは条件刺激A以外に実験上存在している環境刺激（実験箱の外見など）を条件刺激Xとして扱う。すると、条件刺激Aも、それ以外の刺激Xも、どちらも無条件刺激の有効な予測信号にはならないため、α_Aは減少する。結果的に、あらためて条件刺激Aと無条件刺激を対提示しても、α_Aが小さい値になっているため、学習が進みにくくなる、というわけである。

こうしたαの変化ルールは、潜在制止だけでなく隠蔽や阻止といった刺激間競合を説明するのにも役立つ。たとえば阻止の手続きでは、最初に条件刺激Aと無条件刺激を対提示することによって条件刺激Aがよりよい予測信号になるため多くの注意を向けられる刺激となり、相対的に条件刺激Xに向けられる注意が減少し、結果的に獲得できる連合強度が小さくなる。連合強度の変化量を計算するための式の中に刺激間競合を説明するための仕掛け（レスコーラ・ワグナーモデルでいうΣV）がないことを、注意量であるαの変化によって補っているのである。

▼ピアース・ホールモデル▲

マッキントッシュの注意理論では、「よりよい予測信号に、より注意が向けられる」というアイデアに基づいてモデルが構成されていた。一方で、我々の日常ではこのアイデアに合わないような状況もある。自動車を運転する場面を考えてみよう。免許をとったばかりの頃は、信号や標識といったものに注意を向けて安全に運転することに集中する必要があり、同乗者と雑談する余裕などないかもしれない。しかし運転に慣れてくると、運転動作に対して意図的に注意を向ける程度が減り、雑談をする余裕が出てくることがある。安全運転のためには信号や標識は重要であり、歩行者やほかの車の存在についての重要な予測信号であるにもかかわらず、運転の経験が増えれば増えるほど、意図的に向ける注意は減少していく。つまり自動化していく。マッキントッシュの注意理論では、「よりよい予測信号により注意が向けられる」と考えているため、自動車を運転していて信号や標識が「よい予測信号である」という経験を積めば、それらに対してより注意が向けられるようになるはずである。これは我々の直観とは合わない部分がある。

ジョン・ピアースとジェフリー・ホールは、「よりよい予測信号に、より注意が向けられる」というアイデアとはまったく逆の発想を表現した注意理論であるピアース・ホールモデルを提案した。★10 その発想は「安定的な予測信号は処理が自動化され、不安定な信号には注意が向けられる」というものだ。言い換えると、「よい予測信号には注意を向けずに処理を自動化してしまう」ということになる。ピアース・ホールモデルでは、条件刺激Aが獲得する連合強度の変化量は次のようになる。

$$\Delta V_A = S_A \times \alpha_A \times \lambda$$

Vが連合強度、λが無条件刺激の強度によって決まるものであることはこれまでと同じである。新たに登場したS_Aは条件刺激Aの物理強度によって決まる値であり、レスコーラ・ワグナーモデルにおけるαに近い。そしてα_Aは、条件刺激Aの連合可能性を表している。連合可能性とは、文字通り「どの程度連合を形成しうるか」の値であり、いってみれば注意量に相当する。

レスコーラ・ワグナーモデルにおいては$\lambda - \Sigma V$という部分が刺激間競合を説明していた。マッキントッシュの注意理論では、連合強度の変化を計算する部分が$\lambda - V$となり、刺激間競合に関する処理は注意量を計算する部分で行われることになった。それでもやはり、連合強度の変化量を計算するためには$\lambda - V$、つまり予測誤差が用いられていた。ピアース・ホールモデルでは、連合強度の変化量を計算するために直接的には予測誤差は使われていない。予測誤差というものの意味合いを考えてみよう。予測誤差は、λという無条件刺激が現実に提示されたとき（あるいはされなかったとき）のインパクトとV、あるいはΣVという条件刺激によって予測されているインパクトの差分であった。無条件刺激がもつインパクトがそのまま学習の程度に影響するのではなく、「予測できなかった部分」が連合強度の変化に影響すると考えるのが、レスコーラ・ワグナーモデルやマッキントッシュの注意理論の考え方である。言い換えると、これらのモデルでは、無条件刺激が学習に与える影響は、条件刺激による予測の程度に合わせて弱められている。これに対し、ピアース・ホールモデルでは、無条件刺激は重要な刺激であるため、そのインパクトは弱められずにそのまま学習に寄与すると考える。

先ほどの表現を使うと、無条件刺激の処理は自動化されない、といった意味合いになる。では、条件刺激の処理はどうなるのだろうか。「よりよい予測信号には注意を向けない」というアイデアは、どのように表現されるのだろうか。それは、αの変化のルールの中に示されており、それは次のようなものである。

$$\alpha_{An} = |\lambda_{n-1} - V_{An-1}|$$

記号はすでに登場したものばかりだし、絶対値に関しても大丈夫だろう。nは、それが第何試行であるかを表しており、第五試行であれば五、第一〇試行であれば一〇が代入される。$n-1$は、それが一つ前の試行のものであることを示している。この式は何を表現したものだろうか。この式が計算しているのはα_{An}、つまり「第n試行における条件刺激Aの連合可能性」である。そしてこの値が$\lambda_{n-1} - V_{An-1}$、つまり「第$n-1$試行における予測誤差」によって決まるとピアース・ホールモデルは仮定している。つまり、ある試行において予測を外せば外すほど、次の試行においてはαに大きな値が設定されることになり、連合強度の変化が大きくなる。一方で、予測が正確になればなるほど、つまり学習が進むほどαの値は小さくなり、連合強度の変化は小さくなる。言い換えると、「予測が正確になればなるほど、その刺激へは注意が向けられなくなる」ということである。これはまさに、「よりよい予測刺激に、より注意が向けられる」と考えたマッキントッシュの注意理論とは逆の発想と言えるだろう。

この発想のおかげで、潜在制止のみならず、マッキントッシュの注意理論では説明できない現象に対してもピアース・ホールモデルはよい説明を与えることができる。次のような実験を考えてみよう。[★11]ラットを対象に、三つの群を準備する。第一の群では、光刺激と弱い電気ショックが対提示される（L＋）。第二の群では、光刺激が単独提示される（L－）。第三の群では、音と弱い電気ショックが対提示される（T＋）。この手続きを行った後、すべての群は光刺激と強い電気ショックが対提示される（L＋＋）。最終的に、光刺激に対して獲得される条件反応はどうなるだろうか。第三の群は光刺激ははじめて電気ショックと対提示されるため、十分に強い条件反応が獲得されると考えられる。これに対して、第二の群では光刺激の単独提示が行われているため、条件反応の獲得が遅れるだろう。これはすでに紹介した潜在制止によるものだ。問題は第一の群である。光刺激はすでに弱い電気ショックと対提示されている。マッキントッシュの注意理論によれば、光刺激は弱い電気ショックのよい予測刺激なので、注意をより多く向けられる刺激になっているはずだ。だとすれば、第一の群では、第三の群よりも早く条件反応が獲得されると予測される。しかし、実際に実験してみるとそうはならない。むしろ条件反応の獲得が第三の群よりも遅れるのだ。つまり、マッキントッシュの注意理論の予測とは逆の結果となる。もちろん、レスコーラ・ワグナーモデルでもこの結果は説明できない。ピアース・ホールモデルに基づけば、この現象を説明することができる。ピアース・ホールモデルに基づけば、光刺激が弱い電気ショックのよい予測刺激であるならば、注意が向かなくなると予測される。したがって、あらためて強い電気ショックと対提示されても、条件反応の獲得が遅れてしまうのだ。

マッキントッシュの注意理論とピアース・ホールモデルは、どちらも注意というアイデアを導入することによってレスコーラ・ワグナーモデルでは説明できない現象を説明できるようになった。これは理論研究としては進歩ではある。こうした理論研究上の進歩は二一世紀のいまでも見られており、数多くの理論が提案され、新たな現象が発見され、さまざまな事態への応用が試みられている。

▼優れた理論とは何か▲

ここまで、随伴性理論、レスコーラ・ワグナーモデル、マッキントッシュの注意理論、ピアース・ホールモデルという四つの理論を紹介した。もちろん、古典的条件づけの理論はこれだけではない。提案された時期でいうと、一九六〇年代後半から八〇年代前半という、約四〇年前のある一時期に世に出た理論でしかない。それ以前にも多くの理論があったし、これ以降にもさまざまな理論が提案されている。そのすべてをここで紹介することはできない。本書ではこれ以降の章でもいくつかの理論を紹介するが、ここではいったん理論の紹介を中断し、学習心理学の中で「優れた理論とは何か」について考えてみたい。

優れた理論とは、どのような特徴をもつものだろうか。素朴に考えると、より多くの現象を説明できる方が理論としては優れているように思われる。この意味でいえば、随伴性理論よりもレスコーラ・ワグナーモデルが、レスコーラ・ワグナーモデルよりもマッキントッシュの注意理論やピアース・ホールモデルが優れているということになる。随伴性理論とレスコーラ・ワグナーモデルを比較してみても、複数の条件刺激が提示されている状況への対応や試行ごとの予測・説明の実現など、できることが増えているのは間違いない。ラルフ・ミラーという学習研究者らが一九九五年に発表した論文では、レスコーラ・ワグナーモデルが説明できる一八の現象と説明できない二三の現象についてまとめられている。[★12] 圧倒的な影響力を誇るレスコーラ・ワグナーモデルであっても、まだ説明できない現象の方が多い。レスコーラ・ワグナーモデルと二つの注意理論を比較すると、潜在制止をはじめとしてレスコーラ・ワグナーモデルでは説明できない多くの現象が、注意理論を用いれば説明可能となっている。当然ではあるが、既存の理論で説明ができない現象を説明可能にするべく新しい理論が構築されることが一般的なので、後続の強みがあることは間違いない。

その一方で、レスコーラ・ワグナーモデルと後続する注意理論の間には、きわめて大きな分断がある。レスコーラ・ワグナーモデルにおいて、経験によって変化するもの、つまり学習されるものは連合強度であった。条件刺激と無条件刺激の強さによって決まるαとλ（詳述しなかったがβも同様）はいわば環境変数であり、変化するのは連合強度Vのみである。これに対して、注意理論では、経験によって変化するのは連合強度のみではない。学習者は、「どの刺激に注意を向けるか、向けないか」を学習し、それに基づいて連合強度が変化する。つまり、レスコーラ・ワグナーモデルは学習を一要因で捉えているのに対して、注意理論は二要因で捉えていると解釈することができる。この違いは大きい。少なくとも、レスコーラ・ワグナーモデルから注意理論への変遷によって説明できる現象が増えたことの理由は、モデルが複雑になったことなのだ。

当たり前のことではあるが、モデルを複雑にすれば説明できる現象は増える。だとすれば、とにかくモデルを複雑にしさえすれば、それはよいモデル、優れた理論になるのだろうか。こと学習心理学においては、これは正しいとはいえないだろう。そもそも学習心理学において我々が客観的に操作できているものは環境の変数だけであり、客観的に観察できているものは反応の強度だけである。我々は「連合」を目で見ることはできないし、「注意」を直接操作することもできない。反応の強度から連合の強度を類推しているだけだし、刺激の強度や随伴関係を操作することで注意を操作しているつもりになっているだけだ。連合も注意も仮説構成概念にすぎない。もちろん、操作的定義という便利なアイデアによって反応強度と連合強度の間や刺激強度と注意の間を埋めようとはしている。しかしそれでも、モデルが複雑になればなるほど、埋めなければならない「間」は広がっていく。これは手放しによいこととはいえないだろう。

その意味では、随伴性理論はきわめてシンプルな構造になっている。条件刺激と無条件刺激の間の確率的関係は、環境の操作によって決まるものである。そしてその確率的関係が、条件反応の質や量と直接的に結びついている。言い換えれば、随伴性理論の中には「環境の中にはないが生体の中にはあると思われるもの」がほとんど仮定されていない。学習という心理学的現象を扱っているにもかかわらず、そこには我々が「心」と呼ぶもの、目には見えないが我々の中にあると我々の多くが信じているものは、この理論の中にはほとんどない。何を操作すれば反応にどんな影響があるのかがきわめてわかりやすく、誤解のないようにつくられている。注意のような仮説構成概念が増加すると、実験的操作が反応に影響しなかった場合に、理論の成否を問うと同時に、実験的操作が仮説構成概念の操作になっていない可能性もあわせて検討しなければならなくなる。古い理論だからという点はもちろんあるが、仮説構成概念が少ない随伴性理論のもつ単純さは、理論の優劣という意味ではきわめて高く評価してよい。

説明できる現象の多さ、単純さに加えて、もう一つ重要なものがある。それは生産性だ。そもそも我々は、なぜ理論をつくるのだろうか。物理学のように、凄まじく厳密な測定技術と理論構成が可能な分野では、その理論は「この世界をありようを説明する正しいもの」を目指すことが可能かもしれない。しかし心理学では、少なくとも現時点ではそれは困難だ。実験環境の統制、刺激の統制には限界があるし、生物のもつ個体差がもたらす反応のばらつき、社会文化的影響が行動に与える影響の時代に伴う変化など、厳密に理論の正確性を問ううえで問題になる要因は数多い。残念ながら、心理学において万物理論が登場するのはもう少し、いや相当に先になるだろう。それでも我々が理論を考える理由の一つが生産性だ。

ここでいう生産性とは、新たな実験手続きをどれだけ生むことができるかという意味である。「随伴性理論が正しいとすれば、こういう実験をしたらどうなるだろう」「レスコーラ・ワグナーモデルが正しいとすれば、この手続きではこうなるはずだ」というように、抽象化された理論が存在すれば、そこから具体的な世界に戻すことによって、それまでに知られていなかった新しい現象を発見する助けとなる。レスコーラ・ワグナーモデルも注意理論も、その理論的仮定が正しいかどうかを検証するために、数多くの実験的研究を生み出した。あるときはマッキントッシュの注意理論を支持する結果が得られ、またあるときにはピアース・ホールモデルを支持する結果が得られるというように、理論間の陣取り合戦はこれまでにたくさん見られた。そこで重要なのは、特定の抽象化された理論がばっさりと否定されることではなく、新しい現象が発見されたことの方なのだ。万物理論が望めないいま、問うべきなのは理論の正しさよりも、その理論がいかに新しい知見を生んでくれるかなのである。

▼連合するのは何か——連合構造について▲

すでに述べたように、古典的条件づけの理論をすべてここで説明することは不可能だ。注意理論の後にも、レスコーラ・ワグナーモデル以降にレスコーラとは違う道を進んだワグナーが提案したSOP理論[★13]とその発展形であるAESOP理論[★14]や、そもそも連合強度の獲得の程度によって反応の質や量を説明するという方針をとらないコンパレータ仮説[★15]、マッキントッシュの注意理論とピアース・ホールモデルを融合したハイブリッドモデル[★16]など、数多くの理論がある。理論によってさまざまな立場や力点の置き方があるものの、これらの理論は「古典的条件づけによって何が学習されているのか」を説明しようとしているという意味では、目的をある程度共有しているといえる。

随伴性理論に基づけば、古典的条件づけ手続きによって学習されるのは条件刺激と無条件刺激の間の確率的関係だ。生体が行うのは、条件刺激と無条件刺激の生起・非生起の回数に基づいた確率計算であり、その結果に基づいて反応を出力するということになる。レスコーラ・ワグナーモデルに基づけば、古典的条件づけ手続きによって学習されるのは条件刺激と無条件刺激の間の連合強度である。

予測誤差は、この連合強度の計算のために用いられる。注意理論では条件刺激への注意の量も学習されるが、結局のところ注意量は連合強度の計算のために使われるものであり、重要なのは連合強度だ。こうした理論では連合強度が反応強度と対応するという仮定があることと、随伴性理論で計算されている確率関係がそのまま反応強度に置き換えられることと考え合わせると、つまるところこれらの理論は「連合強度の獲得」を説明しているといってよい。じつは連合強度と反応強度が直接対応しない理論もあるのだが、その紹介は第6章で行う。少なくとも、ここまでに紹介した理論は、条件刺激と無条件刺激の間の連合強度がどのように変化するかを記述することで古典的条件づけを説明しようとしていた。

ここで、いくつかの疑問が浮かぶ。連合強度の計算を行うためには、「何と何の間に連合が形成されるのか」が同時に決まらなければならない。ここまでに紹介した理論においては、これは「条件刺激と無条件刺激の間に連合が形成される」ということが暗黙に前提されている。条件刺激が複数存在するような隠蔽や阻止の手続きにおいても、どの条件刺激が強い連合強度を獲得するかという問いに答えを与えてくれるものの、条件刺激と無条件刺激の間に連合が形成されることには変わりない。それだけでよいのだろうか。

ここで、第2章でも紹介した、二次条件づけと感性予備条件づけを思い出してもらいたい。あらためて二次条件づけの手続きと結果を紹介しておこう。まず、条件刺激Aと無条件刺激の対提示を行い（A＋）、続いて条件刺激Xと条件刺激Aを無条件刺激なしで対提示する（AX－）。テストでは条件刺激

Xが提示され、反応を観察する。条件刺激Aは無条件刺激と対提示されているため、条件反応が観察されるのだが、条件刺激Xに対しても条件反応が確認される。無条件刺激と対提示されていないにもかかわらず、である。無条件刺激と対提示されていないはずの条件刺激Xに対して条件反応が誘発される理由を、第2章では「一次の条件刺激が無条件刺激の代わりをする」と説明した。しかしこれは、いかにも荒っぽい説明である。より詳細に見てみよう。

条件刺激Aと無条件刺激の対提示は問題ないだろう。問題はAX－の手続きによって何が起こるかだ。考えられる仮説はいくつかある。まず、条件刺激Aと条件刺激Xの間に連合が形成される、というアイデアが考えられる。これまでの話では、条件刺激と無条件刺激の間の連合しか仮定してこなかった。それを条件刺激同士にも広げようということだ。条件刺激Aと条件刺激Xの間に連合が形成されれば、条件刺激Aと無条件刺激の間にはすでに連合が形成されているため、条件刺激Xから条件刺激A、条件刺激Aから無条件刺激という連合の鎖を通じて条件刺激Xは無条件刺激とつながることになり、条件反応を誘発することが説明できそうだ。次に、条件刺激Xと無条件刺激が直接連合するという仮説が考えられる。直接の対提示が行われていないのに、こうした仮説は成立するだろうか。ここで、新しい概念に登場願う。それは表象と呼ばれる。平たくいってしまえば、イメージだ。たとえば、ゾウのことを想像してもらいたい。目の前にゾウはいないが、ゾウのイメージを思い浮かべることはできる。わかりやすくいってしまえば、それがここでいう表象だ。条件刺激Aは、すでに無条件刺激と対提示されていて連合形成されている。そのため、条件刺激Aが提示されると、無条件刺激のイメージ、表象が活性化される。「ゾウ」と言われるとゾウの姿が思い浮かぶようなものだ。条件刺激Xと条件刺激Aの対提示を行うと、条件刺激Aが活性化した無条件刺激のイメージと、条件刺激Xが対提示されることになり、その間に連合が形成されると考えられる。これにより、条件刺激Xと無条件刺激の間に連合が形成され、条件反応を誘発するというアイデアである。

この二つの仮説のうち、正しいのはどちらだろうか。これを検証したレスコーラたちのラットにおける恐怖条件づけを用いた研究がある。[★17] 仮説が対立しているのは、条件刺激Xが条件反応を誘発できるのは条件刺激Aを介した連合の鎖のおかげなのか、あるいは直接に無条件刺激と連合しているのかという点だ。そこで、二次条件づけ手続きの後に、条件刺激Aを単独提示して、無条件刺激との連合を消去し、連合の鎖を切ってしまおうという方法がとられた。結果として、条件刺激Aの消去手続きは、条件刺激Xの条件反応の程度に影響を与えなかった。つまり、少なくともラットの恐怖条件づけにおいては、条件刺激AとXの間に形成される連合を介した連合の鎖が重要なのではなく、条件刺激Xと無条件刺激のイメージの間に連合が形成されていた可能性がある（厳密には条件刺激Xと条件反応が直接結びついた可能性も残る）。

この実験では、少なくともラットの恐怖条件づけ事態での二次条件づけでは条件刺激同士の連合を仮定する必要はないように見える。ここで、感性予備条件づけを思い出してもらいたい。手続きと現象を振り返ってみよう。手続きは二次条件づけの手続きの順序を逆転させるだけである。生体はまず、条件刺激AとXの対提示を経験し（AX−）、続いて条件刺激Aと無条件刺激の対提示を経験する

（A＋）。テストでは条件刺激Xが単独提示されるのだが、この手続きでも条件刺激Xに対して条件反応は確認される。二次条件づけと同様に、条件刺激Xは無条件刺激と対提示されておらず、条件刺激XとAの対提示を行ったときには、まだ無条件刺激を経験していない。つまりAX－の試行において、条件刺激Xは無条件刺激との間に連合を形成できないので条件刺激XとAの間に連合が形成されたと考えるのが自然である。条件刺激同士であっても、対提示経験によって連合は形成されるのだ。

古典的条件づけの理論は、連合が形成される条件は何か、連合強度はどのように変化するのかを説明していた。しかしそれだけでは不十分なのだ。古典的条件づけによって何が学習されているのかを理解するためには、こうした観点に加えて、何と何が連合するのか、古典的条件づけの手続きによってどのような連合構造が学習されるのかを扱うことが必要である。二次条件づけの連合構造に関する研究や感性予備条件づけの事実から、実際に提示されていなくとも、無条件刺激のイメージが活性化されていれば連合形成が可能であることや、条件刺激同士であっても連合形成が可能であると考えられることもわかった。これらを総合すると、古典的条件づけの理論が仮定するような連合形成のルールを条件刺激と無条件刺激の間に限定せずにさまざまな刺激間の連合形成に応用することを許せば、条件刺激と無条件刺激といった区別、また実際に存在されている刺激なのかイメージだけなのかの区別を超えて、我々を取り囲む世界に存在する刺激間の関係、つまり連合構造を記述できるのではないかという可能性が開かれる。もちろん、これはあくまでも可能性であり、世界観の提示に過ぎない。こうした世界観に従うことは、「生産的な」議論を導いてくれるだろうか。次章ではさらに、道具的条件づけにこうした世界観をもち込み、連合学習理論によって古典的条件づけと道具的条件づけを統一的に理解することを試みる。

第5章
統一的理解
道具的条件づけの連合学習理論

古典的条件づけにおいて理論を研究することの意義は、「古典的条件づけにおいて学習されるものは何か」という問いに答えることであった。さまざまな理論は、連合強度がどのように変化するか、連合強度の変化を支えている下部構造は何かといった問題に対して一応の仮説を提案しており、二次条件づけや感性予備条件づけといった現象を考え合わせると、「古典的条件づけによって生活体は外部環境内の刺激間に連合のネットワークを張り巡らせる」というアイデアを導いた。

こうしたアイデアは、道具的条件づけに関しても適用できるだろうか。第3章で見たように、道具的条件づけとはみずからの行動と環境の関係についての学習であり、いわば世界と能動的に関わることの学習であった。つまり、刺激と刺激の関係のみに収まるものではない。統一的な理解に至るためには、何かしらの拡張が必要となる。こうした拡張は、我々が道具的条件づけについて知りたいことに答えてくれるような、生産的な議論につながってくれるだろうか。

▼道具的条件づけ研究から、我々は何を知りたいのか▲

道具的条件づけとは、生活体が環境内で行動を自発することによって環境に何かしらの変化、後続事象が生じ、その結果として生活体の行動が変化するというものであった。古典的条件づけにおける条件反応が、条件刺激によって誘発されるものだったこととは異なり、ここでの生活体の行動は自発的なものだ。我々の日常生活においては、ほとんどの行動が自発的なものだと多くの人が感じるだろう。道具的条件づけは、このように我々の日常生活の中で大部分を占める行動がどのように変化するのかを扱う。

我々が日常生活の中で行う行動に関して、我々が答えを知りたい問いは何だろう。それは、「自分はなぜその行動をしたのか」「あの人はなぜあんな行動をとるのか」というような、行動の原因は何かという問いであろう。道具的条件づけの出発点、ソーンダイクによる問題箱実験に当てはめてみると、「なぜネコは問題箱の中で脱出するための正解の反応を行ったのだろうか」という問いになる。この問いに対する、ソーンダイクの答えは明快だった。第3章で見たように、ソーンダイクによれば、それは問題箱という刺激と正解の反応の間に形成される連合、つまりS－R連合によるものということになる。問題箱という刺激と、反応の間に連合が形成され、この連合によって問題箱に入れられると正反応を行うようになるというわけだ。行動の引き金、原因になるのは刺激であって、「その行動によって何が起こるか」という結果ではない、というのである。

しかしこの考え方は、我々の直観には合わない。道具的反応のすべてがS－R連合によるものだとすれば、我々が学校や会社に行くのは勉強のためや仕事のためではなく「学校や仕事に行く時間になったから」であるということになる。学校や仕事に行くことによって何が起こるかは、行動を起こすこと自体には影響しない。これは我々の日常的な感覚からすれば、にわかには納得しがたいだろう。本当にそうなのだろうか？

▼道具的条件づけにおいて学習されるものは何か▲

道具的条件づけとは、生活体が環境内で行動を自発することによって環境に何かしらの変化、後続事象が生じ、その結果として生活体の行動が変化するというものであった。これはソーンダイクの問題箱を脱出するネコについても、スキナー箱の中でレバーを押すラットについても、学校や会社に向かう人間についても同じである。こうした状況は、第3章で述べたように、行動に先行する弁別刺激、生活体の行動、後続事象からなる三項随伴性を単位として分析されてきた。S－R連合という言葉は、弁別刺激（stimulus）のS、反応（response）のRからきている。後続事象についても、結果事象という意味のoutcomeからOという記号を使うことにしよう。三項随伴性は、S－R－Oという形で表現することができる（ここでいうS－R－Oと、第1章で紹介した刺激・媒介変数〔生活体〕・行動のS－O－Rを混同しないように注意）。時間的な流れも、この表現の通りに理解することができる。刺激が存

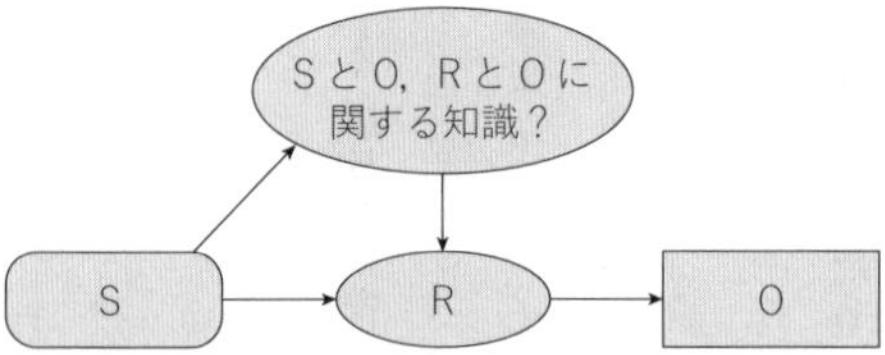

図 5-1　三項随伴性と道具的反応の制御に関する仮説を示す模式図。反応に対して時間的に先行する弁別刺激提示時にどういった知識が反応を制御するのかが問題となる。

在し、反応が自発して、後続事象が生じるわけだ。

この枠組みによれば、Rの原因は何だと判断できるだろう。原因は、結果に先行する。つまりRに先行しているもの、Sが行動の原因であると考えるのが自然だ。つまり、ソーンダイクのアイデアは、S－R－Oという観察可能な行動の流れの中で考えるぶんにはきわめて自然な発想である。しかし我々は、O、つまり後続事象がRの原因である可能性を捨てにくい。行動の制御にOを関与させるためには、時間的には後ろにあるはずのOから、何とかしてRへ到達するような経路を考えることだ。どのような経路が考えられるだろうか（図5－1）。

▼弁別刺激と後続事象の連合▲

第一の可能性は、弁別刺激Sと後続事象Oの連合、S－O連合である。オペラント箱の中のラットがレバーを押す状況を考えてみよう。オペラント箱内で光刺激が点灯したときにレバーを押せばエサが与えられるとする。第3章において紹介した反応形成手続きを用いれば、光刺激が点灯したときにラットはレバーを押すようになる。この訓練を通じて、ラットは何を経験するだろう。レバーを押すという反応が前提になるものの、エサという後続事象は、光刺激が点灯した後に提示されることになる。つまり、光刺激とエサの対提示が行われていることになる。これは古典的条件づけの手続きと表面上は同じだ。レバー押しという反応が間にはいっているものの、刺激と刺激が対提示されていることには変わりない。だとすれば、この間に連合が形成されると考えることは、不自然なことではないだろう。これをS－O連合と呼ぶ。

S－O連合の存在が仮定できること自体は納得してもらえただろう。はたしてこの連合は、道具的条件づけの制御に関わっているのだろうか。実際の研究を紹介しよう。[★1] ハトをオペラント箱に入れ、赤と緑の光を弁別する訓練を行う。赤色の光が提示されたときには、縦縞のキーと横縞のキーのうち、縦縞のものをつつけば正解である。緑色の光が提示されたときには横縞のものをつつけば正解だ。正解すれば後続事象として、エサや水が与えられるのだが、ここで実験操作が加えられる。ハトは二群に分けられ、一方の群では赤色に対して正解したときにはエサ、緑色に対して正解したときには水、と後続事象が固定されている。もう一方の群では、赤色に対して正解しようが、緑色に対して正解しようが、得られる後続事象はエサと水が半々になっている（図5－2）。ハトが行う課題は、赤色と緑色を弁別して正しい反応を行うことであり、この点では両群ともに同じはずである。しかし結果は、「同じ」ではなかった。赤色に対する正解ではエサ、緑色に対する正解では水というように、先行する刺激と後続事象の間の関係が固定されている群の方が、そうでない群よりも正答率が高くなったのだ。この結果は、分化結果効果と呼ばれており、ハトだけでなくラットを用いた実験でも確認されて

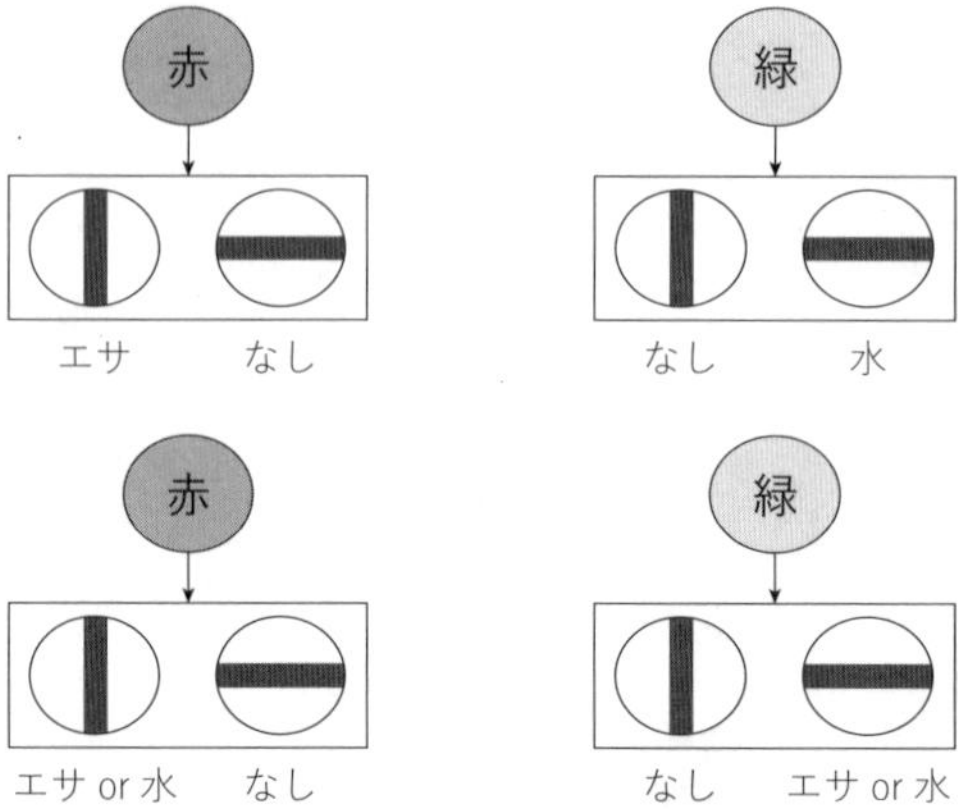

図 5-2 分化結果効果の実験手続きの例。上段では赤・縦縞および緑・横縞に対する正反応への強化子がエサ・水とそれぞれ固定されている分化結果の手続き，下段は強化子が固定されていない手続きとなっている。

いる。

なぜこういう結果が得られたのだろうか。この課題でハトが行うことは、赤色と緑色を見分けて（弁別して）それぞれに適切な反応を行うことである。一般に、赤色と緑色の弁別が容易であれば、それだけ学習成績は良くなる。もし赤色にはエサ、緑色には水といったように、後続刺激が固定されていて、赤色とエサ、緑色と水という連合が形成されていたらどうなるだろう。第4章で見たように、連合が形成されると、一方の刺激が提示されるともう一方の刺激のイメージが活性化される。赤色が提示されればエサのイメージが、緑色が提示されれば水のイメージがS－O連合を通じて活性化されるのだ。この後続刺激のイメージが反応に先立って活性化されることで、反応に先立って存在する刺激のもつ弁別手がかりが増加し、弁別が容易になる。これが学習を促進した理由であると解釈できる。ソーンダイクによるS－R連合説が正しいとするならば、この結果を説明することはできない。先行刺激と反応の直接的な連合が反応を制御しているならば、後続事象を固定しようがしまいが、結果に影響することはないはずだからだ。分化結果効果の存在は、後続事象に関する情報をハトやラットが学習しており、行動遂行に利用していることを示している。

この解釈の重要な点は、S－O連合を古典的条件づけにおける条件刺激と無条件刺激の連合と同列に扱えると考えているところだ。つまり、道具的条件づけ手続きの中に、古典的条件づけの過程が内包されていることになる。このアイデアを採用するためには、道具的条件づけにおける弁別刺激と古典的条件づけにおける条件刺激が同じ機能や性質をもつことを示さなければならない。これはじつは複雑な問題なので、後でまとめて議論することにしよう。

▼反応と後続事象の連合▲

我々が行動や反応をするのは先行刺激との直接的な連合のためであるというのがS－R連合説の主張であった。一方で、我々の直観では、我々が食堂に行くのは「食事をするため」であり、会社に行くのは「仕事をするため」であり、学校に行くのは（願わくば）「勉強をするため」である。ラットがレバーを押すのも、「エサを得るため」であると解釈するのが自然である。こうした解釈は、「反応には目的とする結果が付随しており、目的を達成するために反応している」と抽象化することができる。反応が目的である後続事象と結びついているのだ。これはR－O連合と呼ばれ、道具的条件づけはR

群	訓練 1	訓練 2	結果
実験群	右レバー押し→エサ A	エサ A →塩化リチウム	右レバー押し減少
統制群	左レバー押し→エサ B	なし	レバー押し変化なし

図 5-3　強化子価値低減効果の実験デザイン。実験群ではエサ A に対して塩化リチウムを対提示する味覚嫌悪学習の手続きによって右レバーに対応する強化子の価値が低減されている。

－O連合によって制御されているという仮説が導かれる。

R－O連合の重要性を示す研究を紹介しよう（図5－3）。ラットに対して右レバーを押せばエサAが、左レバーを押せばエサBが与えられる。レバー押しが獲得された後に、レバー押しとは関係なくラットにエサAを食べさせ、塩化リチウムを注射する。これは第2章で紹介した古典的条件づけの一つ、味覚嫌悪学習の手続きである。これにより、ラットはエサAに対して嫌悪を獲得する。味覚嫌悪学習の後に、ラットはあらためて実験箱に戻され、左右どちらのレバーを押してもエサAもBも与えられないような消去の手続きで、左右のレバーを押す機会が与えられる。はたして、ラットのレバー押しはどうなるだろうか。右レバーを押せばエサA、つまり味覚嫌悪学習によって嫌悪感を獲得した後続事象が与えられ、左レバーを押せばエサBが与えられる。おそらく予想がつくと思われるが、ラットは右レバーを押す頻度が大幅に減少するという結果が得られる。エサAは右レバーを押すことによって得られる強化子であり、その強化子としての価値を味覚嫌悪学習によって下げたことによってこうした結果がえられたことから、これを強化子価値低減効果と呼ぶ。★2

この結果は、多くの人々の直観にあったものだろう。もらえるエサが自分の嫌いなものであれば、ラットはそのレバーを押さないのだ。S－R連合説が正しければ、強化子の価値は反応の制御に関係がないはずであり、強化子価値低減の手続きによって反応が低減することは説明できない。R－O連合を用いれば、強化子価値低減効果が説明できる。右レバー押しとエサA、左レバー押しとエサBが連合し、エサAの価値が低減したため、これと結びついた右レバーへの反応は少なくなってしまうわけだ。ここでいうR－O連合とは、「この反応を行えばこういった結果が起こる」という情報を担っていることになり、Oという結果を目的として行動が起こっていることを示す。やはりラットは、「エサを得ることを目的としてレバーを押す」のである。このように、行動がその後続事象によって制御されている場合、その行動のことを合目的的行動、あるいは目標志向的行動と呼ぶ。

▼弁別刺激の機能は何か▲

S－O連合とR－O連合という、二つの連合構造が道具的行動に影響している可能性がわかってもらえただろう。この二つのうち、どちらが決定的に重要なのかに関してはさまざまな議論がある。これを考えるために注目するべきなのは、弁別刺激の機能だ。S－O連合説において、弁別刺激は結果事象と直接連合することが想定されている。すでに見たように、これは古典的条件づけにおける条件刺激と無条件刺激の関係に近い。一方で、R－O連合説では、直接的には弁別刺激が連合構造に入っていないように見える。弁別刺激の機能とは何だろうか？

まず、弁別刺激と条件刺激の関係について見ていこう。もし弁別刺激が条件刺激と同じ役割を果たしているならば、古典的条件づけ手続きを行った条件刺激は道具的反応に対して何らかの影響を与えるはずである。これに関する現象として、古典的条件づけから道具的反応への転移が検討されてきた。これにはさまざまな手続きが用いられているが、代表的なものをいくつか紹介しよう。

最初に紹介するのは、回避学習を用いた研究である。もともとはイヌを用いて検討されたものだが、実験そのものはラットでも可能だ。まず被験体である動物を、シャトルボックスと呼ばれる実験箱に入れる。シャトルボックスは二つの小部屋が連結されたような形状をしており、小部屋の間は低い間仕切りを乗り越えることで自由に行き来することができるようになっている。被験体がシャトルボックスの中でじっとしていると、床から電気ショックが与えられる。電気ショックが与えられると被験体はいろいろな行動をとるのだが、シャトルボックスの隣の部屋に移動すると電気ショックが停止する。これは電気ショックからの逃避行動である。移動して一定時間が経過すると、また電気ショックが与えられる。被験体はまた逃避行動をとる。電気ショックが与えられるのは一定間隔なのだが、じつは電気ショックがやってくる前に隣の部屋に移動すると、電気ショックの提示を遅らせることができるようになっている。つまり、電気ショックが来る前に隣の部屋に移動し、また電気ショックが来る前に移動するということを繰り返せば、電気ショックを回避することができる。被験体はしばらくするとこの回避行動を学習し、二つの部屋の間を一定の時間間隔で行き来するようになる。

回避学習を獲得した被験体を、今度は別の実験箱に移動させて古典的条件づけを行う。音刺激などを条件刺激とし、無条件刺激として電気ショックを経験させるのだ。当然、条件刺激に対して恐怖反応が学習される。この恐怖条件づけが成立した後に、あらためて被験体はシャトルボックスに戻される。シャトルボックスでは、被験体はすでに学習した回避反応を行うわけだが、ここで恐怖条件づけを行った条件刺激を提示すると何が起こるだろうか。被験体は、シャトルボックス内で一定のペースで回避行動をとっていたのが、恐怖条件づけされた条件刺激が提示されると、回避行動のペースが上がることが観察された。電気ショックを避けるために行われていた回避行動という道具的反応が、電気ショックと対提示された条件刺激が重なることによって増強されたのだ[★3]。これは、古典的条件づけの条件刺激が道具的反応に影響しうることを示している。

恐怖条件づけの条件刺激が回避行動を増強したことの理由として考えられるのは、回避学習と恐怖条件づけ間で電気ショックという刺激が共通していたからかもしれない。古典的条件づけの無条件刺激と、道具的条件づけの強化子（後続事象）の共通性が重要な意味をもつ可能性は、他の実験でも示されている。少し複雑な実験なので、かいつまんで説明しよう。ラットに対して、まず弁別学習を行わせる。純音を提示したときには右レバーを押せば正解、クリック音を提示したときには左レバーを押せば正解という弁別学習である。ここで、右レバーを押して正解したときにはエサAが、左レバーを押して正解したときにはエサBが後続事象として提示される。訓練を積めば、ラットはこの弁別課題を十分に学習する。続いて、古典的条件づけ手続きを導入する。レバーを提示せずに、光刺激とエサAの対提示を行うのだ。古典的条件づけ手続きなので、レバーを押さなくとも、ラットはエサAを得ることができる。この訓練の後に、今度は光刺激の後に左右のレバーが提示され、ラットはどちらかのレバーを押すことを求められる。道具的条件づけ訓練では、純音かクリック音かの違いが左右どちらのレバーを押せばよいかに対応していた。しかし光刺激はたんなる条件刺激であり、どのレバーを押すべきかに関しては何の情報ももっていないはずだ。しかしこの試行で、ラットは右レバーをより多く押すことが確認された。古典的条件づけの条件刺激が、道具的反応の制御、反応の選択に影響を与えたのだ。[★4] この結果は、回避学習において見られたものと対応している。光刺激はエサAと対提示され、右レバーを押せばエサAが与えられた。古典的条件づけの無条件刺激と道具的条件づけの強化子、後続事象が一致している場面では、条件刺激が道具的行動を制御するのだ。この現象は「制御の転移」、あるいは古典的条件づけから道具的条件づけへの転移の英語表記（Pavlovian-Instrumental Transfer）の頭文字をとってＰＩＴと呼ばれる。

制御の転移が生じるということは、条件刺激が弁別刺激と同じ機能をもちうる、つまり古典的条件づけの条件刺激と無条件刺激の連合は道具的条件づけのＳ－Ｏ連合と等価だということを示しているように思われる。このことをもって、条件刺激と弁別刺激を同一視してよいのだろうか。反論もある。いま、ラットに対して音刺激・光刺激の複合刺激とエサを対提示する。これは古典的条件づけの手続きであり、これだけならば音刺激と光刺激に対して、それぞれある程度の条件反応が獲得される。この手続きに先立って、ある群では、音刺激とエサを対提示する。これは第4章で紹介した阻止の手続きだ。すでに音刺激がエサの到来を予測しているため、この後に音刺激と光刺激をエサと対提示しても光刺激は条件反応を獲得しない。ここで、もう一つ別の群を設定する。この群では、音刺激とエサを対提示するのではなく、音刺激が提示されているときにレバーを押せばエサが提示されるという道具的条件づけの手続きを受ける。つまり、音刺激を弁別刺激として訓練を行うのだ。音刺激とエサを対提示するという古典的条件づけを行った群では阻止が確認されるが、音刺激を弁別刺激として訓練を行ったら、阻止は生じるだろうか。もし条件刺激と弁別刺激が同じ機能をもち、古典的条件づけの連合と道具的条件づけのS－O連合が同じものならば、阻止が起こるはずだ。しかし実験の結果は、そうはならなかった。音刺激を弁別刺激として道具的条件づけを行った後に音刺激と光刺激に古典的条件づけを行うと、光刺激に対して条件反応が獲得された。[5] この結果は、条件刺激と弁別刺激は異なる機能をもっている可能性を示す。

もし弁別刺激と条件刺激が異なる機能をもつとすれば、間接的ではあれR－O連合説を補強することになる。しかしR－O連合説では、反応を制御する連合構造の中に直接的には弁別刺激が関係していない。これを解決するアイデアに、階層的制御というものがある。[6] この発想に基づくと、R－O連合が属する階層と、弁別刺激Sが属する階層は異なる、とされる。ここでいう階層とは何だろうか。R－O連合では、道具的行動Rと後続事象Oが直接結びついている、連合しているとされる。これに対し、弁別刺激Sは、RともOとも直接は結びつかない。R－O連合そのものと結びつくのだ。R－O連合とは、いってみれば「この行動を行えばこういう後続事象が起こる」という行動と結果の関係に関する知識だ。この中には、「いつ行動すればよいか」という情報は含まれていない。弁別刺激は、「いつ行動すればよいか」という行動の場面や機会を設定してくれる刺激であると考えるのだ。「いまはどのR－O連合の知識が使えるか」というように、RやOと直接連合するのとは違う階層からR－O連合を制御する。R－O連合の「スイッチを入れる」と表現してもいいだろう。こう考えると、弁別刺激と条件刺激の間で阻止が生じなかったことも一応の説明ができる。

こうした階層的制御は、なにも道具的条件づけだけで起こるわけではない。じつは古典的条件づけにおいても、同様の現象は確認されている。次のような実験を考えてみよう。条件刺激を二種類準備する。一方の条件刺激Aと無条件刺激の対提示を行う（A＋）。もう一方の条件刺激Xの後に条件刺激Aを提示したときには、無条件刺激が提示されない（X→A－）。この訓練を行うと、最終的には、条件刺激Aが単独で提示されたときには条件反応が誘発されるが、条件刺激Xの後に条件刺激Aが提示されたときには条件反応が誘発されなくなる。逆の手続きも検討されている。条件刺激Aは無条件刺激と対提示されないが（A－）、条件刺激Xの後に条件刺激Aが提示されたときには無条件刺激が提示される（X→A＋）。この場合、条件刺激Aが単独で提示されると条件反応は見られないが、条件刺激Xの後に条件刺激Aが提示された場合には条件反応が誘発される。興味深いことに、この手続きにおいて条件刺激Xは直接無条件刺激との間に興奮や制止の連合を形成しない。条件刺激Xだけでは、興奮の反応も制止の反応も確認されないのだ。条件刺激Xは、いわば「条件刺激Aと無条件刺激の連合にスイッチを入れる（外す）」という役割を担っている。こうした刺激を、機会設定子と呼ぶ[★7]。

R－O連合説についてまとめてみよう。道具的反応Rは、後続事象Oと連合し、「どんな反応をすればどんな結果が起こるか」という連合的知識が学習される。弁別刺激Sは、「いまはどのR－O連合が有効か」についての情報をもっており、階層的にR－O連合にスイッチを入れることで、道具的行動を制御する。こうした階層的な制御は、古典的条件づけ手続きでも獲得しうるが、条件刺激と無条件刺激との直接的な連合とは異なる性質をもつ、ということになる。

▼S－R連合の役割▲

ここまで、S－O連合説とR－O連合説についてさまざまな実験事実を紹介してきた。こうしてみると、ラットやハト、そして我々の道具的反応は、後続事象のもつ情報や行動との関係によって制御されていることがわかる。S－R連合説の出る幕はなさそうに思えるかもしれない。しかし、さらに話をややこしくするようで気が重いのだが、S－R連合説は死んではいないのだ。

強化子価値低減実験を思い出してもらいたい。レバーを押せばエサが与えられるという訓練の後に、エサに対して味覚嫌悪学習を行わせると、レバー押しが減るというものだ。これはR－O連合説を支持するものとして紹介したのだが、じつはこの話には続きがある。通常、ラットに対してレバー押し訓練を行うのはそれほど難しいものではない。第3章でも紹介したような反応形成の手続きがあるし、数日もすれば安定してレバーを押すようになる。この訓練を延長してみよう。毎日毎日、ラットは「レバーを押してエサを得る」という経験をする。通常のレバー押し訓練よりも長期にわたって、こうした経験を与えた後にエサに対する味覚嫌悪学習を行わせてみる。すると、ラットはレバーを押すのを止めないのだ。後続事象であるエサの価値は、味覚嫌悪学習によって下がっている。にもかか

わらず、ラットはレバーを押し続ける。★8

この結果は、どのように解釈できるだろうか。もしR－O連合が重要であれば、後続事象Oの価値が下がってしまえばレバー押しという反応Rは減ってしまうはずだ。しかしそうはならなかった。S－O連合でも説明するのは困難そうである。そこで、S－R連合説の出番である。もはや後続事象Oの情報は、道具的行動の制御に関わらない。「この状況に置かれたらこの反応をする」「レバーがあれば押す」というように、先行刺激が行動を直接制御してしまう状況、つまりS－R連合が優勢になっていると解釈することができる。道具的行動は、後続事象の制御を受けている場合には合目的的行動、目標志向的行動であると述べたが、もはや目的は失われているのだ。エサを得ることが目的であれば、エサの価値が下がった状況ではレバーを押す理由はない。それでもラットはレバーを押す。まるで、それが「習慣」であるかのように。

このように、道具的行動の訓練が長期にわたると、後続事象による行動の制御が弱まり、先行刺激が行動を制御するような状態に移行する。こうした行動は、習慣行動と呼ばれる。我々の生活の中でも、こうした例は思い当たるところがあるだろう。おいしいランチがある店に通っていたが、ランチのメニューが変わって、あまりおいしくなくなってしまった後でもついその店に行ってしまうこと。親しい友人と会うために入っていたサークルから友人が抜けてしまっても、サークルの部屋に足が向かうこと。他にも例は挙げられる。最初は目的があった行動であっても、長く続けているうちに、目的による行動の制御が薄れ、習慣的に行うようになるわけだ。

訓練経験が長期化することによってS－R連合による行動制御が見られるということは、いろいろな論点とつながってくる。まず、道具的行動は何か一つの連合構造だけが固定的に学習されるのではなく、複数の連合構造が同時並行的に学習されるダイナミックなプロセスだということだ。S－O連合だけ、R－O連合だけで行動が制御されるのではない。後続事象が行動を制御するフェーズと弁別刺激が行動を制御するフェーズがある。「道具的行動の原因は何ですか」という問いに、何か一つの答えを与えることはできないのだ。そしてもう一つの論点は、随意的行動を変化させるために必要なことは一つに限定できないということである。後続事象によって行動の制御が行われているのであれば、後続事象を操作することで行動を変化させることができる。その一方で、後続事象が行動を制御しておらず、弁別刺激が行動を制御しているのであれば、後続事象をどのように変えたところで実際に経験しなければ行動は容易には変わらない、ということになる。S－R連合による行動の習慣化は、生きていくうえでは便利な機能である。環境内に大きな変動がなく、決まった行動によって決まった結果が起こるのならば、「ここではこうする」というように機械的に行動選択するほうが何かと都合がよい。問題は、環境が変化したときに柔軟な行動選択ができなくなることであり、さらにやっかいなのは、そのS－R連合によって制御されている行動が不適応な結果を招くような環境変化があったときにさまざまな問題が生じるということである。これは臨床や教育などの応用場面においては重要な問題だ。S－R連合に基づいた習慣的行動は、さまざまな物質や行為への依存に関係している可能性が示唆されている。

▼古典的条件づけと道具的条件づけの統一的理解の試み▲

ここまで、道具的条件づけにおいて何が学習されているのかを見てきた。三項随伴性に基づき、弁別刺激S、行動R、後続事象Oという三つの間に形成されるさまざまな連合構造が、どのように行動を制御しているのかがおぼろげながら見えてきただろうか（行動分析学では異なる立場をとるが、ここでは立ち入らない）。道具的条件づけにおいては、S－O連合、R－O連合、そしてS－R連合が複雑に絡み合って行動を制御している。S－O連合とR－O連合をとってみても、どちらが決定的に重要なのかについては意見が分かれている。濃淡がありつつも、複数の連合構造が行動を制御していると考えるのが現時点では妥当だろう。

道具的条件づけの連合構造を見てきたことで、道具的条件づけの中に古典的条件づけのプロセスが入り込んでいることがわかる。S－O連合は古典的条件づけの条件刺激と無条件刺激の連合と類似したものだったし、R－O連合説における弁別刺激の役割は、古典的条件づけにおける機会設定子と共通したものだった。古典的条件づけと道具的条件づけは手続き的な相違があるものの、じつは道具的条件づけで学習されるものの中には、古典的条件づけによる知識が内包されていたり、影響を受けたりするものがある。我々が日常的に行っているような、複雑な環境における複雑な行動の中には、環境内の出来事の間の関係についての知識と、行動と環境変化の間の関係についての知識と、そして環境と行動の直接的な結びつきが、複雑に混ざり合っている。ある行動を一つ切り出して、「これは古典的条件づけですか、道具的条件づけですか」という問いに答えるのは、きわめて難しいことなのだ。

ある学習の現象が古典的条件づけか道具的条件づけかを明らかにすることに関係して、こんな研究がある。[★9] 第2章でも、本章でも取り上げた味覚嫌悪学習である。味覚嫌悪学習では、ヒトやラットなどが何かの味覚刺激（食物や飲み物）を摂取し、その後に内臓不快感を経験することで、味覚刺激への嫌悪を獲得する。味覚刺激が条件刺激、内臓不快感が無条件刺激というわけだ。本当だろうか？じつは、味覚刺激の摂取という道具的行動に対して、内臓不快感という嫌悪的な後続事象が起こったことによる正の罰、つまり道具的条件づけではないのか？　この反論は、たしかにまっとうに見える。味覚嫌悪学習においては、たしかに被験体は随意的に刺激を摂取する。これは道具的行動のように思われる。どうすれば味覚嫌悪学習が古典的条件づけか道具的条件づけかを分離できるだろうか。そこまでやるか、という実験がある。まず、ラットに筋弛緩剤を投与する。これにより、ラットは随意的に動くことができなくなる。呼吸もできなくなるので、人工呼吸器をつけて酸素を送り込みつつ、動けないラットに対して味覚刺激を口の中に投与し、内臓不快感を喚起する薬物を与えるのである。こうすれば、ラットは「味覚刺激と内臓不快感の対提示」は経験するが、「随意的に味覚刺激を摂取する」ということは起こらない。もし味覚嫌悪学習が古典的条件づけであればラットは嫌悪を獲得するだろうし、道具的条件づけであれば嫌悪は獲得されないだろう。結果として、筋弛緩剤の効果が切れた後のテストにおいて、ラットは内臓不快感を経験していない統制群と比較して味覚刺激を摂取することを避けた。つまり味覚嫌悪学習は成立したことになり、晴れて味覚嫌悪学習は古典的条件づけである、と結論することができた。これ以降も味覚嫌悪学習がじつは道具的条件づけの成分を含んでいるのではないかという研究は散発的に行われているが、[10] 従来の結論を決定的に覆すような報告はなされていない。

味覚嫌悪学習に関する例で、古典的条件づけと道具的条件づけを区別する基準として用いられたのは、「生活体が随意的に行動することが事象間の関係に影響するかどうか」という点であった。これは手続き的な問題であって、生活体が何を学習するかという問題ではない。この意味では、我々がある行動を古典的条件づけと道具的条件づけに区別するためにできるのは、知識の中身を問うことではなく、その知識を獲得する源泉になった環境の要因、あるいは環境と生活体との関係は何だったかを問うことなのだ。このことを少し違う面から見てみよう。使うのは、古典的条件づけの随伴性理論だ。

古典的条件づけの随伴性理論では、条件刺激と無条件刺激の間の関係を、条件刺激が提示されたときの無条件刺激の到来確率と条件刺激が提示されなかったときの無条件刺激の到来確率という二つの条件付き確率で記述し、それぞれを横軸と縦軸にとった随伴性空間を考えた（図5－4右）。ここでは、この枠組みを道具的条件づけに適用してみよう。[11] 話を簡潔にするために、行動はレバー押し、後続事象は電気ショックのような嫌悪的な刺激を考える。道具的条件づけなので、弁別刺激Sと行動R、そして後続事象Oが問題となるが、ここで考える条件付き確率は、「弁別刺激Sの提示中に行動Rをしたときの後続事象Oの到来確率」と、「弁別刺激Sの提示中に行動Rをしなかったときの後続事象Oの到来確率」である。どちらも確率なので、「行動Rをしたときの後続事象Oの到来確率」を横軸、「行動Rをしなかったときの後続事象Oの到来確率」を縦軸に設定すると、古典的条件づけにおいて

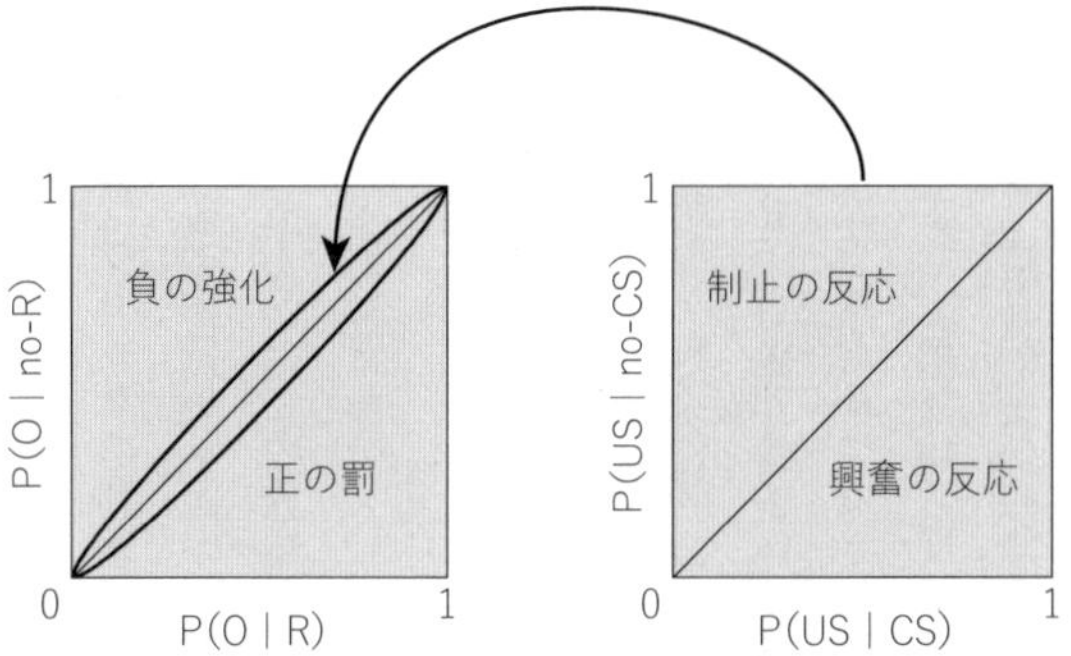

図 5-4　古典的条件づけの随伴性空間の道具的随伴性への拡張。左の随伴性空間は行動をしたときに後続事象が到来する条件付き確率と行動がないときに後続事象が到来する条件付き確率を示しており，対角線は行動と後続事象の間に関連がないこと，つまり右図に示した古典的条件づけの随伴性空間そのものが埋め込まれることになる。

見たのと同じような1×1の正方形の随伴性空間が設定できる（図5－4左）。これはR－O随伴性に関する随伴性空間といえよう。この道具的条件づけにおけるR－O随伴性空間は、何を表しているのだろうか。

横軸に設定した「行動Rをしたときの後続事象Oの到来確率」が高い状況を考えてみよう。行動はレバー押し、後続事象は電気ショックのような嫌悪事象だった。つまり、「レバーを押せば電気ショックが到来する確率が高い」ということになる。一方で、縦軸に設定した「行動Rをしなかったときの後続事象Oの到来確率」が高い状況はどうだろうか。これは、「レバーを押さなければ電気ショックが来る確率が高い」ことを表している。対角線は、この二つの確率が等しい状況を表しているわけだ。古典的条件づけにおいて見たのと同様に、対角線の右下と左上の意義を考えよう。対角線より右下は、「レバーを押したときの方が、押さなかったときよりも電気ショックが来る確率が高い」という状況に対応している。これはつまり、「レバーを押せば電気ショックが到来する」ということになり、正の罰の事態だ。逆に、対角線よりも左上の状況は、「レバーを押さなかったときの方が、レバーを押したときよりも電気ショックの到来確率が高い」ということになる。つまり「レバーを押した方が電気ショックの到来確率が低い」というわけで、これはレバー押しによる回避学習、つまり負の強化の事態に対応する。もちろんこの枠組みは、後続事象をエサのような好ましい刺激に置き換えても同じように検討することができる。

嫌悪刺激に関するR－O随伴性空間では、二つの条件付き確率を用いて正の罰と負の強化という道具的条件づけの異なる事態を統一的に記述することができた。では、R－O随伴性空間における対角線上の状況は何を意味しているのだろう。古典的条件づけにおける随伴性空間では、対角線上の状況は、条件刺激と無条件刺激の間に予測的関係が存在しない、つまり無関連であるということを意味していた。R－O随伴性空間でも、同様に考えることができる。つまり、先ほどの例でいえば、「レバーを押したときと押さなかったときで電気ショックが到来する確率が変わらない」という状況に対応する。つまり、生活体の反応は、電気ショックが到来するかどうかに対して影響を与えない。古典的条件づけと道具的条件づけの区別を思い出してほしい。「生活体が随意的に行動することが事象間の関係に影響するかどうか」が、二つの条件づけの区別をするための手続き的な基準であった。R－O随伴性空間の対角線上の状況では、生活体のレバー押し、つまり随意的な行動は、電気ショックの到来に影響を与えない。弁別刺激Sの提示中に、レバーを押そうが押すまいが、一定の確率で電気ショックが提示される。つまりこれは、古典的条件づけの手続きである。R－O随伴性空間を使って道具的条件づけの事態を見ていたつもりが、じつはその中に古典的条件づけの手続きが内包されているのだ。

古典的条件づけの随伴性空間では、「条件刺激が提示されたときに無条件刺激が提示される確率」と「条件刺激が提示されていないときに無条件刺激が提示される確率」を使って空間がつくられていた。R－O随伴性空間の対角線は、弁別刺激が提示されているときに行動とは無関係に後続事象が提示される確率を示している。これは、古典的条件づけの随伴性空間の一方の軸に対応する。さらに、もう一方の軸をR－O随伴性空間に加えて拡張することもできる。複雑になるのでここではこれ以上議論しないが、古典的条件づけと道具的条件づけを随伴性を使ってつなぐことができることは理解してもらえただろう。まったくの私見だが、これはとても美しいことだと思う。

古典的条件づけと道具的条件づけの随伴性空間をつなぎ合わせてつくった空間には、生活体が生きている環境の構造が、そしてその環境と生活体が行う行動の関係が内包されている。その中では、古典的条件づけと道具的条件づけの区別は質的な違いではなく、連続的なものの中に埋め込まれている。この連続体がどのように生活体の行動を制御しているのかを検討するのであれば、連合の形成といった仮説構成概念は不要だ。拡張された随伴性空間の中の点と行動を結びつけさえすれば、問題は解決する。この立場に立つならば、学習心理学は環境学だ。行動を決める要因はすべて拡張随伴性空間の中にある。

一方で、この随伴性空間の点と行動が一対一では対応しないケースもある。行動がR－O連合からS－R連合へと制御が移っていくことを思い出してもらいたい。たとえ環境が変化しなくとも、訓練経験によって、我々の行動を制御するものは変化する。こうしたダイナミックな過程を捉えるには、連合のネットワークが時間とともに変化すること、複数の連合構造が同時並行的に機能することを考えて、環境の記述である随伴性空間を生活体がどのように内部に写し取っているかを考える方が都合がよい場合もある。

▼まとめ▲

二章にわたって、連合の形成と構造という観点から、古典的条件づけと道具的条件づけにおいて何が学習されているのかを見てきた。繰り返しになるが、ヒトや動物に起こる日常的な行動の変化を、古典的条件づけと道具的条件づけのどちらによるものなのかをはっきりさせるのはなかなかに難しい。手続き的な区別は一応可能であるものの、道具的条件づけの連合構造の中には古典的条件づけの成分が内包されているし、古典的条件づけによって獲得されたものが道具的行動に影響することもある。事象と事象の間の連合や行動と事象の間の連合といったものを部品として積み上げ、古典的条件づけや道具的条件づけという手続きによって獲得されるものを統一的に記述する方が生産的だ。

これはあくまでも、一つの世界観だ。「こう考えるとこういうふうに人間や動物の行動が、世界が描ける」というだけである。そして、この世界観の利点はたくさんある。次の章では、より複雑な行動や学習が、連合のネットワークを拡張することでどのように捉えることができるのかを見ていこう。

第6章 さまざまな情報の学習

連合というアイデアを使って、古典的条件づけと道具的条件づけという異なる手続き・現象を統一的な枠組みで理解することが可能であることを見てきた。ここまでに紹介した多くの研究は、実験箱の中のイヌやラット、ハトといった動物が見せる比較的単純な行動の変化を扱っていた。そのため、我々人間の複雑な行動や、あるいは複雑で多様な野生環境内での動物の行動と距離があるのではないかと思われたかもしれない。理論の予測を検証するためにはシンプルな実験状況を用いた方がいろいろと便利ではある。しかし、メトロノームの音を聞いたら唾液を流すイヌや、レバーを押してエサを得るラットと、毎日いろいろな問題に悩む我々人間の複雑な行動の間に大きなギャップを感じるのは当然のことである。

そこで、この章では、我々人間を含む生物が実際に生きている世界の中でどのような問題に直面し、それをどのように解決しているのかを条件づけ研究の側面から見ていく。

▼知覚学習▲

我々は、外部環境内の情報をさまざまな感覚器官から入手している。多くの人は、自分の感覚、主観的経験を信用しているだろう。あなたはいまこの本を読んでいるが、目の前にこの本があることを疑うことはないし、何かを食べたときに甘い・辛いといった味覚を経験しても、その感覚を信じているはずだ。我々の感覚や知覚は、外部環境にあるものの情報を正しく受け取っているという素朴な信頼は、きわめて一般的なものだ。その一方で、錯視というものを聞いたことがあるだろう。じつは我々の主観的な知覚世界は、外部環境の物理的・化学的ありようを正確に伝えているわけではない。錯視が起こる原因はさまざまだが、多くの場合、「錯視が起こるようなメカニズムがある方が生きていくのに都合がよかった」という適応的な理由が背景にある。錯視が起こること、つまり外界にあるものをあるがままに知覚できないことは、けっして悪いことではない。

知覚というのは結局のところ主観的経験だ。何が見えるか、聞こえるかについては、本人しか知りようがない。人間が対象であれば、「見えますか」と聞くこともできるが、対象が動物であればそれはできない。そこで、動物を対象とした学習心理学の研究では、弁別学習と呼ばれる方法が用いられてきた。いま、AとBという二つの視覚刺激があるとしよう。この二つの刺激を区別（弁別）できるかどうかが知りたい。そこで、刺激Aが提示されたときには反応Xを、刺激Bが提示されたときには反応Yを行うように学習させるわけだ。もし二つの刺激を異なるものとして知覚していれば、この学習は可能になるし、違いを知覚できていなければ、異なる反応を学習することは不可能だ。道具的条件づけの実験では、刺激AとBを弁別刺激として反応XとYを右レバーを押すことと左レバーを押すことというように道具的行動を割り当てるといった手続きがとられる。古典的条件づけでは、刺激Aを無条件刺激と対提示した後に、刺激Bに対してどの程度の条件反応が確認されるかを観察する、あるいは刺激Aを無条件刺激と対提示しつつ刺激Bに対しては無条件刺激を対提示せず、刺激AとBの間で強度の異なる条件反応が獲得されるのを確認するという分化条件づけの手続きがとられる。いくつかの研究を紹介しよう。

エレノア・ギブソンたちが行った古典的な研究がある。[★1] まずラットのホームケージ（普段飼育されている場所）に長方形と三角形の物体をぶら下げておき、普段から観察できるようにしておいた。その後、ラットに長方形と三角形を弁別刺激とした弁別学習を行わせたところ、ホームケージで長方形と三角形の物体を経験していなかった統制群よりも、弁別学習の成立が促進された。この実験は、ラットが長方形と三角形を異なる刺激として知覚できることを示しているが、興味深いのはそれだけではない。普段から長方形と三角形の物体を見ていたラットの方が、そうでないラットよりも弁別学習が早かったということは、「ただ見ているだけ」でそれらの刺激の弁別が促進されるということを示している。こうした現象を、知覚学習と呼ぶ。

知覚学習は、動物だけのものではない。熟練したソムリエは、ワインの微妙な風味の違いを敏感に区別することができるし、コーヒーのバリスタもそうだ。音楽や絵画でも、素人には区別がつかないようなものも、熟練者や熱心なファンは小さな違いを聞き分けたり見分けたりすることができる。最初に紹介したように、我々の主観的な知覚は、外界にあるものをあるがままに受け止めているわけではなく、経験によって変化するもののようだ。ではなぜ、こうしたことが可能になるのだろうか。ギブソンたちの研究において、ラットはあくまでも長方形や三角形の刺激を「見た」だけである。これらの刺激には、強化子や無条件刺激は対提示されていない。このように、刺激を単独提示することは、第4章で見たように潜在制止を引き起こすはずだ。潜在制止とは、条件刺激をあらかじめ経験していると、後で無条件刺激と対提示されたときには条件反応の獲得が遅れるという現象だった。つまり、学習前にこうした刺激を経験していると、後の学習が遅れることが予測される。しかしギブソンたちの結果はそうはならず、むしろ学習を促進したのだ。

この問題を解決するアプローチがある。まず、我々を取り巻く刺激とはどういうものなのかを考えてみよう。たとえばりんごだ。りんごは赤く、丸い。オレンジはどうだろう。黄色っぽくて、やはり丸い。このように、我々のまわりにある刺激は、いくつかの要素の集合として捉えることができる。りんごとオレンジを区別する特徴要素は、色だ。一方で、りんごとオレンジは、形については共通要素をもっているといえるだろう。そこで、特徴要素をAとB、共通要素をXとし、AXとBXというように、複数の要素からなる刺激をつくる。我々が経験する複雑な刺激は、このように複数の要素が組み合わされてできていると見なすのだ。★2 こう考えると、都合のいいことはたくさんある。たとえば般化、あるいは刺激般化と呼ばれる現象がある。古典的条件づけでも道具的条件づけでも、直接学習経験がない刺激に対して条件反応や道具的反応が確認されることがある。これにはさまざまな理由が考えられるが、そのうちの一つが般化だ。般化は、ある刺激に関して獲得された反応が、知覚的に類似した別の刺激に対しても見られる現象のことである。いわば弁別とは逆の過程といっていいだろう。我々の経験する複雑な刺激をAXと見なし、これに対して古典的条件づけを行うと、要素Aと要素Xがどちらも無条件刺激と連合する。すると、刺激BXは、無条件刺激と対提示されていないにもかかわらず、要素Xを共有しているために、ある程度の反応を誘発すると考えられる。このように、刺激が複数の要素から形成されていると考えることで、般化を説明することができる。

では、刺激が複数の要素からなるという仮定を導入することで、知覚学習がどのように説明できるかを見てみよう。[★3] まず、複雑な刺激AXとBXを繰り返し経験したとする。ここでは無条件刺激は提示しない。すると、要素A、B、Xについて潜在制止が生じるはずだ。ここでポイントは、刺激AXとBXを同じ数だけ提示すると、要素A、Bに比べて要素Xは二倍の回数にわたって提示されるということだ。当然、要素A、Bに比べて要素Xについては、より強い潜在制止の効果が得られると考えられる。つまり、要素Xについては後の条件づけが遅れると考えられる。結果として、要素A、Bは、相対的に強い学習が獲得可能になる。刺激AXとBXを弁別するための特徴要素であるAとBに対して学習が生じるということは、結果的に弁別学習を促進するというわけだ。先に挙げた、三角形と長方形の弁別のような単純な例では何が要素Xに相当するのかわからないかもしれないが、「どちらも閉じた図形である」「線画である」といった共通要素は存在する。

知覚学習のメカニズムはこれだけではない。いま、ＡＸとＢＸという二つの刺激の提示の仕方を考えてみよう。[★4] 一方の群では、ＡＸの次はＢＸ、その次はＡＸ、その次はＢＸというように、二つの刺激をミックスして提示する。もう一方の群では、ＡＸを繰り返し提示し、その後にＢＸを繰り返し提示するというように、ブロック化して提示する。この後、ＡＸに対して無条件刺激を対提示し、ＢＸに対する反応を観察するのだ。すると、ブロック化して提示したときよりも、ミックスして提示した場合の方がＢＸに対する条件反応が小さくなる。つまりＡＸとＢＸの弁別が容易になるのだ。この結果を解釈するには、第４章で紹介した、イメージを介した学習を援用する必要がある。ＡＸ試行とＢＸ試行において、生体は何を学習するだろう。要素ＡとＸ、要素ＢとＸが対提示されていることになるため、これらの要素の間に連合が形成されるだろう。この連合によって、要素Ｘは要素Ａと要素Ｂのイメージを活性化する力を獲得する。これらの試行がミックスして提示されると、生体はＡＸ試行においては要素Ａと要素Ｂのイメージの、ＢＸ試行においては要素Ｂと要素Ａのイメージの対提示を経験することになる。すると、要素Ａがあるときには要素Ｂがイメージだけで実際には提示されない、要素Ｂがあるときには要素Ａはイメージだけで実際には提示されないという状況が生じる。これにより、要素Ａと要素Ｂの間には「お互いに相手を抑制する」という相互制止の学習が生じると考えられる。ＡＸと無条件刺激を対提示すると、「ＡがあるときにはＢはない、ＢがあるときにはＡはない」という相互制止の学習によって、ＡＸに対する学習がＢＸに対して般化しにくくなるというわけだ。一方で、ＡＸ試行を集中した後にＢＸ試行を行うようなブロック化の手続きを用いると、ＡＸ試行中には要素Ｘと要素Ｂの連合がまだ形成されていないために、こうした相互制止の学習が十分には形成できない。

ここに挙げたような連合理論に基づいた説明だけですべての知覚学習が説明できるわけではない。しかしながら、我々の主観的経験である知覚が経験によって変化すること、つまり学習の影響を受けることは間違いない。古典的条件づけという、知覚とは縁遠いように見えるものが、じつは知覚経験の変化を説明するために使えるというのは、なかなか興味深いものであろう。

▼時間学習▲

我々の日常生活の中で、時間はとても重要なものである。学校や会社に行く時間、友人との待ち合わせの時間、弁当を温める時間、原稿の締切時間、などなどなど。しかし考えてみると、時間というのはとても不思議なものだ。時間は目には見えない。耳で聞くこともできないし、触ることもできない。我々が外部環境内にある刺激を知覚するためには、目や耳といった感覚器官が必要だが、時間を知覚する器官を我々はもっていない。それでも我々は、時間というものをまるで知覚できる対象のように扱うことがある。実際には、時間は我々がそうと認識しているだけで、外部環境内に物理的に存在するものではないようだ。それでも我々はやはり、時間に関する情報を使って行動選択をしている。学習心理学、とくに連合学習研究の中で、時間に関する学習をどのように扱うことができるのか、いくつかの研究や理論を紹介しよう。

古典的条件づけにおいて、時間が問題になる最も単純な状況は、条件刺激と無条件刺激の時間関係である。第2章で見たように、パブロフの時代から条件刺激と無条件刺激の時間関係に関しては多くの研究が行われてきた。最も一般的であり、また最も条件反応の獲得が良好なのは、順行条件づけの中でも延滞条件づけと呼ばれる手続きだった。この手続きでは、条件刺激がまず最初に提示され、続いて無条件刺激が時間的なギャップなしに提示される。一方で、無条件刺激が条件刺激に先立って提示される逆行条件づけ手続きでは、条件反応の獲得はあまりうまくいかない。条件刺激と無条件刺激が同時に提示される同時条件づけでも、やはり条件反応の獲得はうまくいかない。時間的に接近しているにもかかわらず、無条件刺激と条件刺激の時間関係が変われば、条件反応の強度に影響がある。

条件刺激と無条件刺激の時間関係は、条件反応の強度だけに影響するわけではない。条件反応が表出されるタイミングにも、これらの時間関係は影響することが知られている。たとえば条件刺激提示から一〇秒後に無条件刺激が提示されるとしたら、条件刺激提示から一〇秒後に条件反応が表出されるのが適応的であるというケースが考えられるだろう。

図6-1に示したのは、ラットを対象とした恐怖条件づけの結果である。[★5] グラフ右端にある数字は、各群における条件刺激の長さを示しており、それぞれ五〇秒、一〇〇秒、一五〇秒、二〇〇秒の条件刺激（純音）が用いられたことを示している。これらの条件刺激が〇・五ミリアンペア、〇・五秒の電気ショックと対提示され、無条件刺激は条件刺激の終了直後に提示された。グラフは、レバー

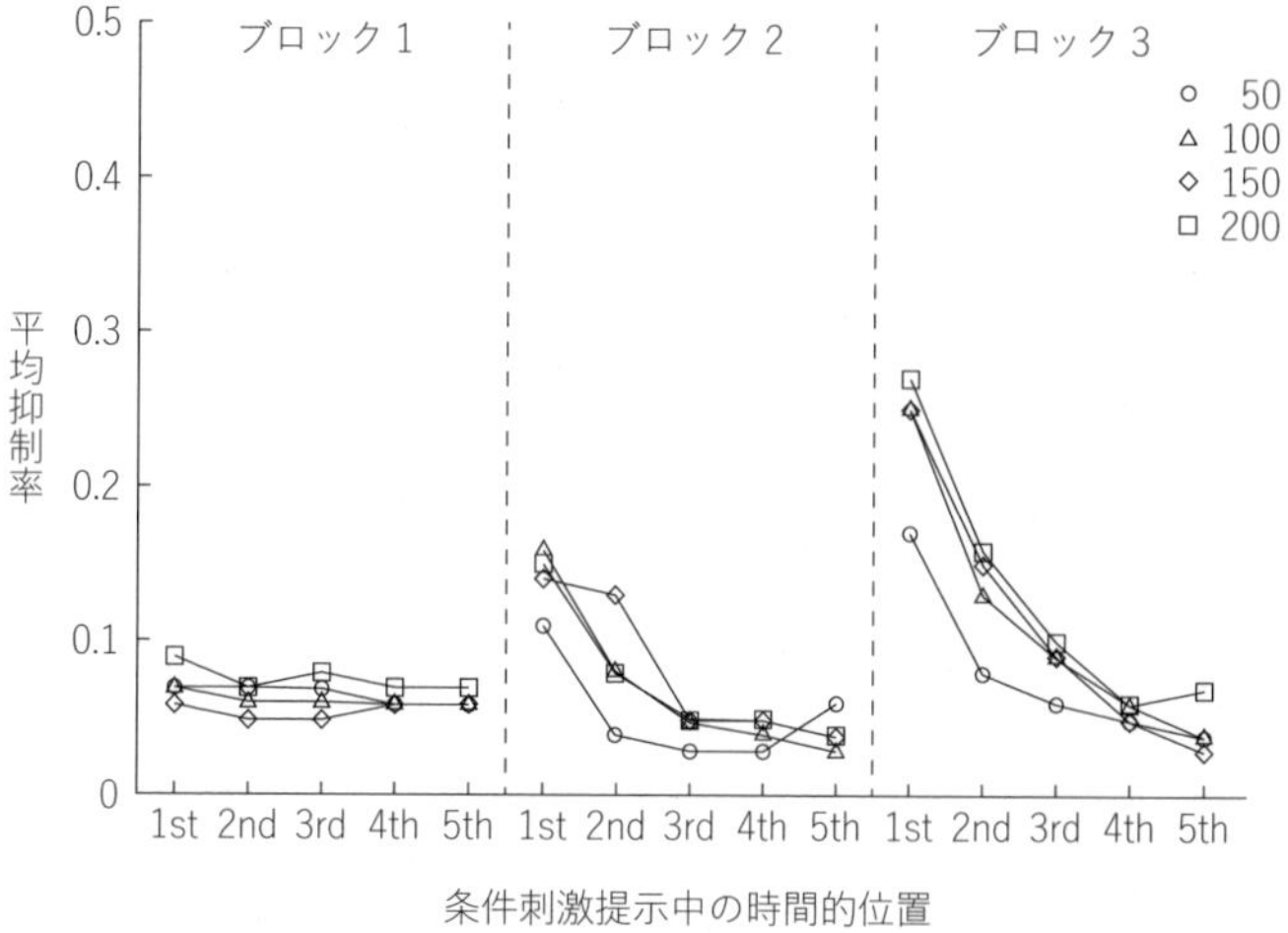

図 6-1　延滞制止に関する実験結果の一例。ブロック 1，2，3 は訓練の初期・中期・後期に対応し，各ブロックにおける条件反応提示時間を 5 つに分割してそれぞれのタイミングにおける条件反応の程度が示されている。縦軸は平均抑制率であり，0 に近づくほど強い条件反応であることを示す。

（出典）　Rosas & Alonso（1996）より作成。

押し反応をベースラインとした条件性抑制の抑制率を示しており、下に行くほど強い恐怖が喚起されていることを示している。グラフ横軸の1st、2ndという表記は、条件刺激全体の最初五分の一、次の五分の一などを示している。たとえば五〇秒の条件刺激を用いた群では、1stは最初一〇秒の抑制率、2ndは次の一〇秒（一一秒から二〇秒）の抑制率を意味する。グラフの上にあるブロックは、最初の訓練六セッションの平均をブロック1、次の六セッションの平均をブロック2という形にまとめたものであり、ブロックが進むにつれて恐怖条件づけの訓練が進んでいることを示してる。

ブロック1を見てみると、どの群においても、条件刺激の最初から最後まで抑制率が低く、条件刺激のどのタイミングでも強い条件反応が誘発されていることがわかる。一方、ブロックが進むにつれて1stや2nd、つまり条件刺激の最初の部分では条件反応が弱くなり、後半で条件反応が強く誘発されていることも見て取れる。無条件刺激が提示されるのは条件刺激の後なので、条件刺激提示の最初のタイミングではまだ無条件刺激が提示されるまでには時間的余裕があるが、訓練が進むにつれて、条件反応が誘発されるタイミングが無条件刺激の提示タイミングに合うように変化したのだ。このように、条件刺激提示直後の条件反応が訓練が進むにつれて弱くなる現象を延滞制止と呼ぶ。

延滞制止という現象自体は、パブロフの時代から知られていた。じつはこの結果をもって、ラットも条件刺激と無条件刺激の時間関係を理解していると考えることはできない。条件刺激提示直後に電気ショックという無条件刺激が来るわけではないことから、条件刺激提示という環境の変化が「安全信号」として働いている可能性があるからだ。つまりラットは条件刺激－無条件刺激の時間関係を学習したわけではなく、「条件刺激提示直後は安全」ということを学習した可能性を否定できない。

では、ラットのような動物は時間を計測するといった能力をもっていないのだろうか。動物が時間をどのように認知しているのかを研究する方法を紹介しておこう。

図6－2は、間隔（時間）二等分課題と呼ばれる実験の結果の例である。★6 この課題では、まず二秒と八秒の音刺激の弁別学習（時間弁別）が行われ、二秒の音刺激のときには右レバー、八秒の音刺激のときには左レバーを押すように訓練される。いってみれば、「短い音なら右、長い音なら左」とい

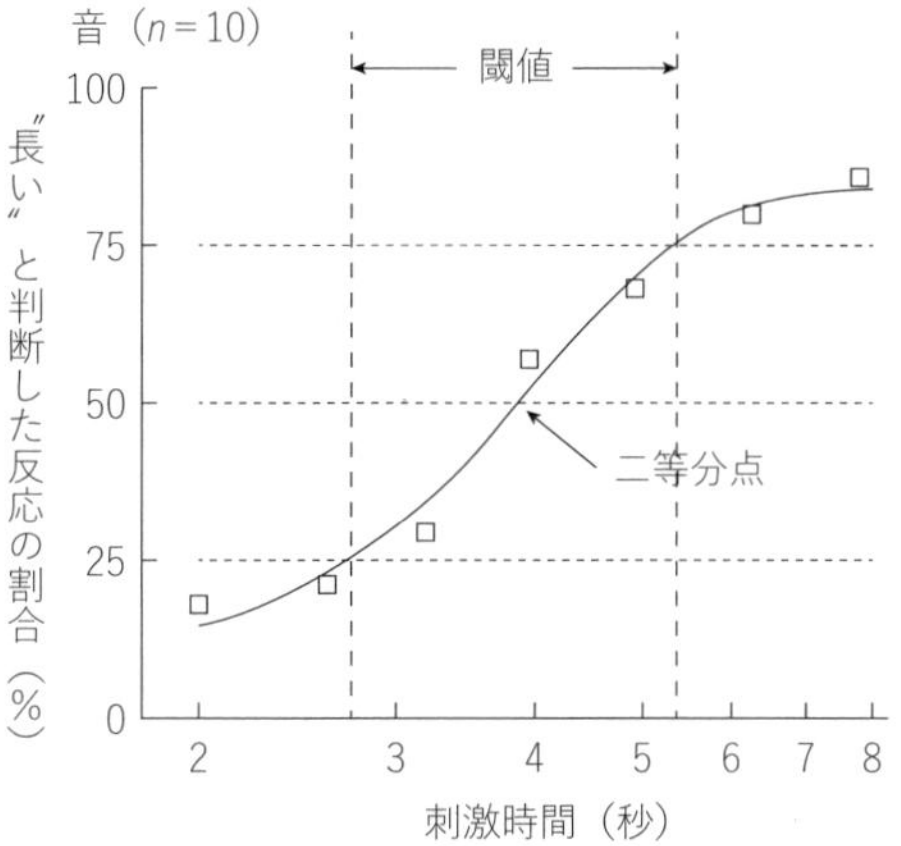

図 6-2　間隔二等分課題の実験結果の一例。横軸が提示された刺激の時間的長さ（対数変換），縦軸は「長い」という判断に対応する反応の割合を示している。

（出典）　坂田（2003）より作成。

う訓練を行うわけである。八五パーセント以上の正答率が連続して三日続いたところで学習ができたと判断し、テストを行う。テストでは、二・六秒、三・二秒、四・〇秒、五・〇秒、六・四秒というそれまでに経験したことのない長さの音刺激が提示され、ラットがどちらのレバーを押すかを観察する。図6−2は、このテスト刺激（横軸）に対して「長い」という判断に対応するレバーを押した割合（縦軸）を示している。二秒の音刺激に対しては「長い」という判断は少なく、八秒に対しては「長い」という判断をしており、訓練の結果が現れている。一方で、テスト刺激に対しては、長い音刺激が用いられるにつれて「長い」という判断が増加しており、回帰曲線としてはS字曲線を描いている（横軸は対数変換したもの）。このS字曲線を用いて、「長い」という判断がちょうど

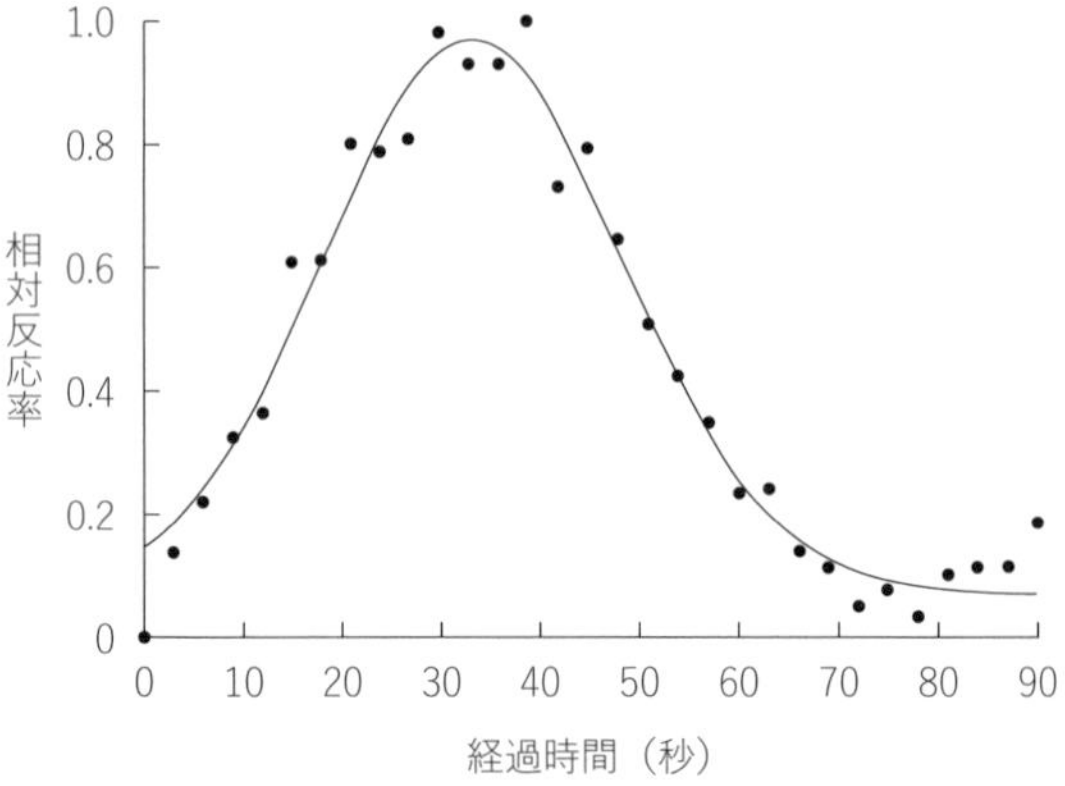

図 6-3　ピーク法の実験結果の一例。横軸にテスト刺激の経過時間，縦軸に相対反応率が示されている。固定間隔 30 秒の強化スケジュールで訓練されたラットに対して，90 秒間の非強化試行を導入すると，およそ 30 秒のタイミングをピークとする反応の分布が得られる。

（出典）　坂田（2003）より作成。

五〇パーセントとなるところが二等分点であり、この動物にとって二秒と八秒の間で「長い」と「短い」が入れ替わる時間間隔である（二秒と八秒の主観的な中央）と解釈することができる。

動物の時間認知を研究するもう一つの手法として、ピーク法がある。この方法は、固定間隔スケジュール（第3章参照）の中に非強化試行が挿入されるというものだ。図6-3は、ピーク法による実験の個体データである。[★7] 固定間隔スケジュールは、強化が与えられてから決められた時間が経過して最初の反応が強化されるという強化スケジュールで、時間経過に伴って反応が加速度的に増加するような累積反応曲線が得られることが知られている（図3-6も参照）。ピーク法では、固定間隔スケジュールの中に非強化試行を導入することで、増加した反応がどこでピークになり、どのように減衰して

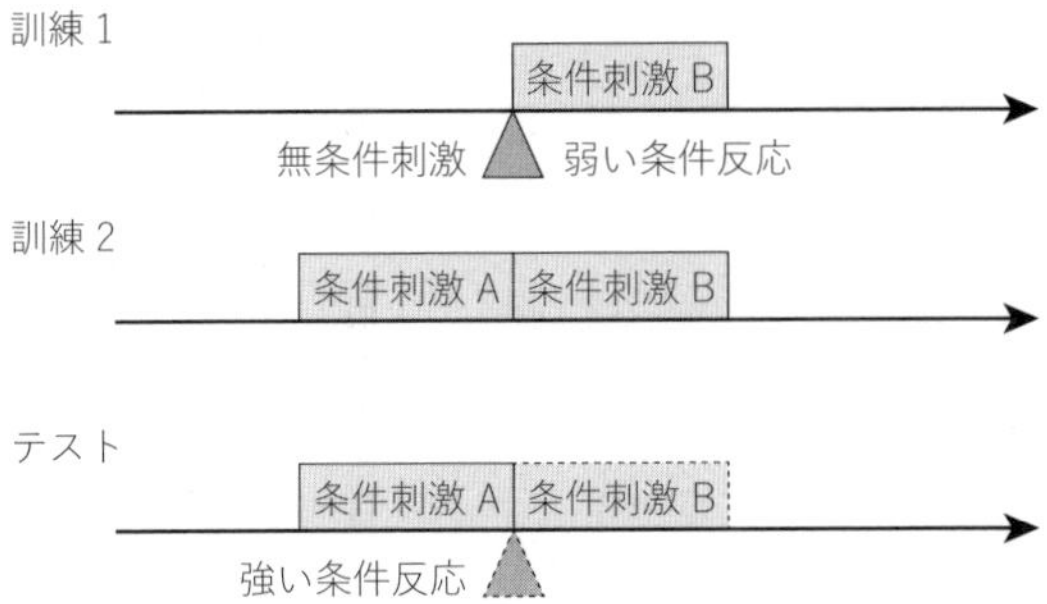

図 6-4　時間符号化仮説を検証するための実験デザインと予測の一例。

いくのかが観察される。図6-3は固定間隔三〇秒で訓練したラットに対して、九〇秒間の非強化試行を導入したときの経過時間ごとの相対反応率を示している。固定間隔スケジュールであれば三〇秒が経過したところで反応すれば強化が与えられるはずだが、非強化試行なので強化は与えられず、徐々に反応が低下していく。これは強化が与えられるタイミングについて学習していた結果であろうと解釈することができる。ピーク法は、動物にとっての主観的時間経過を研究するツールとして用いられており、たとえばアルコールによる酩酊が時間感覚をどう変容させるかを検証するために、アルコールを与えたラットにおいてピークがどうずれるかなどが測定されている。

どうやら動物においても、時間の情報は行動の制御に重要や役割を果たしているようだ。では、連合学習においてこうした時間情報はどのように利用されているのだろうか。同じくラットを用いたこんな実験がある[★8]（図6-4）。まず、条件刺激Bと無条件刺激を逆行条件づけで対提示する。つまり、無条件刺激が条件刺激に先行することになる。通常の逆行条件づけでは、条件刺激は条件反応をあまり獲得しない。ここでも、条件刺激Bは弱い条件反応しか誘発しない。続いて、条件刺激Aと条件刺激Bを対提示する。ここでは、条件刺激Aが条件刺激Bに先行する。最後に、テストでは条件反応Aに対する条件反応が観察される。条件刺激Bは弱い条件反応しか喚起しないのだから、無条件刺激との連合はあまり強くないであろう。だとすれば、条件刺激Aは条件刺激Bとの間に連合形成していたとしても、やはり弱い条件反応しか喚起できないのではないか、と考えたくなる。しかし、実験の結果は、この予測を覆すものだった。条件刺激Bはたしかに弱い条件反応しか喚起しない。しかし、条件刺激Aは、直接無条件刺激と（逆行ではあるが）対提示されていた条件刺激Bよりも強い条件反応を喚起したのだ。なぜこんな結果が得られたのだろうか。この結果を説明することができるのが、時間符号化仮説[★9]と呼ばれるものだ。

これまでに紹介してきた連合学習の理論において、連合とは刺激と刺激、刺激と反応の間に形成される結びつきでしかなかった。連合がもちうる属性は、「興奮か制止か、（第5章で見たような）階層的制御か」という連合の種類と、「どの程度の強さの連合か」という強度だけであった。「一〇〇の強度の興奮の連合」といった具合だ。これに加えて、時間符号化仮説は、連合の中には時間の情報もあわせて符号化されていると考える。「一〇〇の強度の興奮の連合」だけでなく、たとえば「条件刺激提示から五秒後の無条件刺激と一〇〇の強度の興奮の連合」といったように、連合形成する刺激間の時間関係が同時に符号化されると仮定する。これは、とても大きな飛躍だ。正しいという物証はない。「こう考えるとどうなるか」という、理論上の仮定にすぎない。しかし、この拡張によって得るものはある。

時間符号化仮説のもつ理論上の仮定は、これだけではない。連合形成については接近の法則が必要十分条件である、と考える。つまり逆行条件づけであろうと同時条件づけであろうと、時間的接近が保たれていれば、条件刺激と無条件刺激は連合を形成する。しかしそれらの手続きでは条件反応は（あまり）獲得されなかった。この問題を、連合が時間情報を符号化していることに関連して解決する。生体は、条件刺激が無条件刺激に対して予測的時間関係をもっているときに条件反応を喚起すると考えるのだ。順行の延滞条件づけであれば、条件刺激は無条件刺激に先行しているため、無条件刺激に対して予測的な時間関係をもっている。したがって、条件反応が喚起される。それに対し、逆行条件づけや同時条件づけでは、条件刺激は無条件刺激に対して予測的な時間関係をもっていない。条件刺激より先に無条件刺激がやってきたり、同時に提示されたりするのだから、予測的ではないことがわかるだろう。しかし連合は形成されている、ただ同時に符号化されている時間情報に基づけば、予測的な時間関係ではないので条件反応が喚起されない、と考えるのだ。

そしてもう一つ、重要な仮定がある。それは時間情報の統合だ。あらためて図６－４の条件刺激Ａと条件刺激Ｂ、条件刺激Ｂと無条件刺激の時間関係を見ていただきたい。条件刺激Ａは条件刺激Ｂの前に、条件刺激Ｂは無条件刺激の後に提示されている。この別個に経験した試行の「時間地図」を、共通している条件刺激Ｂを基準に重ね合わせてみよう。すると、条件刺激Ａは無条件刺激に先行するという関係ができあがる。つまり、条件刺激Ａは無条件刺激との間に予測的時間関係を形成していることになる。このため、条件刺激Bでは弱い条件反応しか見られなかったのに、条件刺激Aに対してはより強い条件反応が誘発されるのだ。このように、時間符号化仮説では、個々の試行において形成された連合の中に刺激間の時間情報が符号化され、これが統合されることで大きな「時間地図」が形成されて反応の生成に影響すると考える。大きな飛躍ではあるが、この仮定のおかげでこうした現象が説明できるわけだ。

時間符号化仮説の理論上の仮定は理解してもらえただろうか。これまでに紹介した連合学習の理論では、おもに連合強度がどのようなルールに従って変化するかが主眼であった。時間符号化仮説は、その連合がどんな情報を含んでいるのか、含まれる情報がどのように使われるのかに関する理論だ。時間符号化仮説の予測を支持する結果はヒトを対象とした研究でも得られているものの、理論的仮定が増えたからか、理論の予測とは一致しない実験結果の報告もある。時間符号化仮説の評価をいまの時点で固めることは難しい。ただ、「連合とは何か」という問題に重要な視点をもち込んだことは間違いないだろう。

▼空間学習▲

時間に加えて、我々が生きていくなかで重要なのが空間の情報である。自分の家の場所、学校や会社の場所を我々は知っている。最寄り駅の場所も知っているだろう。これは人間だけのことではない。動物たちにとっても、エサ場や巣の位置、あるいは天敵に襲われやすい場所などを学習することは、生存にとって重要な意味をもつ。空間情報の重要性から、心理学や動物行動学では古くから、ヒトや動物が空間の情報をどのように学習し、利用しているのかについて研究が行われてきた。

学習心理学の分野で空間学習に関する有名な研究として、エドワード・トールマンによる認知地図の研究がある。トールマンが活躍したのは、ワトソン以降の新行動主義の時代で、ワトソンによる初期の行動主義がさまざまな問題に直面して乗り越えられようとしていた頃だ。おもな論敵は、クラーク・ハルである。ワトソンはソーンダイクと同様に、刺激と反応の直接的な連合、つまりS－R連合によって行動を説明しようとしたが、ハルはそうしたS－R連合説に基盤を置きつつも、刺激と反応の間にさまざまな媒介変数を導入しながら行動理論を打ち立てようとしていた。そのスタイルは、数学の方法を模範とし、公理や公準から演繹的に仮説を立て、実験的に検証して理論体系を構築していくというもので、当時多くのフォロワーを生み出した。一方のトールマンは、ハルのようにS－R連合に依拠するのではなく、現在の認知心理学の萌芽ともいえるようなアイデに基づいたものだった。空間学習に関していえば、認知地図と呼ばれるものがトールマンのアイデアである。

トールマンの行った実験を紹介しよう。[★10] 図6－5左のような、円形のアリーナから一本の通路が伸びているような装置にラットを入れる。通路は一つしかないので、ラットはこの通路を通ってゴールにたどり着き、ゴールではエサが与えられる。十分にこの訓練を行った後、アリーナの構造に変化を加える。先ほど使った通路はふさがれてしまい、通ることができない。しかし、それ以外に多くの新しい通路が使えるようになるのだ（図6－5右）。はたしてラットは、どの通路を選ぶだろうか。も

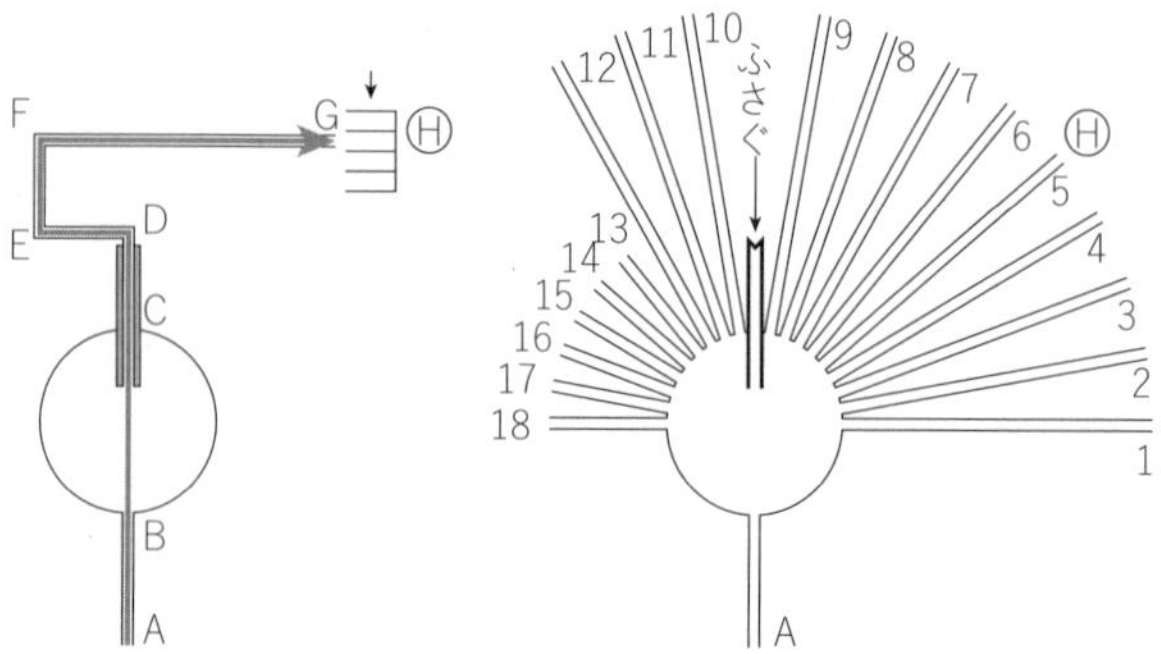

図 6-5　トールマンが用いた認知地図の形成と利用を検証するための実験機材の概略。ラットは左図のような状況でゴールに到達するよう訓練された後，右図のような状況でどの経路を選択するかテストされる。

（出典）　Tolman et al.（1946）より作成。

しラットが、「このアリーナではこの通路へ入る」というように刺激環境と行動を直接結びつけていたならば、刺激般化によって通れなくなった通路に近い通路（図の九や一〇）を選ぶことが考えられる。しかし実験の結果は、そうはならなかった。ラットは当初選んでいた通路よりも右手にあるものを多く選んだ。この右手にある通路を伸ばしていくと、訓練のときにエサを与えられていたゴールの方向を向いていることがわかるだろう。つまりラットは、「どの通路を選ぶか」を学習していたのではなく、「どの方向、どの位置にエサがあるか」という空間情報を学習していたと解釈できる。トールマンは、このように動物は「どこでどちらに曲がる」「どの通路を選ぶ」というような反応ではなく、「どこに何があるか」という地図のような表象を獲得すると考え、これを認知地図と呼んだ。

この研究はとても有名で、多くの教科書で紹介されているものである。しかし後の研究で、トールマンに

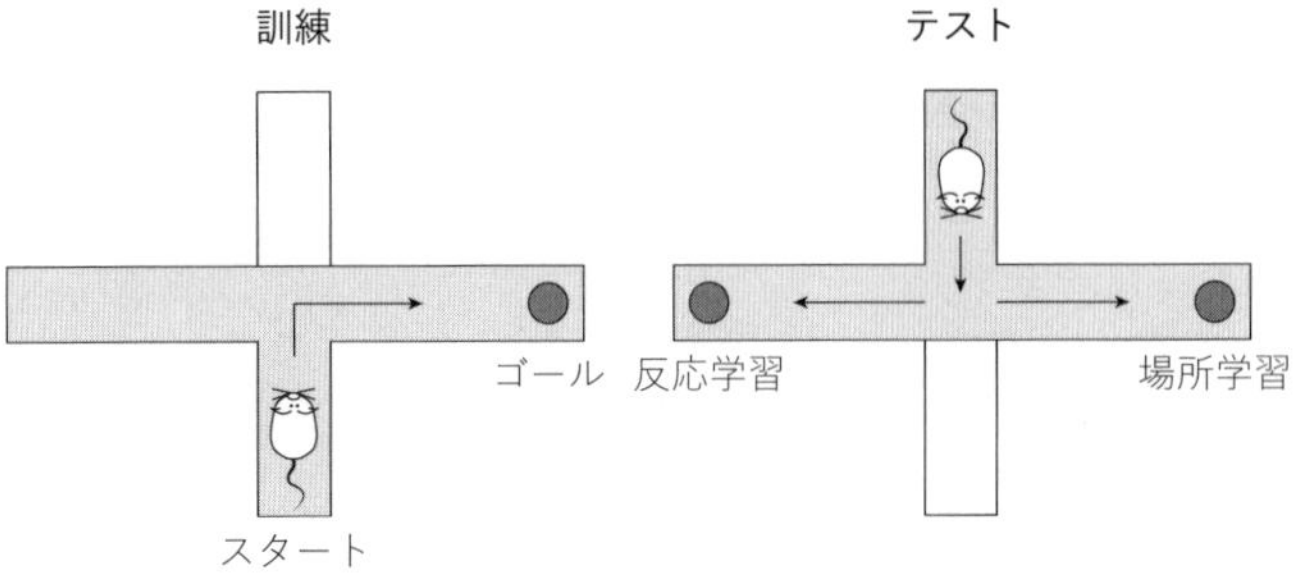

図 6-6　T字型迷路を組み合わせた反応学習と場所学習を検証する手続きの概略。左図のようにゴールを選択するよう訓練されたラットは，右図のように反対側からどちらの選択肢を選ぶかをテストされる。

（出典）Yin & Knowlton（2006）より作成。

よる認知地図に基づいたショートカット選択の研究は追試できないという報告もある。一方で，T字型の迷路を組み合わせた実験で，ラットが場所に関する情報を利用して行動していることを示した実験もある。図6－6左のように設置されたT字型迷路の南のアームにラットを入れ，東と西のどちらかを選択させる。このとき，エサは東のアームに置いておく。するとラットは，訓練を進めることで最初から東のアームに侵入してエサを効率よく得ることを学習することができる。訓練が進んだところで，今度はこれまで使っていなかった北のアームにラットを置き，東と西のアームのどちらを選択するかを観察する（図6－6右）。もしラットが，実験室のいろいろな手がかりからエサの場所を，つまり「東の位置にエサがあること」を学習していたとすれば，北のアームからスタートしても東のアームを選択することができるだろう。一方で，訓練時に空間位置ではなく反応の仕方を学習していれば，つまり「右に曲がればエサがあること」を学習していれば，北のアームからスタートしたときには西のアームを選択する

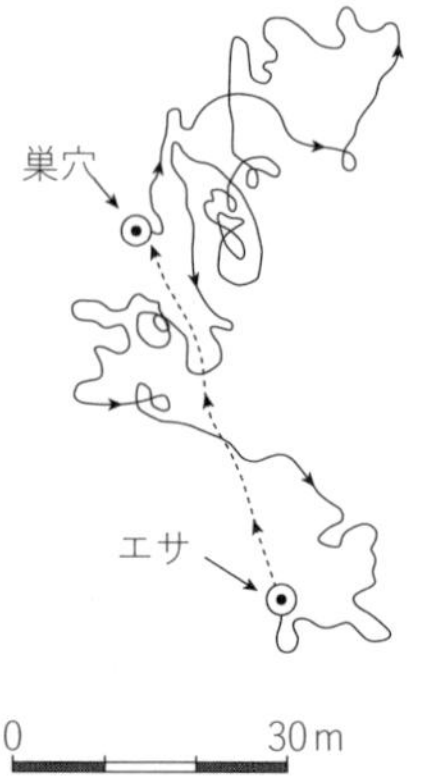

図 6-7　サバクアリがエサを探索した後に巣穴に戻る経路を示したもの。
（出典）Shettleworth（2010）より作成。

と考えられる。この手続きを用いた実験では、場所に関する学習を支持する結果と反応に関する学習を支持する結果がどちらも報告された。どうやら、訓練の回数や訓練の間隔など、さまざまな要因によってどういった学習が起こるかが変わるようである。[★11] なんにせよ、動物であっても空間内の場所に関する情報を学習することができることは間違いなさそうだ。

人間以外の動物が、あたかも空間内の地図をもっているかのように振る舞う例は他にもある。図6－7は、サバクアリというアリが巣穴から出てエサを発見し、また巣穴に戻る様子を示している。[★12] 巣穴から出たアリは、実線の経路のようにあちこちを移動してエサを探すわけだが、一度エサを発見すると、そこから点線の経路を通って一直線に巣穴に戻る。これは一見して、巣穴がどこにあるのかという空間情報を理解しているかのような行動に見えるが、実態はそうではない。

図6－8は、巣穴を出たアリが実線の経路を探索して

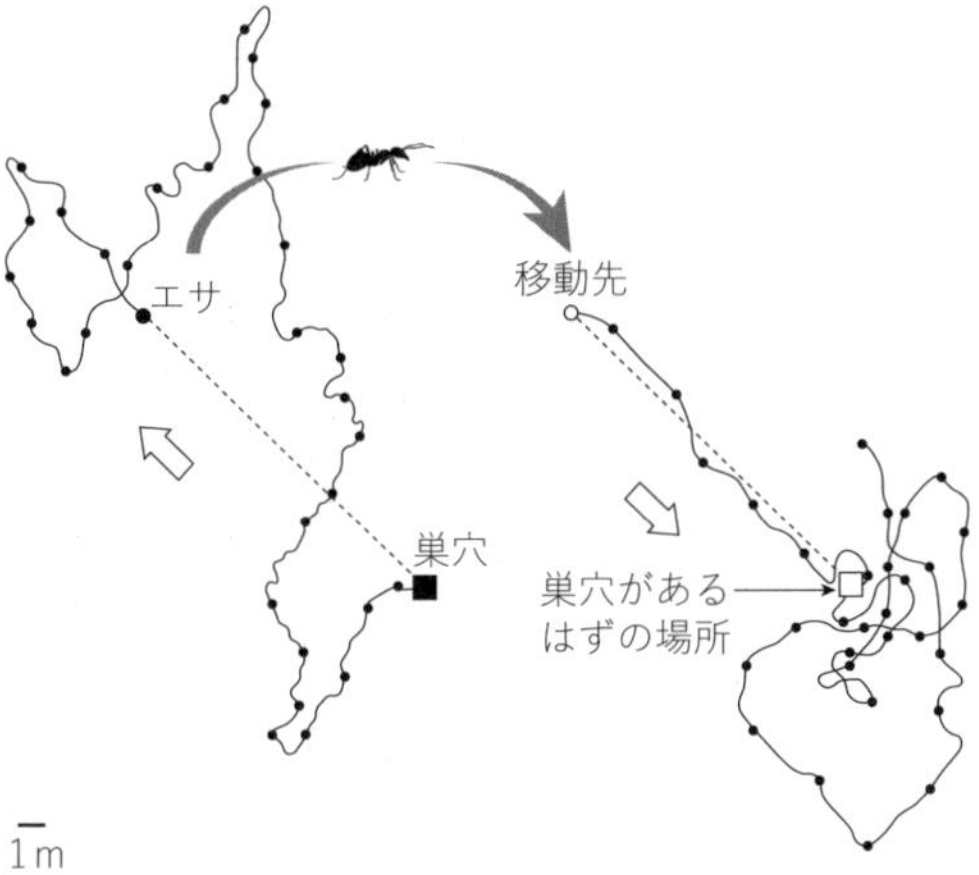

図 6-8　巣穴からエサを探索して移動したアリを，巣穴に戻る際に人為的に別の場所に移動させた際の帰巣経路。巣穴ではなく，人為的に移動させられたぶんだけ平行移動した場所に戻ることを示している。

（出典）Wolf（2011）; Wehner & Wehner（1986）より作成。

エサを発見するまでを表している。[★13] エサにたどり着いたアリは、実験者の手で少し離れた別の場所に移動させられる（矢印）。もしアリが「どこに巣穴があるか」を理解しているなら、移動させられたところから巣穴に向かって移動するように思えるが、実際にはそうはならない。図6-8のように、「移動させられたぶんだけ平行移動した場所に戻る」という行動が観察されるのだ。つまり、アリは巣穴の空間的な位置を記憶しているのではなく、「自分の移動した距離と方向に基づき、自分の現在位置から見て巣穴がどちらの方向であるかを逐一計算している」ということである。アリが情報として用いているのは「自分がどの方向にどれくらい移動したか」であって、巣穴の空間位置ではない。「自分がどの方向にどれくらい移動したか」に基づいて自分の位置推定する方法を推測航法と呼び、GPSを利用できないトンネルの中でカーナビゲーションシステムを動作させるためにも使われている。

もう一つ例を挙げよう。ジガバチという昆虫を使った野外実験を紹介する。★14 ジガバチは地面に穴を掘って巣をつくるが、巣を出てエサを探した後にまた巣に戻る。この巣の周りに松ぼっくりを並べて目印のようにしておく。するとジガバチは巣の周りを回るように飛んでエサを探しに出ていくが、ここで実験者は松ぼっくりの位置をずらしてしまう。するとジガバチは、巣の位置ではなく位置をずらして並べられた松ぼっくりの方へ戻ってくる。つまりジガバチは、巣の位置そのものではなく、松ぼっくりの位置を手がかりとして利用して巣があると思われる場所に戻ってきたのだ。ここでの巣は空間内の移動のゴールであり、このゴール近辺に置かれて目印になるような刺激をビーコンと呼ぶ。この実験状況の中でジガバチは、巣に戻るために「巣の絶対的空間位置」ではなく「ビーコンを目指す」という方略を用いていたというわけである。

サバクアリは目立った目印のない環境に生きているため、推測航法という方略で空間内を移動していた。またジガバチの生きている環境で、実験者が目印を動かすようなことは通常起こらないため、ビーコンを目指すことで巣に戻った。このように、動物たちはそれぞれの環境において使いやすい情報を使って空間内の移動を行っている。人間もまた、いろいろな空間情報を利用・学習しているが、なかでも重要なものにランドマークがある。

ランドマークは、わかりやすくいってしまえば、空間内に存在する目印だ。たとえばあなたが、友人にあなたの自宅の場所を教えるとしよう。駅からあなたの自宅までの道のりの中で、「郵便局を右」とか「コンビニを左に見ながら進む」といったように、何かしら目印になるようなものを伝えるだろう。それがランドマークだ。ランドマーク自体はビーコンのようにゴールのすぐそばにあるわけではない。しかし、ゴールがどの方向なのか、どれくらいの距離なのか、どういう行動をとればゴールに近づくかなどの情報を与えてくれる。こうしたランドマーク間の関係や、ランドマークとゴールの関係は、認知地図の構成に重要な意味をもつ。

ランドマーク、認知地図、と連合学習とはずいぶん違う世界のように聞こえるかもしれない。ここで、時間学習の話を思い出そう。時間符号化仮説が導入した仮定は、「連合は時間情報を含む」というものと、「刺激間の時間情報は統合される」ということだった。これは、数学の言葉を援用すると、「ベクトルの足し算」を行っていることとして説明することができる。刺激Aの一〇秒後に刺激Bが提示される。刺激Bの五秒前に刺激Cが提示される。このとき、刺激Aと刺激B、刺激Bと刺激Cの間には時間情報を含んだ連合が形成されると考えるのが時間符号化仮説だ。ここで、刺激Bという共通項を使って時間関係を統合すると、刺激Aの五秒後に刺激Cが提示されるという関係が導かれる。ここで、刺激Aと刺激B、刺激Bと刺激Cの間の関係を、向きと量をもつものとしてのベクトルで書いてみよう。AからB、BからCへベクトルを表す矢印を引くことができる。これをベクトルの足し算のルールに従って計算すると、AからCへの矢印、ベクトルが導かれる。納得していただけただろうか。時間符号化仮説が主張していることは、いってみれば「生体は時間の次元でベクトルの計算を

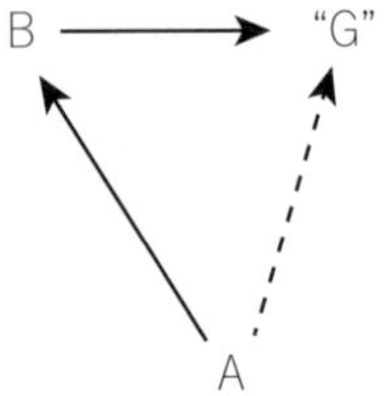

図 6-9　時間符号化仮説の空間情報への拡張の模式図。ランドマーク A と B の関係，ランドマーク B とゴール（G）の関係を学習すれば，ベクトルの加算によってランドマーク A からゴールの位置を推測することができる。

している」ということなのだ。時間関係をベクトルで書くことができるなら、その発想を空間関係に拡張することは、自然な成り行きであろう。

時間符号化仮説を空間に拡張しよう。ここでは、ランドマークを条件刺激のように取り扱う。ランドマークとランドマークの間や、ランドマークと目的地の間には連合が形成されるが、この連合の中には空間情報が同時に符号化されていると仮定する。こう考えると、次のような実験を考えることができる（図6－9）。被験体に対して、ランドマークAとランドマークBの関係を提示する。これにより、ランドマークAとランドマークBの間に連合が形成され、この連合は空間情報を同時に符号化していると考える。この空間情報を、ランドマークAからランドマークBへのベクトルで表示しよう。続いて、ランドマークBとゴール（G）の空間関係を学習させる。ゴールの位置自体には明確な手がかりはないが、ランドマークBとの関係でゴールの位置を学習させるものとする。ここでランドマークBとゴールの間に空間情報を含んだ連合が形成される。これをランドマークBからゴールへのベクトルで示そう。すると、もしランドマークBが取り去られても、ランドマークAからBへのベクトルと、ランドマークBからゴールへのベクトルを足し算すれば、ランドマークAからゴールの位置を直接計算することが可能になる。この手続きは、第2章で紹介した感性予備条件づけと対応している。感性予備条件づけの典型的な手続きでは、条件刺激AとBが対提示された後に、条件刺激Bが無条件刺激と対提示される。結果として条件刺激Aは無条件刺激と対提示されていないにもかかわらず、条件反応を喚起するようになる。この手続きを、条件刺激の代わりにランドマークを、無条件刺激の代わりにゴールを置くことで空間学習課題にスライドさせたわけだ。

この手続きを、ハトを用いて検証した実験がある。★15 重要な条件をかいつまんで紹介しよう。ハトはまず、二つの視覚的なランドマークAとBがコンピュータ画面に間を空けて左右に並んで提示されるのを見る試行を経験する。ここでは、ハトには特段の反応は求めない。続いて、コンピュータ画面にはランドマークBが提示される。ハトの課題は、ランドマークBを頼りに、コンピュータ画面上のどこかにあるゴールを探し出すことだ。画面はタッチパネルになっており、ハトがクチバシでつついた場所を記録することができる。この試行では、ランドマークBのすぐ左がゴールに設定されている。ゴールの位置をつつけばエサが与えられるようになっているのだが、試行ごとにランドマークBが提示される場所が変わるため、それに合わせてゴールの位置も変わる。ハトはタッチパネルの決まった場所をつつくのではなく、ランドマークBとゴールの空間関係、ここでは「ランドマークBのすぐ左がゴールである」という空間関係を学習しなければならない。そしてテストでは、ランドマークAのみがハトに提示される。ランドマークAが直接ゴールの位置を示していたことはない。ハトは、これまでに経験した試行をもとに、タッチパネルのどこかをつつくことが求められる。

実験結果は、ハトがランドマークA、B、そしてゴールの空間関係を統合していることを示唆していた。ハトはランドマークAだけが提示されている試行において、ランドマークAのすぐ右をつついた。まるで、「ランドマークAとランドマークBは間を空けて並んでいた、ランドマークBの左がゴールである、ということはランドマークAの右がゴールであるはずだ」と推論したかのように。

この結果は、我々人間にとってみれば当然のことのように映るかもしれない。あなたは自宅と最寄り駅の空間関係を知っているだろう。最寄り駅と駅の近くのコンビニの関係も知っているだろう。これらの空間関係を統合し、自宅からコンビニへ直接行くための経路を統合することはそれほど難しいことではないように思われる。しかし意外なことに、ヒトを対象としてコンピュータを用いてゴールを探索させるゲームのような課題では、ヒトは空間関係の統合ができない、という実験結果も報告されている。[★16] いくつかの条件を追加すれば統合可能であるという結果もあるのだが、じつはこの課題はそれほど容易なものではないのだ。

空間的ランドマークを条件刺激と同様に扱うことの妥当性について、疑問を感じる人もいるだろう。その疑問はもっともなことだ。空間学習の課題において見られる行動は、条件反応というよりも随意的な道具的行動である。空間学習によく用いられる迷路課題において、迷路の中にある空間手がかりと外にある空間手がかりの間で機能的な違いがある可能性なども報告されている。唾液分泌反射の条件づけと空間的ランドマークがまったく同じものだと主張したいのではない。その一方で、ランドマークとランドマーク、あるいはランドマークとゴールの関係は、生体の行動によって変化することはない。こうした空間関係は、生体の行動によって変化するような種類の知識ではないため、古典的条件づけの手続きの特徴を備えているというだけだ。また、ランドマークを用いた空間学習の課題において、隠蔽や阻止といった古典的条件づけにおいて確認されている現象も報告されている。古典的条件づけと道具的条件づけの枠組みを拡張していくなかで、連合の中に時空間情報が含まれていると考えるならば、古典的条件づけとその連合的解釈を当てはめることは、けっして不自然なことではない。

▼因果関係の学習▲

連合理論の哲学的背景がイギリス経験論にあることはすでに第4章で紹介した。その中で、ヒュームが連合形成の要因の一つとして「時空間的接近」を挙げていたことをご記憶だろうか。ここまでに紹介した時間学習や空間学習は、こうした時空間的に接近しているもの同士に連合が形成されることを土台にしつつも、実際には接近して経験していないものであっても、過去の経験をつなぎ合わせることで適切な行動をとることができることを示していた。さて、ヒュームが考えた連合形成の要因はほかにもある。「因果関係」もその一つだ。

因果とは何だろう。我々はたしかに、「原因」「結果」という言葉を日常的に使っている。「火がついたのはマッチを擦ったからだ」というとき、「マッチを擦る」という事象が原因で、「火がつく」という事象が結果であると我々は考えがちである。これは、論理的には間違っている。火がつく原因はマッチ以外にもありうるからだ。では直接に「マッチを擦って火がついた」のを観察したならばどうだろう。これでも、じつは難癖はつけられる。マッチに細工がしてあり、擦らなくても火がつくようになっていたのかもしれない。それでもやはり、我々は「マッチを擦ったら火がついた」という様子を観察すると、そこに因果関係を見出してしまう。これは、「マッチを擦る」という事象と「火がつく」という事象の間に時間的・空間的な接近関係があり、そのうえで「擦らないとマッチには火がつかない」というように、「マッチを擦る」という事象と「火がつく」という事象の間にある種の相関関係があることを知っているからだ。このことから、因果関係というのは時空間的接近関係や相関関係などからくる「認知的幻想」にすぎない、という主張もある。

その一方で、我々人間は、適切な状況がそろえば因果関係と相関関係を区別することができる。よく使われるたとえとして、「気圧と気圧計、天気の関係」というものがある。気圧の変化は天候の変化をもたらすため、気圧を知るのは天気予報のために重要である。しかし我々は気圧を直接知ることはできないため、気圧計を用いる。つまり、「気圧が変われば天気が変わる」「気圧が変われば気圧計が変わる」という二つの因果関係を用い、「気圧計が変われば天気が変わる」という推論を行うわけだ（図6－10、実線内）。ここで注意しなければならないのは、「気圧計の変化と天気の変化の間には因果関係はない」ということである。したがって、誰かが人為的に気圧計に細工を加えても、我々は天気が変化するとは考えない。これはつまり、「気圧計の変化を観察したとき」と「気圧計を人為的に変化させたとき」の間に何かしらの区別を我々がしていることを意味する（図6－10、破線内）。

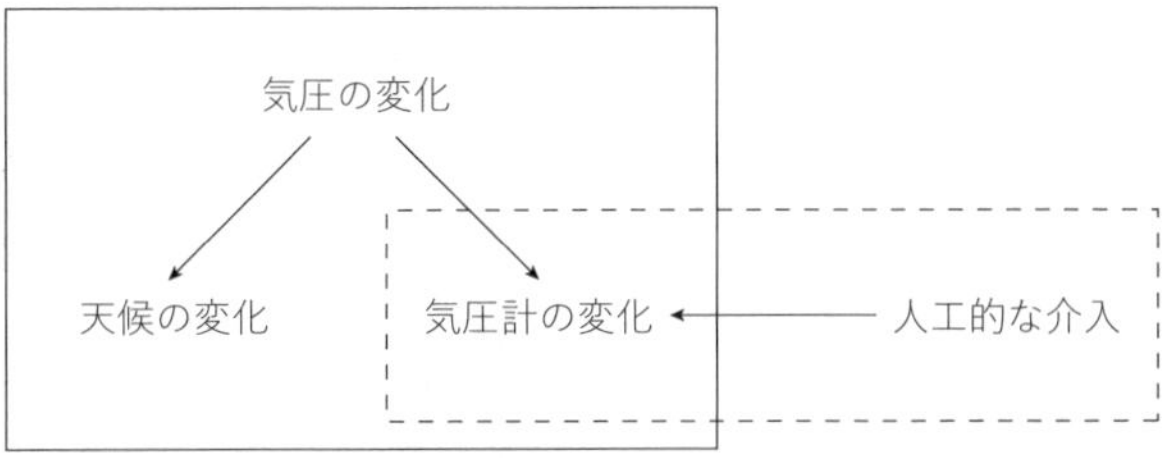

図 6-10　観察と介入による因果推論の一例。気圧の変化は天候の変化と気圧計の変化を引き起こすため，気圧の変化を観察できなくとも気圧計の変化を観察するだけで天候の変化を予測できる。一方で，人工的な介入によって気圧計の変化が起こった場合には天候の変化は予測されない。

こうした推論を人間が行うことは実験的にも示されている。[★17] 実験では、「血液検査においてある物質が増えるか減るかを予測する」というストーリーが実験参加者に与えられた。一方の群では、「物質Bが増加すれば物質Aが増加し、物質Aが増加すれば物質Cが増加する」という情報が与えられる（因果連鎖群）、もう一方の群では「物質Aが増加すれば物質Bと物質Cが増加する」という情報が与えられる（共通原因群）。そして、どちらの群の参加者にも「物質Bの増加を観察した、では物質Cはどうなるだろうか」、あるいは「物質Bを投与した、では物質Cはどうなるだろうか」という質問が与えられる。因果連鎖群では、どちらの質問に対しても、「物質Cは増加する」という回答が多かった。物質Bの増加を観察しようが投与しようが物質Bは増えているため、これは物質Aの増加を引き起こし、結果的に物質Cの増加をもたらすと考えられるため、この結果は理解できるだろう。一方で、共通原因群では結果は異なるものだった。「物質Bの増加を観察した」というときには、「物質Cは増加する」という回答が多かった。これは、「物質Bが増加したのならば、観察してはいないが物質Aも増加していたのだろう、だとすれば物質Cも増加するだろう」という推論が行われたからだと解釈できる。一方で、「物質Bを投与した」というときには「物質Cは増加する」という回答は多くなかった。つまり、「物質Bが増加したとしてもそれは人為的に投与したからであって、物質A

は無関係であり、物質Cは増加しない」と推論したためであると考えられる。気圧計のたとえと同じく、人間は事象の生起を観察したときと、人為的に介入したときとを区別することができるのだ。

ここで、これまでに見てきた古典的条件づけに関する議論を当てはめてみよう。古典的条件づけは、「外部環境内の出来事の間にある関係性の学習」であった。すなわち、気圧・気圧計・天気の間にある関係性は、古典的条件づけによって獲得される連合の知識で記述できる。気圧・気圧計・天気をそれぞれ、事象X、Y、Zとしてみよう。「気圧が変われば気圧計が変わる」という経験は、「Xの後にYが提示される」という形で抽象化できる。「気圧が変われば天気が変わる」という経験は、「Xの後にZが提示される」というようになる。すると、X－YおよびX－Zという連合が形成されると考えるのだ。こうすれば、「気圧計が変われば天気が変わる」という推論は、連合形成で説明することができる。「Yが提示されたときにZの到来を予測する」ということは、X－Y連合とX－Z連合という連合の鎖で説明することもできるし、X－Y試行においてXが喚起するZのイメージとYの間、あるいはX－Z試行でYのイメージとZの間に連合ができるという説明もできる。その一方で、「気圧計に人為的に変化を加える」という状況はどうだろうか。人為的であろうとなかろうと気圧計が変化した、つまりYが生起したとするならば、連合形成の考え方をそのまま当てはめるとZの到来、つまり天気の変化を予測することになってしまう。この意味では、連合理論をそのまま当てはめると、因果推論に関するこの研究結果は説明することができない。あるいは、人為的にYを引き起こす、ということに何か重要な意味があるのだろうか。

この因果推論の現象を、ラットを用いて検討した一連の研究を紹介しよう。[★18] ラットが相手なので、「気圧が変われば天気が変わる」といった予備知識もなければ、そもそも因果関係なるものを理解しているのかもあやしい。しかし古典的条件づけなどの手続きを使えば、こうした問題にアプローチすることができる。重要な条件をかいつまんで説明しよう。実験では、ラットに対して音刺激の後に光刺激が提示される試行、および音刺激の後にエサが提示される試行が与えられた。これは、「気圧の変化が気圧計の変化を引き起こす」「気圧の変化が天気の変化を引き起こす」ということとそれぞれ対応している。ラットが経験していること自体は古典的条件づけであることに注意しよう。そして、ラットに「気圧計の変化」を経験させ、「天気の変化」を予測するか尋ねてみる。つまり、光刺激を提示したときに、エサの到来を予測するかどうかを観察するのだ。もしラットがエサの到来を予測するならば、ラットはエサ皿に接近するはずである。するとたしかに、ラットは光刺激の提示に対してエサ皿への接近反応を見せる。これは古典的条件づけの感性予備条件づけや二次条件づけで古くから報告されていることと本質的には変わらない。

問題はその次だ。「人為的に気圧計を変化させる」という状況であればどうだろう。そこで、実験箱にレバーを設置し、「レバーを押せば光刺激が提示される」という状況をつくり、レバーを押した後に提示された光刺激に対して、ラットがエサの到来を予測するかが検討された。ここでのポイントは、ラットはレバーを押す経験がそれまでになかったということだ。もし「レバーを押せばエサがもらえる」という訓練をしていれば、レバー押しの後にエサ皿への接近反応が見られるのは当然のことになってしまう。生まれてはじめて、偶然にもレバーを押し、その結果光刺激が提示されたとき、ラットはどうするだろうか？　結果は、人間の因果推論研究のものと一致していた。「人為的に気圧計に変化を加える」、つまり「レバーを押して光刺激を提示させる」というときには、ラットは「天気の変化」を予測しない。エサの到来を予測しないのだ。

この結果からはさまざまな議論を行うことができる。まず、「ラットにとって、事象の生起を観察することとみずからの反応によって事象を生起させることは別物なのか」という点だ。たしかに実験の結果からは別物であることが示唆される。一方で、人間にとっては、みずからの反応によって気圧計を変化させようが、他人が気圧計に細工をして結果的に気圧計が変化するのを観察しようが、誰かの細工による人為的介入という意味では同じである。そこで、先ほどと同じ訓練手続きをラットに行わせた後に、「自分がレバーを押した後に光刺激が提示される」という手続きと、「新しい刺激の後に光刺激が提示される」という手続きをテストとして行った研究がある。後者は、「自分以外の何かが光刺激の提示を引き起こした」という状況を模したものだ。実験の結果、自分がレバーを押した後に光刺激が提示されたときにはエサ皿への接近反応は見られなかったが、新しい刺激の後に光刺激が提示された場合にはラットはエサ皿へ接近した。つまり、ラットにとっては、「自分で反応すること」

が重要な意味をもっているようである。

次の論点は、「この結果は連合学習理論で説明できるのか」というものだ。結論からいうと、従来の連合学習理論をそのまま適用しても説明することができない。多くの連合学習理論における従来の仮定は、事象と事象の関係は連合強度という「つながりの強さ」に圧縮されるというものだった。この考え方では、事象の生起を観察しようが、人為的な介入があろうが、「つながりの強さ」に依存して反応の強さが決まる。いわゆる擬似相関であろうがなんだろうが、同じように反応をすることを予測してしまうのだ。ここで連合理論を捨ててしまうというのも一つのアイデアではある。しかし、少し抵抗してみよう。時間や空間に関する情報について連合というアイデアを拡張したように、ここでも「事象や反応の間の関係」に何かを拡張してやれば、因果関係の推論についても説明可能になるのではないか。そのヒントは、統計学や計算機科学にある。こうした分野には、因果ベイズネットワークと呼ばれる研究対象がある。因果ベイズネットワークでは、事象と事象の因果関係を連合学習理論と同様に事象間のネットワークで捉えつつも、連合強度ではなく各事象の生起確率や条件付き確率を用い、観察や介入によってそうした確率的関係のパラメータがどのように変化するかを扱う。数学的に複雑になるのでここでは説明は行わないが、この因果ベイズネットワークを用いれば因果推論に関する実験結果を説明することができる。ポイントはやはり、「連合が含む情報は何か」ということだ。たんなるつながりの強さではなく、そこに確率関係をもち込むこと、事象と事象の間の関係を連合強度ではなく条件付き確率で書き直すことによって、因果関係に関する研究結果を説明できるようになるかもしれない。

こう考えると、「それはもはや連合ではないのではないか、無限に拡張が続くのではないか」という感想をもつ人がいるだろう。おっしゃるとおりだ。連合理論がもともともっていたシンプルさが失われてしまう可能性はある。その一方で、事象と事象の関係に、時空間情報や確率情報をもち込むこと自体は、それほど無理なものではないと個人的には思う。そもそもの連合のアイデアがあまりに単純すぎるのだ。時空間情報も確率情報も、数字できれいに書くことができる。抽象化された理論に組み込む相性はいい。より説明力の高い理論を構築するためには許容される範囲だろうと思われる。

知性とは何だろうか

知覚、時間、空間、そして因果関係に関する学習について、連合学習の観点を軸にさまざまな事態を見てきた。イヌが唾液を流す、ラットがレバーを押すといったシンプルなものからは相当に遠いところ、我々が「知性」と呼びたくなるようなものまで、連合学習の射程距離が及んでいることがわかってもらえただろうか。多くの人が考えているよりも、古典的条件づけや道具的条件づけ、連合学習で扱うことのできる現象は多岐にわたる。極端にいってしまえば、僕はほぼすべての行動を連合学習の枠組みで捉えることも可能だと思っている。こうした連合学習研究の広がりは、刺激を複数の要素からなるものとして捉えなおしたり、時空間情報を連合が含みうると考えたりといったような、さまざまな拡張によって支えられている。こうした拡張によって、連合学習が扱う範囲は、唾液分泌のようなきわめて末梢的な水準から、因果関係の学習といった、いわゆる「知的」な活動にまで及んでいるのだ。

知性とは、知的であるとはどういうことだろうか。僕らはそれを、「数学ができる」「いくつもの言語を操る」といった意味で使いがちだ。しかし、もしそれらが「刺激と刺激（反応）の関係を学習する」「学習した複数の関係をつなぎ合わせ、組み合わせる」ということの積み重ねであるとするなら、唾液を流すイヌやレバーを押すラットは、あるいは巣とエサ場を行き来するアリは、じつはとても「知的な」行為をしているのではないだろうか？

第7章　明後日を変えること

連合学習研究の臨床的応用

▼正しく誤作動するシステム▲

第6章で、学習という現象、古典的条件づけや道具的条件づけによって生じる行動の変化が、イヌが唾液を流すことやラットがレバーを押すことにとどまらない、人間や動物の複雑な行動の基礎過程であることを見てきた。学習というシステムは、ダイナミックに変化する外界に適応するために進化してきた、生存のためにきわめて重要なものだ。これがないと、いろいろな問題が起こってしまう。

ただ、学習という機能がうまく働いてくれれば何もかもうまくいく、というわけではない。次のような状況を考えてみよう。深い森の中を、一匹の野ネズミがエサを求めて歩きまわっている。多くの実がなっている木を見つけ、ネズミはその木の実を食べようとするが、運悪くその木の近くには天敵の巣があったらしく、ネズミは天敵に襲われ、なんとか逃げることができた。野ネズミはその木に近づくと天敵に襲われることを学習し、木に近づかなくなった。この例は、学習という機能がうまく働いたことによって、適応的な行動がとれるようになったことを示している。しかし、次のような例ではどうだろうか。あなたは、朝起きて学校（あるいは職場）へ行こうとする。最寄り駅まで行って電車を待つ。そこで不幸なことに、あなたは人身事故を目撃し、強い恐怖を経験する。あなたは、「最寄り駅に近づくと強い恐怖刺激が生じること」を学習し、最寄り駅に近づくことができなくなる。

あなたが学習したこと自体は、至極全うなものだ。学習システムは、正しく機能している。その結果としての行動の変化も、適応的といえば適応的だといえるかもしれない。天敵に襲われた経験からある特定の木に近づかなくなった野ネズミを適応的と呼ぶならば、最寄り駅に近づかないあなたもまた、適応的と呼べるかもしれない。しかし、あなたはとても困ったことになる。最寄り駅に近づけなければ、どこかに出かけるのに大変な苦労が生じる。最寄り駅だけではない。「電車に乗ろうとすると恐怖反応が生じる」という学習が生じたら？　電車に乗れなくなってしまったらどうだろう？

これは極端な例だと思うかもしれないが、実際に起こりうることなのだ。我々が長い進化の歴史によって獲得した学習というシステムが正しく機能した結果、困ったことが起こることがある。野ネズミが天敵を避けるために特定の場所に近づかなくなるのは、生き残るために必要なことかもしれないが、我々が社会的な生活を送るうえで最寄り駅に近づけない、電車に乗れないというのは困る。進化の歴史の中で過去には適応的なものだった学習というシステムが、我々が生活している現代社会の中では場合によっては不適応な結果をもたらす。いわば「正しく誤作動する」ということが起こる。

もちろん、人間の不適応行動、問題行動のすべてが、学習システムの「正しい誤作動」の結果によるものということではない。脳や身体に何かしらの病変が生じた結果として問題行動が生じるケースは数多くある。一方で、我々が「病気」と呼びたくなるようなものの中には、学習システム自体は問題なく機能しているのに生じるものがたしかにあるのだ。学習システムが問題なく機能しているのならば、それを利用してよりよい行動を獲得させたり、問題行動を減らしたりしていくことが可能だろう。本章では、そうした話題を紹介する。

▼注意事項▲

本題に入る前に、いくつか伝えておくべきことがある。まず、この本を書いている僕は、臨床心理学者ではないし、現場で働く臨床家でもない。基礎心理学としての学習心理学者でしかない。カウンセラーやセラピストになるよりも、むしろクライアントになる確率の方が高い人間である。つまり、これから紹介するのは、さまざまな基礎研究から臨床や教育といった応用場面にどういった貢献ができるかについて、基礎研究者の立場から述べたものだ。したがって、これから紹介するさまざまな言明は、机上の空論にすぎないことがある。現実に我々が生きている世界は、実験室よりも明らかに複雑であり、その差はとんでもなく大きい。実験的に明らかになったことはたしかに重要だが、それが唯一絶対のものではない。これは、「科学はあてにならない」ということではない。実験室で獲得された行動と、目の前の人間が行っている行動とが同じものであるとはかぎらないし、実験室で確認された行動の変化が、問題を抱えている人間にも同じように生じる保証はどこにもないのだ。

こういってしまうと、臨床や教育の現場では科学的な原理原則など役に立たず、ただ現場の経験知やセラピストの個人的資質に頼ることになるのかと思われるかもしれない。そうしたものが臨床的な問題解決に寄与することは間違いなくあるだろう。しかし、統制された状況で得られた知見にもいいところはある。それは、現場における臨床的、あるいは教育的な介入の手数が増えるということだ。第4章や第5章でも見たように、学習心理学には、いや心理学には万物理論は存在しない。認知行動療法と呼ばれる技法にはいわゆるマニュアルが存在するし、応用行動分析や行動療法には機能分析やABC分析と呼ばれるような作法が存在はするが、それですべてがうまくいくわけではない。だとすれば、複雑な現実場面においては、いろいろな可能性を考え、複数のオプションをもっておくことは重要な意味をもつ。知識だけでは何もできないが、知識がなければ始まらないのだ。

そしてもう一つ重要なのは、「ここに書いてあることを参考にして誰かの役に立とうと思ってはいけない」ということだ。あなたは友人が風邪をひいたと知ったら、病院に行くよう勧めるだろう。目の前で事故にあった人を見つけたら、応急手当はするものの、救急車を呼ぶだろう。病気を抱えている人、ケガをしている人を見たら、多くの人は自分で治療しようとはせずに専門の医療機関を受診することを勧める。しかし、どういうわけか、心理的な問題を抱えた人に対しては、「自分に何かできるのでは」と考える人がいる。大学で心理学を学んだ学生の中にも、問題を抱えた友人や家族に対して何かできると考える人がいる。はっきりいってしまうと、あなたには何もできない。何もできない、というのは控えめな表現で、場合によっては状況を悪化させることもある。臨床的な介入が必要な心理的問題を抱えている人たちに対してどのように接するか、どのように介入を行うかについては、きわめて高度で専門的な知見・技術の蓄積がある。本を読んだり、大学での学部教育を受けた程度でどうにかできるものではないのだ。大学院や専門機関での高度な教育と、臨床現場での実習や訓練を経て、やっとたどり着けるものがある。

それでは、専門家以外にとって、臨床的な問題への学習心理学の応用については勉強しても無意味なのだろうか？　そうではない。知識を手に入れることで、あなたは何かしらの問題を抱えた人たちに対して不適切な対応をとる危険が小さくなる。「それはあなたが悪いのだ」というように問題を抱えた人たちを責めたり、あるいは「親であるあなたがちゃんとしていないからだ」といって子育てに悩む親たちを根拠なく叱責することはなくなるだろう。これは重要なことだ。たしかに、あなたには何もできないかもしれない。しかし不適切なこともしなくなるだろう。これはとても重要なことなのだ。

これだけいっても、やはり誰かの役に立ちたい、困っている人の「心の問題」をなんとかしたいという人はいるだろう。そういう方は、ぜひこの章の最後まで読んで、あなたがなすべきことはなんなのか、もう一度考えてみてほしい。これを十分に理解していただいたうえで、話を進めよう。

▼問題行動の獲得▲

学習心理学の知見を臨床的な問題に応用する試みは、古くから行われてきた。その起源の一つが、第2章でも取り上げたワトソンによる「アルバート坊や」への恐怖条件づけ実験である。★1 あらためて紹介しておくと、ワトソンたちは、「アルバート」という名の乳児に対し、白ネズミと大きな音の対提示を経験させることで、白ネズミに対する恐怖を学習させた、と言われる。白ネズミに嚙まれたわけでもなければ、白ネズミが媒介する病気にかかったわけでもなく、白ネズミと大きな音の対提示という経験のみによって、「アルバート坊や」は白ネズミを怖がるようになったわけだ。同様なことは、我々の日常生活でも起こりうる。この章の冒頭で紹介したように、もしあなたが駅で電車を待っているときに人身事故に遭遇したとしよう。電車はいつも利用しているものであり、けっして嫌悪的なものではない。しかし、人身事故の状況は、強い恐怖や不安を喚起する刺激、つまり無条件刺激として機能するだろう。つまりあなたは、中性刺激（条件刺激）と無条件刺激の対提示を経験し、それらの間に結びつきを形成する。以後、あなたは電車に乗ろうとすると事故のことを思い出し、強い恐怖や不安を経験する。電車に乗るのが怖くなるかもしれない。刺激般化のせいで、バスや自動車についても同じような恐怖を経験するかもしれない。これは、まさしく古典的条件づけによるものだ。

こうした問題行動の獲得は、道具的条件づけにおいても起こる。道具的条件づけは、みずからの行動とその結果の関係に関する学習だ。レバーを押せばエサが与えられるという状況では、空腹なラットはレバーを押すという道具的行動を獲得する。では、次のような例はどうだろうか。あなたは子どもと一緒に買い物に来ている。子どもは、目の前にあるお菓子が欲しくてしかたない。お菓子を買って、買ってくれなきゃ動かない、と言ってスーパーの床に座り込んで泣き出す。早く帰宅したいうえに人目が気になるあなたは、しかたなく子どもにお菓子を買ってやる。子どもは、「床に座り込んで泣きわめく」という行動によって、「お菓子を買ってもらう」という結果が生じることを学習することになる。以降、あなたの子どもは何か欲しくなると、「床に座り込んで泣きわめく」という行動が増加してしまうかもしれない。これはまさしく、道具的条件づけである。なお、子どもの名誉のために付け加えると、「お菓子を買ってあげる」という行動によって「子どもが泣き止んで帰宅できる」という結果が生じることをあなたも学習している。子どもが一方的に学習しているわけではない。子どもが欲しいものをねだって泣くくらいかまわないだろう、と思うかもしれない。しかし、違法薬物を摂取して快楽を得ること、一時の勝ちに魅かれてギャンブルにハマってしまうことではどうだろうか。これらも同じく、行動と結果の関係によって獲得されたものだ。

このように、古典的条件づけや道具的条件づけによって、我々の日常生活において問題となるような行動が獲得されることがある。もちろん、これで問題行動の獲得がすべて説明できるわけではない。脳神経系の問題、内分泌系の問題、遺伝的な問題など、問題行動の直接的な原因が存在する疾患はもちろん存在する。ここでは、あくまでも「学習システムはほぼ正常に機能しているが、結果的に問題行動が学習されてしまった」というような状況を扱う。

古典的条件づけによって獲得されていようが道具的条件づけによって獲得されていようが、問題行動への対処方針は、平たくいってしまえば二つに集約できる。すなわち、「問題行動を減らす」か、「より適応的な行動を増やす」かのどちらかだ。電車に乗るのが怖い、というおなじみの例であれば、「電車や駅によって引き起こされる恐怖という行動を減らす」か、あるいは「生活に必要な適応的なものである電車に乗るという行動を増やす」かということになる。それぞれに異なる技法や理論的背景があり、これまでに多くの研究や実践が行われてきた。そのすべてを説明することは難しいので、ここでは前者に絞って話を進めることにしよう。

▼消去による行動の減少▲

古典的条件づけによって獲得されたものを減らすための方法として、最もシンプルなものは消去だ。第2章で紹介したように、条件刺激（CS）の後に無条件刺激（US）を提示せず、条件刺激の単独提示を行うことによって、条件反応（CR）は減少していく。「電車で人身事故に遭遇し、電車が怖くなった」という例であれば、「電車に乗っても人身事故が起こらない」というように、電車という条件刺激の単独提示を行うことで、条件反応としての恐怖反応が減少していくと考えられる。図7－1は、恐怖条件づけの獲得と消去の様子を示している。横軸は三試行を一セッションとして平均したもの、縦軸は抑制率であり、何の恐怖も学習されていない場合は〇・五になり、値が小さくなるほど強い恐怖が学習されていることを示す。条件づけによって抑制率が0へと近づいていて恐怖反応が獲得されていくが、条件刺激の単独提示による消去を行うことで、抑制率が〇・五へと近づいてい

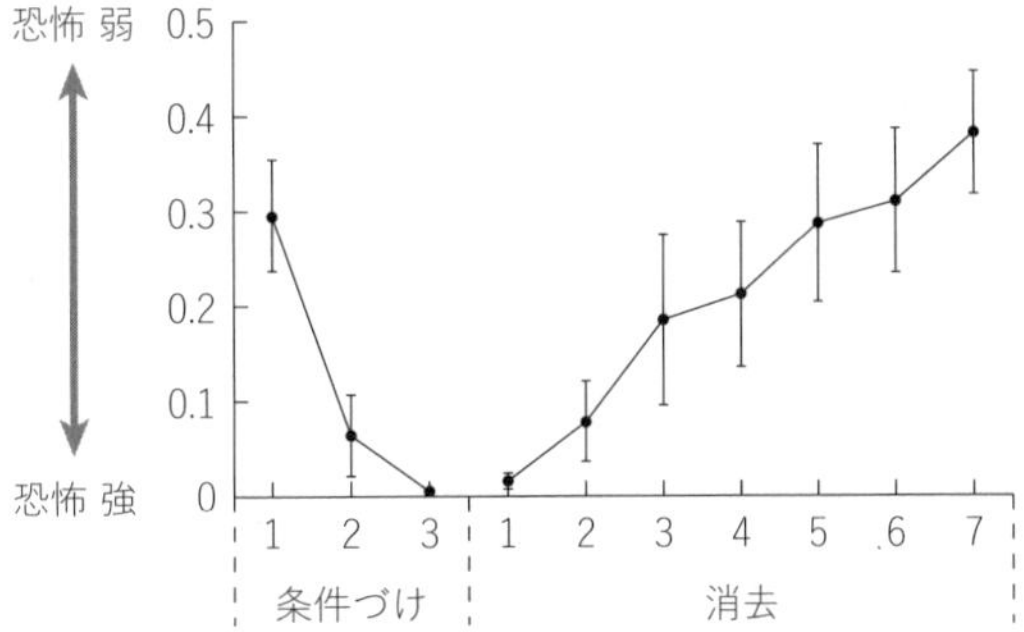

図 7-1　著者の研究室での実験による恐怖条件づけの獲得と消去の例。横軸はセッション数，縦軸は抑制率を示しており，0 に近づくほど強い恐怖が獲得されていることを示す。

き、恐怖反応が消去されていることがわかる。消去手続きによる条件反応の減少は多くの古典的条件づけ事態で確認されており、恐怖条件づけも例外ではない。なお、消去のしやすさには実験事態ごとに違いがあり、中には消去しにくいもの（消去抵抗が高いもの）もある。

古典的条件づけ手続きによって人間でも恐怖反応を獲得するという事実は、いろいろな対象に対する人間の恐怖症の原因はこうした恐怖条件づけなのではないかという推測を可能にする。たとえば、自動車に乗っていてひどい交通事故を経験した結果、自動車に対して恐怖反応が獲得されたという状況や、友人などとの会話の中で不快な言葉を浴びせられて人と話すことが怖くなったという状況は想像に難くない。だとすると、こうした特定の対象に対する恐怖反応は、消去手続きによって治療できるのではないかと考えられる。

ワトソンは、「アルバート坊や」の実験で恐怖反応が獲得されると、次は消去の手続きによって「アルバート坊や」の恐怖反応の「治療」をする予定だったが、「アルバート坊や」は家庭の事情で引っ越してしまい、消去を行うことができなかったとされる。その後、原因不明のウサギ恐怖症を抱えたピーターという少年に対し、メアリー・カバー・ジョーンズは消去ではなく拮抗条件づけという手続きを用いてウサギ恐怖の治療を行った。[★2] 拮抗条件づけとは、もともと使われていた無条件刺激や誘発されている条件反応とは逆の属性をもつ別の無条件刺激を対提示する手続きを指す。ジョーンズは、ウサギを単独提示するのではなく、ウサギとピーターが好きなお菓子を対提示することで恐怖反応を減少させることに成功した。

ジョーンズによるピーターへの介入事例は、恐怖症への消去の単純な適用より良い方法がある可能性を示している。こうした知見は、ジョセフ・ウォルピによる系統的脱感作という方法へとつながっていくが、[★3] 系統的脱感作の手続きの中で消去手続きと類似した部分、恐怖や不安の対象への曝露(エクスポージャー)の重要性が明らかになり、現在ではエクスポージャー法という臨床的介入の技法が広く用いられている。[★4]

エクスポージャー法は、たしかに恐怖症のみならず、パニックや社交不安、薬物依存などさまざまな問題に対して効果があることが示されている。エクスポージャー法にはさまざまな型があり、用いる恐怖刺激の強度(弱いものから強いものへと段階的に行うvs.強いもので一気に行うフラッディング)、曝露時間(短期vs.長期)、認知への介入および身体的な対処方略の有無(リラクセーションの有無など)、あるいは曝露方法(イメージvs.現実)といった分類がなされることが多い。[★5] 近年ではヴァーチャルリアリティを利用したエクスポージャー法に関する研究も多く行われており、[★6] 実際の刺激に遭遇することなく，より現実場面に近い形で曝露を行うことが可能となっている。こういった多様な実施形態によって，各患者やクライエントが抱える問題や現実的制約に合わせた形でエクスポージャー法を適用することが可能となっている。

▼消去はなぜ起こるのか▲

消去手続きによって条件反応が減少していくこと自体は，多くの実験事態で確認されている。では，消去手続き（条件刺激を単独で提示すること）によって，なぜ条件反応は減弱するのだろうか。これには，大きく分けて二つのアイデアがある。

そもそも条件反応が誘発されるようになる理由は，連合学習理論の枠組みでは「条件刺激と無条件刺激の間に興奮の連合が形成される」という仮定に基づいて説明される。この興奮連合のせいで，条件刺激が提示されると無条件刺激の到来が予期され，また無条件刺激の表象が活性化されることで条件反応が誘発されるというわけだ。

消去が起こるメカニズムについての第一のアイデアは，この興奮の連合そのものが消失するというものである。レスコーラ・ワグナーモデルを思い出してみよう。レスコーラ・ワグナーモデルでは，無条件刺激の到来に関する予期と現実のギャップ，予測誤差の大きさに応じて連合強度Vが増加・減少していた。レスコーラ・ワグナーモデルをはじめとする獲得理論では，この連合強度Vがそのまま反応強度を決定する。したがって，消去によって反応が減少するという実験事実は，消去によって連合強度Vが減少すると言い換えることができる。つまり、消去手続きは連合強度Vを減少させることで興奮の連合を消去する。

もう一つのアイデアは、「興奮の連合が消失するのではなく、制止の連合が新たに学習されることによって条件反応が相殺される」というものだ。このアイデアによれば、消去手続きによって条件反応が誘発されるのを抑制するような新しい学習が生じる。つまり、消去によって興奮の連合は消え去ることはなく、別のものによって覆い隠されているだけということになる。

どちらのアイデアも、消去という手続きとそれによる行動の変化を説明することはできる。消去手続きは、興奮の連合を消しゴムで消すように消してくれるのか、それとも上から修正液を塗るように覆い隠すだけなのか、はたしてどちらが正しいのだろうか。

▼消去後の反応回復▲

消去手続きによって条件刺激と無条件刺激の間の興奮の連合そのものが消去されるならば、あらためて条件反応を誘発させるためには、条件刺激と無条件刺激の対提示をもう一度行って興奮の連合を再獲得させる必要がある。しかし、こうした再獲得訓練なしに条件反応の再発が起こることが実験的に知られている。

古典的条件づけの発見者であるパブロフは、消去手続きによって消失した条件反応が、時間の経過によって復活してしまうことを見出した。これを自発的回復と呼ぶ。図7-2はラットを対象にし

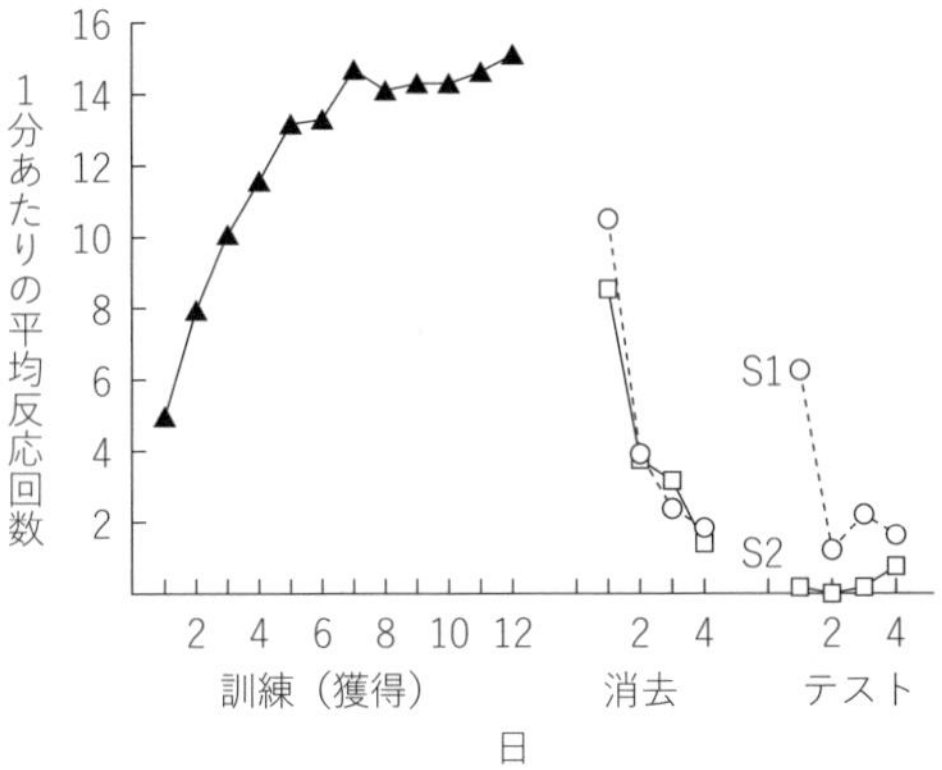

図 7-2　自発的回復の実験結果の一例。横軸は日，縦軸は 1 分あたりの平均反応回数を表す。条件づけの獲得（左），消去（中央）の後に時間間隔をおいてテストを行うと（S1），直後にテストを行う場合（S2）より，条件反応が回復する。

（出典）Rescorla（2004）より作成。

たレスコーラの実験結果である。[★7] 条件づけの獲得（グラフ左部分）に続いて消去（グラフ中央部）を行うと、条件反応が上昇した後に消失するという典型的な結果が得られている。消去試行は毎日行われるが、消去が完了してからしばらく時間をおいてテストした結果がグラフ右部のＳ１である。一目でわかるように、消去されていたはずの反応が復活しており、これが自発的回復の効果だ。

自発的回復が起こるという事実は、消去について重要な示唆を与える。先に述べたように、「条件づけ学習がリセットされる、消失する」というのが消去によって条件反応が減弱するメカニズムであるならば、消失されたはずの反応が時間経過のみによって回復することは説明できない。このことから、消去によって学習の効果が完全に消失するのではなく、あくまでも反応を抑制するような別の学習が起こったことが重要であり、反応を抑制する学習の方が脆弱なために時間の経過がこの別の学習の効果を弱めてしまうことで反応が復活すると考えることができる。

消去したはずの反応が、無条件刺激との対提示による再訓練なしに再発する現象は、自発的回復以外にも知られている。たとえば脱制止[★8]という現象がある。これは、消去手続きによって条件反応が減少していく過程の中で、条件刺激とは無関係な刺激を提示することで消去している反応が回復する現象を指す。また、復帰効果（更新効果）[★9]は、消去手続きによって条件反応が減少した後に、無条件刺激を単独で提示すると、その後に提示された条件刺激に対して条件反応が再発する現象である。実際の例としては、「居酒屋の看板を見ると酒が飲みたくなる」という条件づけが形成されていたとして、居酒屋の看板を見ても飲みに行かないようにして「居酒屋の看板と酒の連合」を消去しても、家で酒を飲んでしまうとやはり居酒屋の看板を見て酒が飲みたくなってしまう、というようなものがありえる。ここでは、「居酒屋の看板」が条件刺激、「酒」が無条件刺激で、家で酒を飲むという「消去後の無条件刺激提示」によって消去されたはずの条件反応が再発したことになる。

こうした反応回復は、過剰な恐怖や不安など臨床的な問題がエクスポージャー法のような消去手続きに基づいた介入による治療後に再発することの原因として研究の対象となっている。

▼復元効果▲

消去後の反応復活現象の中でも、とくに注目を集めてきた現象が復元効果である[★10]。復元効果は、

「条件づけ獲得後に消去された反応が、その後の環境変化によって復活すること」を指す。

古典的条件づけ手続きの核は、「条件刺激と無条件刺激の対提示」であり、消去手続きは「条件刺激の単独提示」だった。この表現では、ヒトやラットなどが経験する刺激は条件刺激と無条件刺激のみのように思われるかもしれない。しかし実際には、こうした刺激が提示される場所、環境の刺激が存在する。恐怖条件づけ実験であればこうした刺激を提示するための実験箱（オペラント箱等）があり、ラットはその中で実験箱の内壁や床といった刺激を経験するし、空調の音なども経験することになる。これらの刺激は、条件刺激や無条件刺激のように刺激提示のオン・オフのない、環境として最初から最後まで提示されているものであり、学習研究の中ではこれを文脈刺激と呼ぶ。いま、あなたがこの本を読んでいる部屋そのもの、空調の音、机や椅子などは、文脈刺激と見なすことができる。復元効果では、この文脈刺激が重要な役割を果たす。

条件反応の獲得（条件刺激と無条件刺激の対提示）を、文脈Aで経験したとしよう。通常の消去手続き（条件刺激の単独提示）は同じ場所で行うので、文脈Aで消去を行うことになる。条件反応のテストもまた、同じく文脈Aで行う。すると、当然のこととして条件反応はほとんど確認されない。

一方で、条件反応の獲得とは異なる文脈で消去を行うことを考えてみよう。文脈Aで条件反応の獲得、文脈Bで消去、といった具合だ。異なる文脈というのは、たとえばオペラント箱の内装を操作することによって実現される。文脈を変えても消去自体は可能で、条件反応は減弱していく。十分に消去が行われ、条件反応が消失した段階で、文脈Aに戻してテスト（条件刺激の単独提示）を行う。する

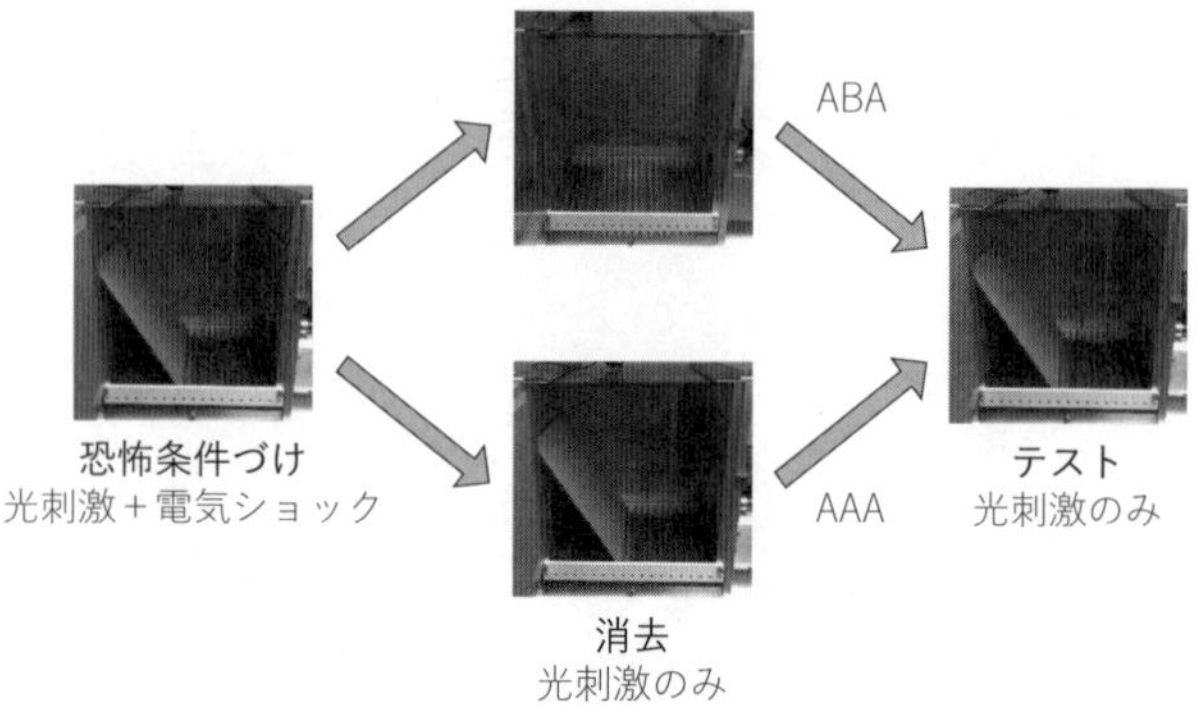

図 7-3　復元効果の実験に用いられた実験文脈。アクリル板などを設置した文脈と設置していない文脈を準備し，一方を文脈 A，もう一方を文脈 B として用い，実験個体ごとに割り当てを反転させた。

と、消去によって消失したはずの条件反応が再発することが確認される。これが復元効果である。とくにこの手続きを、条件づけの獲得、消去、テストを文脈A、B、Aでそれぞれ行ったことから、ABA復元効果と呼ぶ。

ラットを用いた恐怖条件づけ事態での復元効果について、我々の研究室で行った具体的な実験を紹介しよう。図7－3は実際に用いられた実験環境である。一番左が、恐怖条件づけの獲得文脈を示している。オペラントチャンバーの中にアクリル板を入れてラットが動ける場所を制限し、壁面にはサンドペーパーを貼り付け、天井から鎖を垂らしてある。この文脈で、ラットは光刺激と電気ショックの対提示を経験し、光刺激に対する恐怖反応を学習する。

続いて、消去手続きに移行する。図7－3の中央下段を見てみよう。これは条件づけと同じ文脈である。AAA群のラットたちは、条件づけが行われたのと同じ文脈において消去手続きを経験し、恐怖反応の消去を受ける。

一方で、図7－3中央上段は、アクリル板やサンドペーパー、鎖が取り除かれたオペラントチャンバーを示しており、ＡＢＡ群のラットたちはこの中で消去手続きを経験する。つまり、条件づけを経験した文脈（Ａ）とは異なる文脈（Ｂ）で恐怖反応の消去を行う。

最後に、図7－3右に示したように、恐怖条件づけを経験した文脈（Ａ）において、恐怖反応が消去されたはずの光刺激があらためて提示され、条件反応の程度が観察された。もし消去文脈とテスト文脈が異なることで消去された恐怖反応が再発するならば、テスト試行ではＡＡＡ群に比べてＡＢＡ群においてラットは強い恐怖反応を示すはずである。

なお、この説明では簡単のために「アクリル板などを付加したオペラントチャンバー」を文脈Ａ、「何も付加していないオペラントチャンバー」を文脈Ｂとしているが、実際の実験では割り当てを逆にするラットを設定して文脈独自の効果を統制している（こうした手続きをカウンターバランスと呼ぶ）。

図7－4が実験の結果である。実線のグラフがＡＡＡ群、破線のグラフがＡＢＡ群の結果を示している。恐怖条件づけを文脈Ａで行った結果、どちらの群でも同じように抑制率が低下しており、恐怖反応が獲得されていることがわかる。

続く消去手続きは、ＡＡＡ群では条件づけ時と同じ文脈Ａ、ＡＢＡ群では条件づけ時とは別の文脈Ｂで実施された。その結果、最終的にはほぼ同じ水準まで消去が進んでいる。グラフの一番右がテストの結果である。ＡＡＡ群は獲得・消去と同じ文脈、ＡＢＡ群では消去とは異なり獲得と同じ文脈で実施された。その結果、ＡＡＡ群では消去された反応はそのままで、特段の変化は見られないが、Ａ

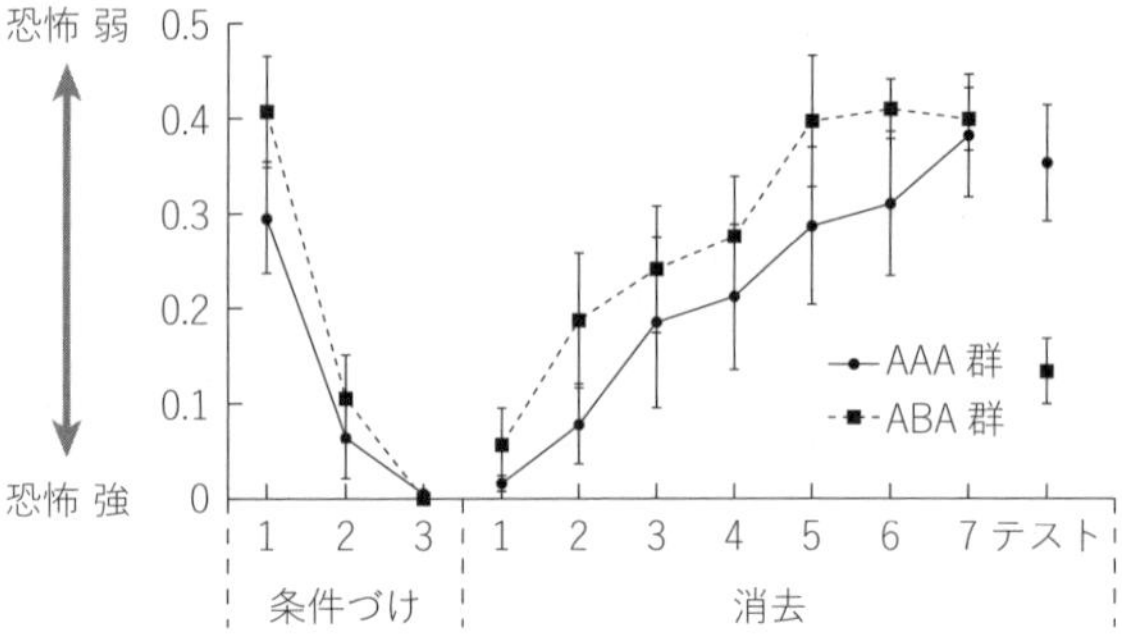

図 7-4 著者の研究室での実験による復元効果の実験結果の一例。横軸はセッション，縦軸は抑制率を示しており，0 に近づくほど条件反応（恐怖反応）が強いことを示す。条件づけの獲得（左），消去（中央）の後，ABA 群においては恐怖反応が再発していることがわかる。

BA群では、消去されて抑制率が〇・四程度まで上がったものが、一気に〇・一程度まで下がっており、恐怖反応が再発していることがわかる。

もう一つ研究を紹介しよう。これは人間を対象にしたもので、条件刺激として「他者の顔画像」、無条件刺激は「攻撃的な発話をする動画」を用いている[★11]。なぜこんな刺激を使ったのかというと、人間における社交不安や対人恐怖の事態を扱いたかったからだ。あなたは人づき合いや人前で話すのは得意だろうか。もともと人づき合いが苦手ではない人であっても、誰かから悪口を言われたり、厳しく叱責されたりすると、他人と接するのが怖くなったり、人前に出ることに不安を覚えるようになってしまうことがある。この実験では、見知らぬ他者の顔画像を提示し、その他者が「あなたなんて嫌いだ」といったような攻撃的な発話をしてくるという状況を設定し、この他者への印象や攻撃的な発話が来ると思うかの予測の程度を測定した。

実験では二人分の顔画像を用意し、一方は嫌悪的な表情と攻撃的な発話を、もう一方はとくに中性的な表情で意味のない発話をするように設定した。それぞれの試行を繰り返し、顔画像の人物の印象や攻撃的な発話の予測を学習させた後に、今度はどちらの顔画像の人物も攻撃的な発話ではなくとくに意味のない発話をする訓練、つまり消去を行い、その後にそれぞれの顔画像をあらためて提示し、画像の人物に対する評価や攻撃的な発話の予測を実験参加者に求めた。ラットの恐怖条件づけでは、こうした一連の実験手続きを行う実験箱の内装を変化させることで文脈刺激を操作したが、この実験ではパソコンのディスプレイに顔画像を提示する際の背景色を赤・青と変化させることで文脈刺激の操作を行った。

実験の結果は、大枠においてラットと同様であった。攻撃的な発話と対提示された顔画像に対しては「攻撃的な発話が来る」、対提示されていない顔画像に対しては「攻撃的な発話が来ない」という予測を実験参加者は学習した。また、消去によって「攻撃的な発話が来る」という予測が弱まっていくことがわかった。つまり、恐怖条件づけと同様に、「この人物は攻撃的な発話をする、しない」といった予期についても、条件づけの手続きによって獲得・消去が可能なのだ。

問題は、この事態でも復元効果が起こるかどうかである。この実験でも、ラットの恐怖条件づけと同じく、すべての手続きを同じ文脈（背景色）で行うAAA群と、消去のみを別の文脈で行うABA群を設定した。テストの結果を見てみると、ABA群では攻撃的な発話と対提示されていた顔画像に対して「攻撃的な発話が来る」という予期が他の条件に比べて高くなっている。つまり、一度は消去されたものであっても、文脈刺激が変化すると「また攻撃的なことを言われるのでは」というように反応が回復してしまう、ということが示された。

このように、オペラントチャンバーの内装を変化させるだけであるいは刺激を提示する背景色を変化させるだけで、消去したはずの条件反応が再発してしまう。この結果はさまざまな実験事態で確認されており、古典的条件づけのみならず道具的条件づけにおいても確認されている。

▼復元効果が生じる手続き的理由▲

ＡＢＡ復元効果はなぜ起こったのだろうか。一つの可能性は、「条件づけの獲得文脈に戻ったから」というものだ。つまり「文脈Ａでは条件刺激と無条件刺激の対提示」「文脈Ｂでは条件刺激の単独提示」という経験によって、「文脈Ａでは条件反応を表出する」ということになったのではないかという解釈である。しかしこの解釈では説明できない現象が報告されている。獲得、消去、テストの環境をＡ、Ｂ、Ｃのように変化させたり、Ａ、Ａ、Ｂのように変化させても復元効果は確認される（ＡＢＣ復元効果、ＡＡＢ復元効果）。ＡＢＣ復元効果やＡＡＢ復元効果では、獲得文脈とテスト文脈は一致しないので、「獲得文脈とテスト文脈の一致」というアイデアではこれらの結果を統一的に解釈することができない。

では、どうすればこうした異なる復元効果を統一的に解釈できるだろうか。ＡＢＡ、ＡＢＣ、ＡＡＢ復元効果に共通しているのは、「消去文脈とテスト文脈が異なること」である。つまり、「消去と異なる文脈でテストを行うと条件反応が再発する」と解釈すれば、三つの復元効果を整合的に説明できる。ただ、「獲得文脈とテスト文脈が同じであること」にまったく意味がないわけではない。ＡＢＡ、ＡＢＣ、ＡＡＢ復元効果の中で最も効果が大きく頑健なのは、ＡＢＡ復元効果であることが知られている。つまり、「獲得文脈とテスト文脈が同じであること」は、復元効果にとって必須の条件ではないが、効果を大きくする意味はある。

この復元効果は、実験文脈の機能を考えるうえで重要な現象であるが、臨床的にも大きな関心を集めた。ワトソンの実験が示したように、我々は日常生活の中での条件づけ経験により、何かしらの恐怖症を獲得することがある。これは自宅であったり学校であったり、日常生活を送っている環境（文脈）で起こる。こうした問題行動は、病院やカウンセリングの場面において消去されるわけだが、また日常生活の場面に戻ると再発が起こることがある。これはまさに、ＡＢＡ復元効果と同じ構造になっている。つまり、エクスポージャー法など消去手続きを基盤にした介入技法によって減弱した恐怖や不安の再発は、復元効果によるものではないかと考えられる。

▼復元効果研究の意義▲

復元効果を研究する意義はいろいろと挙げることができる。まず、消去したはずの反応がなぜ再発してしまうのか、その理論的背景やメカニズムを探るという意義がある。文脈が変わるとなぜ反応が再発するのかを研究することは、音刺激や光刺激といった条件刺激と文脈刺激が機能的にどう異なるのか、文脈刺激のもつ機能とは何なのかを明らかにすることにつながる。ここでは詳細には踏み込まないが、一九八〇年代以降、文脈のもつ機能については多くの事柄が明らかになっており、条件刺激とは異なる役割を果たしていることが明らかになってきている。

もう一つの意義として、再発を防ぐような介入方法を探るというものがある。臨床応用という観点から考えると、条件づけの獲得場面に対して何かしらの介入を行うことは困難である。我々は意図せずに恐怖条件づけを引き起こすような経験をしてしまうわけで、事前にそれがわかっているような場面は現実にはありえない。病院やカウンセリングルームにクライアントがやってきてはじめて介入がスタートできる。したがって、ABA復元効果に基づいた恐怖や不安の再発を防止する方法を検討するには、消去手続きをどう工夫するかを考えることが必要となる。ABA復元効果の実験の中で、どのような消去手続きを行えば再発が弱まるかを調べることは、臨床場面でどのような消去あるいはエクスポージャー法を行えばよいかを知ることにつながるだろう。たとえば、ABA復元効果のように文脈Bのみで消去するのではなく、文脈C、D、Eと複数の文脈で消去することで復元効果を抑えることができるという報告がある。ABA復元効果のように「文脈Bだけが安全」というのではなく、「文脈Cも安全、Dも安全、Eも安全」というように、無条件刺激が到来しない文脈を増やすことで、テスト文脈に対しても消去の効果を強めようというねらいである。

このように、ABA復元効果について研究することにはいろいろな意味があるが、より実り多い臨床的示唆を得るために重要なポイントがある。それは、「実験室実験をいかにして実際の臨床的な状況に近づけるか」という問題である。実験室実験のよいところは、環境を統制して独立変数と従属変数の関係を明確に示すことができる点だが、その一方で、臨床場面や日常場面ではさまざまな要因が絡み合った複雑な状況が問題になる。また、人間の臨床的な問題としての恐怖や不安と、実験室においてラットが示す条件反応としての「恐怖や不安」が同じものである保証はどこにもない。このことがただちに「動物を対象とした実験室実験は無意味だ」という結論を導くものではないが、動物を対象とした実験室実験をいかにして人間が経験する現実場面に近づけるか、人間の臨床的な問題をいかに正確に摸倣した実験場面を設定するか、というのは臨床応用を考えるなら避けては通れない問題である。

▼消去の促進▲

これまでにも述べてきたように、復元効果による再発をいかに抑制するかは臨床応用としては重要な論点であり、どうすれば消去を効果的に行うかが重要となる。消去の効果には多くの変数が影響することがわかっている。ここでは、消去の促進と呼ばれる手続き・現象を紹介しよう。

そもそも条件づけの獲得や消去が生じるメカニズムにはさまざまな説明があるが、その中の一つが予測誤差仮説であった。レスコーラ・ワグナーモデルを思い出してみよう。レスコーラ・ワグナーモデルをはじめとする多くの学習理論では、「条件刺激による無条件刺激の到来・非到来の予測と実際の無条件刺激の到来・非到来とのギャップが学習の程度を決める」という仮定があった。つまり、条件刺激が無条件刺激の到来を予測しない（非到来を予測する）ようなときに無条件刺激が到来すると、予測と実際のギャップ（予測誤差）が生じることで、条件刺激は無条件刺激の到来を予測する方向に学習が進んでいく（興奮の条件反応の獲得）。同様に、条件刺激が無条件刺激の到来を予測するときに無条件刺激が到来しないと、条件刺激は無条件刺激の非到来を予測する方向に学習が進んでいく（興奮の条件反応の消去）。予測と違うことが起こると、実際に起こったことに合わせるように予測の程度をアップデートしていくわけだ。

では、複数の刺激を組み合わせることで予測の程度を人為的に操作すると何が起こるだろうか。興奮子（興奮の条件反応を獲得している刺激）は無条件刺激の到来を予測する刺激であり、興奮子を無条件刺激なしに単独提示すると、予測誤差が生じるので条件反応が消去される。ここで、興奮子を複数組み合わせて提示する場面を考えてみよう。興奮子は無条件刺激の到来を予測する刺激なので、これが複数組み合わされると、単独のときに比べて無条件刺激の到来の予期が加算され、増強されると考えられる。すると、興奮子が単独で提示され条件反応が消去されるときに比べて、予測誤差がより大きくなり、消去が促進されるという予測が成り立つ。

図7－5は、この問いを扱ったラットを対象とした恐怖条件づけの実験結果である。[★12] 縦軸は条件反応の強さを表している。まず最初に、三種類の異なる刺激を条件刺激X、Y、Aとして無条件刺激と対提示し、興奮の条件反応を学習させる。グラフの左の点は、これら三種類の刺激に対してほぼ同じ程度の条件反応が獲得されたことを示している。続いて消去を行うわけだが、条件刺激Yは単独提

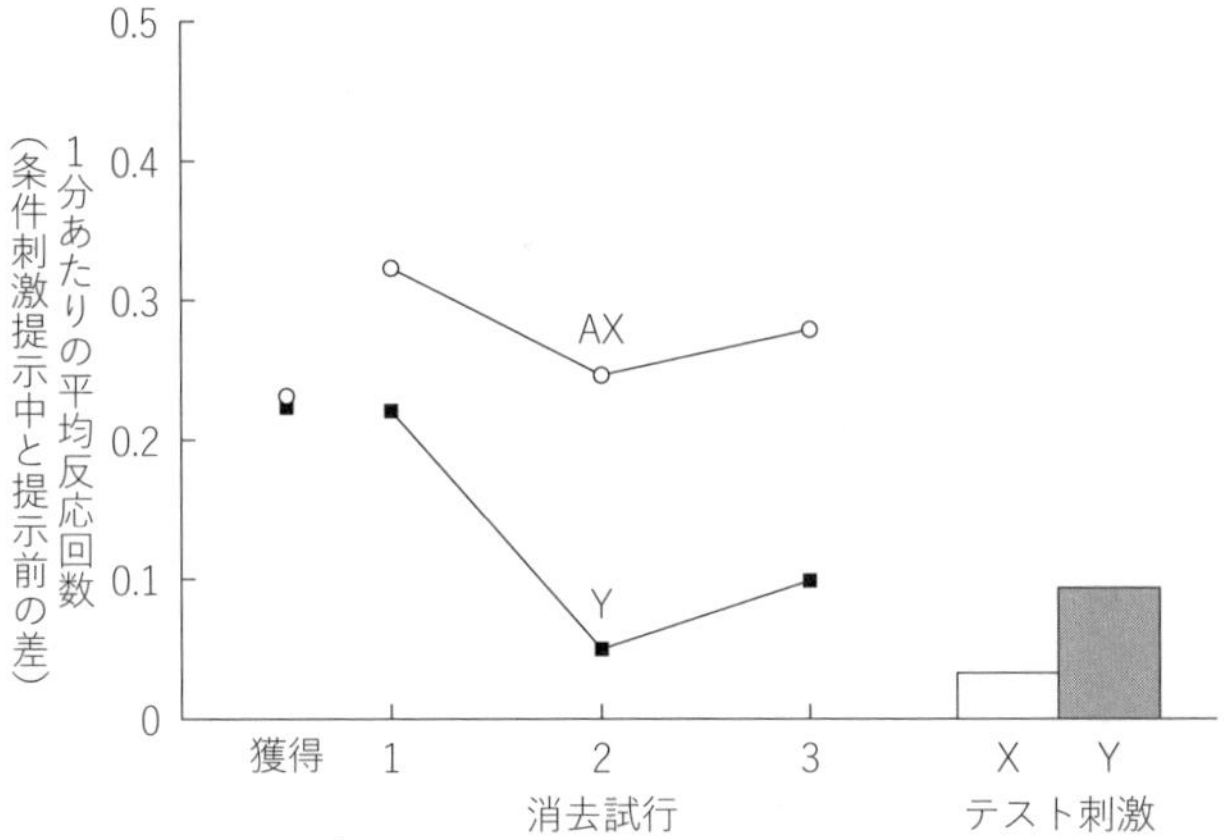

図 7-5　消去の促進に関する実験結果の一例。X，Y，A の 3 つの条件刺激を無条件刺激と対提示して同じ程度の条件反応を獲得させ（グラフ左），A と X の同時提示，Y の単独提示で消去（グラフ中央）を行ったのちに X と Y それぞれに対する条件反応をテストした結果（グラフ右）。縦軸は条件反応の強さを示している。

（出典） Rescorla（2000）より作成。

示で消去し、条件刺激XとAは同時複合提示で消去する。グラフの中央部は消去の結果を示しており、条件刺激Yは、獲得時とほぼ同じ条件反応を消去第一試行で示し、そのまま消去が起こっていることがわかる。一方で、条件刺激XとAを複合提示すると、これよりも強い条件反応が確認され、また消去もうまく進んでいないように見える。条件反応が増強しているのは、興奮子を複数提示しているからであり、これらは当然の結果と言える。

注目すべきは消去後のテスト結果である。グラフの右部は、消去の後に条件刺激XとYをそれぞれ単独でテストした結果を示している。条件刺激Yに対して誘発された条件反応よりも、条件刺激Xに対しての条件反応の方が弱い。つまり、興奮子単独で消去するよりも、複合で消去する方が消去の効果が促進するということだ。興奮子を複数提示することで「無条件刺激の到来の予測」が増強し、結果的に無条件刺激が到来しないときに生じる予測誤差が大きくなるため、消去が促進したのだと解釈される。

この結果を臨床的な場面に応用するとなると、たとえば恐怖条件づけの消去を行う場合には消去試行において強い恐怖を経験させて大きな予測誤差が生じるようにすればよいのでは、というアイデアが思い浮かぶかもしれない。しかしこれは、それほど簡単なことではないようにも思える。恐怖反応に困っている人が治療やカウンセリングを受けに来るわけで、彼らにさらに強い恐怖を経験させるというのは、本人への説明や適切な状況設定なしには行うことは難しい。では逆に、消去場面に相当する（と考えられる）治療場面において、意図的に恐怖反応を抑制するような手続きを導入したらどうなるだろうか。恐怖反応を抑制できるのならば、クライアントにとっては負担が小さくなるとは思われるが、はたしてそれはどんな結果をもたらすだろうか。

▼消去からの防御▲

予測誤差についての議論を踏まえると、恐怖反応の消去を行う際に恐怖反応を抑えることは、じつは消去を阻害してしまうのではないかという予測が成り立つ。恐怖反応を抑えるということは「恐怖刺激が来ない」という状態をつくることになるわけで、結果的に消去やエクスポージャーによって無

フェイズ1	フェイズ2	テスト	
O+ / OX− / A+ / B+ / Y−	AX− / BY−	A：強い条件反応	B：弱い条件反応

図 7-6　消去からの防御に関する実験デザイン。

条件刺激が来ない場面において予測誤差が小さくなるからだ。

この状況を実験室で検討したところ、消去からの防御という現象が確認されている。典型的な実験デザインを図7－6に示そう。フェイズ1では、刺激AとBを無条件刺激と対提示することによって興奮の条件反応を獲得する。また、刺激Oも無条件刺激と対提示されるが、別の試行では刺激Xと同時に提示しつつ無条件刺激は提示されない（OX－）。この手続きにより、刺激Oは無条件刺激の到来を予測するが刺激Xがあるときには無条件刺激が来ないため、刺激Xは制止子となる。また、刺激Yは単独で提示され、中性刺激となる。

続くフェイズ2では消去を行うわけだが、刺激Aは刺激X、つまり制止子と同時に提示されて消去を、刺激Bは中性刺激である刺激Yと同時に提示されて消去される。中性刺激Yと同時提示されても「無条件刺激が来る」という予期が増強するわけでも減弱するわけでもないので、刺激Bについては通常通り消去されるはずだ。一方で、制止子である刺激Xと複合提示された刺激Aについては、「無条件刺激が来る」という予期が制止子である刺激Xによる「無条件刺激が来ない」という予期によって相殺され、実際に無条件刺激が来ない消去手続きにおいて全体としての予測誤差が小さくなることが予想される。したがって、刺激Bについては消去が起こるのに、刺激Aについては消去が起こりにくいという予測が成り立つ。

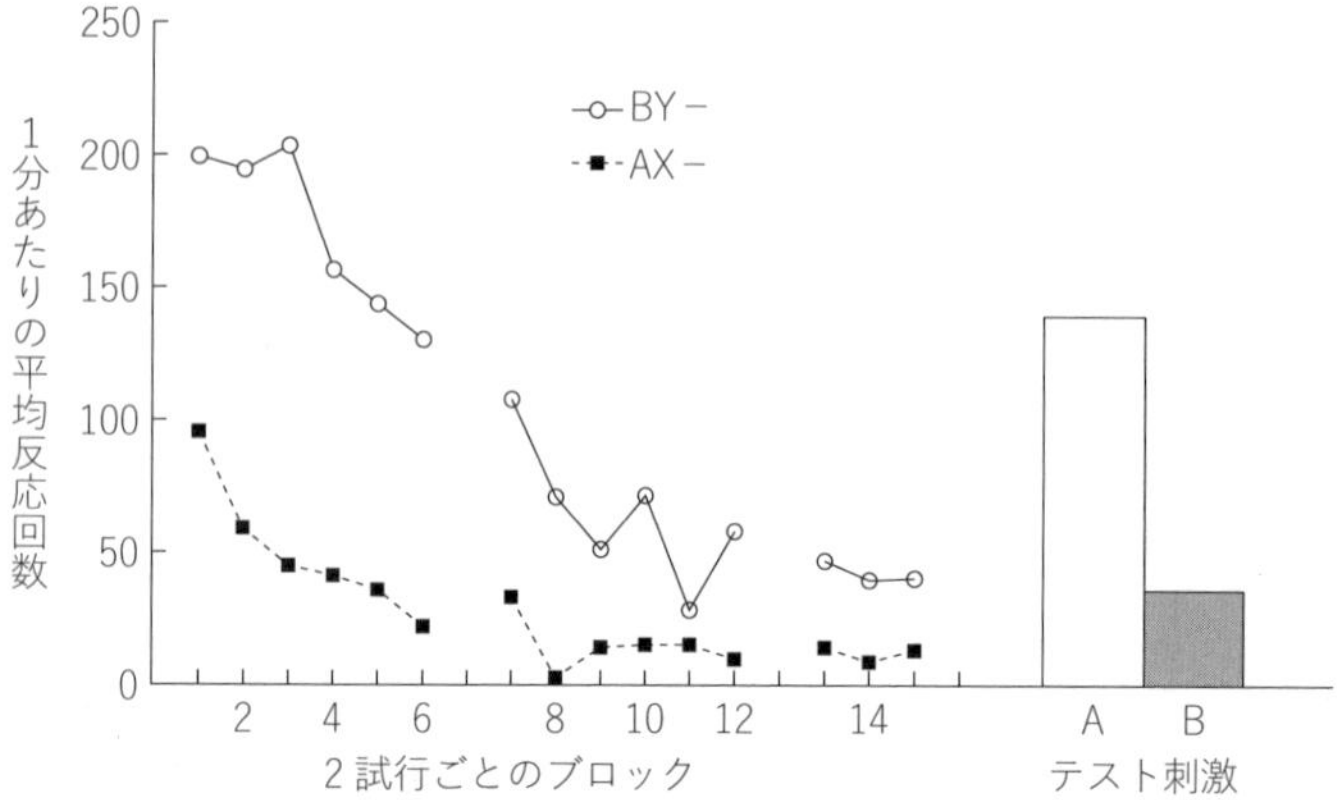

図 7-7　消去からの防御に関する実験結果の一例。縦軸は条件反応の強さに対応している。中性刺激 Y と同時に消去した刺激 B に比べ，制止子である刺激 X と同時に消去した刺激 A に対しては，その後のテストにおいて条件反応が強く観察される。

（出典） Rescorla（2003）より作成。

図7－7は、この予測について検討したレスコーラによるラットの恐怖条件づけ実験の結果である。[★13] グラフの縦軸は条件反応の強さを表している。中性刺激Yと刺激Bの対提示による消去よりも、制止子である刺激Xと刺激Aの対提示による消去の方が条件反応が弱くなっていることが、図左側の折れ線グラフからわかるだろう。これは制止子である刺激Xによって条件反応が抑制された結果だ。

テストの結果はグラフの右部にある。見てわかるように、刺激Bに対する条件反応よりも刺激Aに対する条件反応の方が強い。すなわち、制止子と同時に提示されて消去手続きを受けた刺激については、消去が進みにくいということである。これは予測と一致しており、予測誤差を制止子によって小さくしてしまうと消去が起こりにくいという説明と合致するものである。

この現象は、人間を対象とした実験でも示されており、人間においても興奮子の単独消去であれば消去が起こるものの、制止子と複合提示すると消去が起こりにくいことがわかっている。

この結果は、臨床的には重要な示唆をもっている。この結果に基づくと、エクスポージャー法を行うときに、クライアントが恐怖を感じないような刺激状況を設定してしまうと、予測誤差が小さくなることでエクスポージャー法の効果が十分に得られないことが予想される。実際、臨床場面で恐怖や不安を喚起する刺激が提示されると、クライアントはそれを回避するためにいろいろな行動をとることがある。たとえば、強迫性障害をもつ人の中には不安を解消するために「手を洗う」といった強迫行動を止められないといったケースが知られている。こうした行動によって恐怖や不安が低減されてしまうと、「実際に恐怖や不安を引き起こす出来事が起こるわけではない」という状況をつくっても予測誤差が小さくなってしまうため、これを防ぐ必要がある。曝露反応妨害法では、クライアントを恐怖や不安に直面させつつ、そこからの逃避行動をとらせないことで、エクスポージャー法の効果を維持しようとする。

このように、連合学習研究は、理論的にも実験的にも臨床応用の可能性を秘めたものであり、今後もさまざまな発見がなされるものと期待される。

▼野ネズミの呼び声▲

本章では、学習心理学の知見、とくに消去手続きにまつわる行動変容と理論的背景について紹介した。学習によって行動が変わっていくには、消去にせよ何にせよ経験が必要である。いまこの本を読んでいるあなたは、とりあえずの知識を得た。その知識に基づいてみずからの経験を明日からアレンジできれば、この章のタイトルにあるように、あなたの明後日は変えられるかもしれない。

最後に、本章の冒頭に登場した野ネズミに再登場願おう。彼は天敵に襲われたことがきっかけで、エサがたくさんあった木に近づくことを止めた。彼はあなたに語りかける。

「なぜおまえは、せっかく学習した危険信号を無視しようとするんだ？　俺はあの木に近づくことを止めて、別の木を探すことにしたおかげで天敵に襲われなくなった。なぜおまえは、また駅に行くんだ？　なぜおまえは、また仕事に、学校に行くんだ？　俺みたいに別の木を探せばいいんじゃないか？　俺のような生き方の世界に来いよ」

たしかに我々は、野ネズミとは違う世界、いや、社会に生きている。野ネズミはエサをとるために別の木を探せばいいかもしれないが、電車に乗らずに生きていくという選択を我々がするには、相当な覚悟や負担が必要だ。仕事を変える、学校に行かない、という選択も、けっして簡単なことではない。これはつまり、学習システムが正常に機能した結果として獲得されたものが、不適応で問題のあるものかどうかを決めるのは、多くの場合我々が生きている社会環境だということを意味している。何かしらの危険を知らせる信号を学習し、危険を避けるように行動を変えるのは野ネズミも人間も同じだ。ただ、「別の木を探す」という行動変容は適応的なのに、「駅に近づかない」という行動変容は不適応に見えてしまうのは、我々が生きている社会がそうした構造になっているからである。

我々にとって、不適応とは何だろうか。心理的・精神的な問題や障害を抱えていたり、身体的な障害をもっている人たちにとって、不適応とは、生きていくうえでの困難さとは何だろうか。不適応や生きづらさなるものは、我々の中にあるものなのだろうか？　野ネズミの呼び声に対して、我々はどう答えるべきなのだろう。変えるべきものは、何だろうか？

終章

開かれた心とその敵

学習心理学を巡る一応の紹介はこれで終わりだ。第7章までで、古典的条件づけと道具的条件づけという、単純そうに見えるけれどもじつはいろいろなものを含んでいるものを使って生き物の行動を記述し説明できることは、すべてとはいわないまでもできるかぎり説明したつもりである。この時点で、この本を閉じてもらってもかまわない。お疲れさまでした。ここから先は、厳密な科学とはいえないような僕の個人的なモヤモヤとした考えについての、少し長めのエピローグのようなものだ。

▼僕には心理学がよくわからない▲

学習心理学は、心理学の一分野である。心理学の一分野なのだから、学習心理学の目的は、心理学全体が目指す目的に資するものであるべきだろう。学習心理学に関わっている僕も、その目的のために研究を続けているはずだ。しかし、正直なところ、心理学の目的とは何なのかについて、僕は正確に理解できている自信がない。より正確にいえば、多くの心理学者が、何を目的として心理学という学問を行っているのか、よくわかっていないのだ。

僕はもともと、心理学を専門として学んでいたわけではない。学部時代はいわゆる神経科学（研究室の看板は「行動生理学」だった）の分野の研究室に所属していた。心理学の実験実習の訓練は受けたものの、心理学科の学生なら当然受けているはずの講義を受けてはいなかった。学部三年のときに受けた集中講義がきっかけで大学院から心理学の研究室に移り、それから心理学の勉強や研究を本格的に始めた。そのときに興味をもったのが学習心理学、とくに連合学習理論を基盤にした条件づけ研究だった。いや、それ以外の心理学のことをほとんど知らなかった、といってもよい。

連合学習理論を基盤にした条件づけ研究から心理学に入ると、どうしても行動主義の洗礼を受ける。古典的な行動主義の主張は明快だ。心理学の目的は、行動の予測と制御である。目には見えない「心」ではなく、客観的に観察可能な行動に注目しよう。操作可能な刺激環境に注目しよう。新行動主義や認知心理学の勃興を経て、操作的定義に基づいた仮説構成概念の導入についてある程度の拡張はあったものの、こうした主張はとてもわかりやすかった。物理学や数学には及ばないかもしれないが、学問として可能なかぎり厳密なあり方を目指しているという感覚もあった。いまから考えるとずいぶんとナイーブだなと思うが、心理学がどういう学問なのかについて、自分なりの理解が当時はあった。

しかしそうした理解は、大学院に入って時間が経つにつれ、どんどん揺らいでいく。同じ心理学でも、分野によって中身はまるで違うのだ。行動主義など時代遅れとばかりに、認知的変数、仮説構成概念がどんどん増えていく。行動という言葉の使われ方も、分野によって相当に違う。心理学の目的はもはや行動の予測と制御ではなく、何か別のもののように見えた。歴史的には、これはけっしておかしなことではない。そもそも行動主義登場前の心理学は、「行動の予測と制御」を目的として掲げていたわけではないし、ワトソン以降の新行動主義の心理学も、スキナーを除けば「行動の予測と制御」のみに重点を当てていたわけではない。歴史の振り子は極と極の間を揺れ動く。学問の歴史の中でそうした変化が起こることは、健全なことではある。僕にとって心理学の目的は、心理学を学び始める以前の状態に逆戻りし、「よくわからないもの」になっていった。いまに至っても、「心理学の目的とは何か」という問いに対して、明快な答えを出せずにいる。自分の研究の中で目的はあるのだが、心理学という学問について語ろうとすると、とたんにうまい言葉、しっくりくる言葉が出なくなるのだ。僕には心理学が、よくわからない。

心理学という学問について考えるとき、思い浮かぶセリフがある。僕が研究会に出ていたときに、尊敬する知人が発表者に向かってこう言ったのだ。「心理学なんだから心の話をしなければ」。たしかにごもっともで、僕らは心理学という名前のついた学問をやっていて、これは心と呼ばれるものについての学問である。でも心とは何だろうか。

「心とは何か」という問いは、それこそ古代ギリシャ哲学の時代から長い思索の歴史があるし、「心の哲学」という学問分野もある。それらのすべてについてここで語ることはできないし、僕の手にも余る。なので、人よりほんの少しよく知っていて、本まで書こうとしている「学習」という現象に引き寄せて考えてみたい。

▼漂白された心▲

学習とは、「経験によって生じる、比較的永続的な行動の変化」と定義されるのが一般的である、とこの本の最初に書いた。この定義自体は、少なくとも学習心理学分野の中では受け入れられているものだ。一方で、最近出版された海外の教科書の中では、「環境内の規則性に基づいた行動の変容」という表現がなされているものもある。[★1] ここでいう「環境内の規則性」には、たとえば古典的条件づけが扱う条件刺激と無条件刺激のように環境の中にある事象間の規則性と、道具的条件づけが扱う生き物の行動と環境内の事象の規則性が含まれる。こうした規則性が原因となって、結果的に生き物の行動が変化することが学習である、というわけだ。

この考え方に基づけば、学習という現象を通じて生き物が行っていることは、「環境の中にある規則性の抽出である」というアイデアが浮かぶ。ハトを使った有名な学習研究の例で考えてみよう。

ハトに対して、さまざまな物体の写った画像を提示する。画像には人間や木々、自動車など我々が日常で目にするものが含まれていて、その中でも「人間が写った画像」に対して反応すれば、ハトはエサを与えられる。長く訓練を行っていると、ハトは「人間が写った画像」に対しては反応し、そうでない画像には反応しないというように、画像を見分けて（弁別して）適切な反応をとるようになる。ここで、訓練では使っていなかった新しい画像を使って、ハトの反応を観察してみる。この新しい画像にも「人間が写った画像」とそうでない画像が含まれているのだが、ハトは「人間が写った画像」にのみ反応するという、それまでできていた行動が新しい刺激に対してはできなくなった。つまりハトは、「人間が写っているかどうか」で反応するかどうかを決めていたのではなく、「この画像には反応する」「この画像には反応しない」というように、画像と反応すべきかどうかの対応関係を丸暗記していたのだ。そこでさらに、新しい画像も組み込んで「人間が写っている画像」に対してのみ反応するようになるまで訓練を継続していく。すると最終的に、ハトは訓練で使われなかった新しい画像であっても、「人間が写っている画像」のみに反応するようになる。★2

この実験は、自然概念形成と呼ばれ、「ハトが人間という概念を形成した」と解釈される。一方で、「ハトが『人間という刺激』の特徴と、その特徴とエサの間の規則性を抽出した」と表現することもできる。他にもハトは「ピカソとモネの絵画を見分ける」★3「乳がん患者のマンモグラフィ画像を見分ける」★4といったことができるように訓練することができるし、ハトのみならずラットやイヌでも、「環境内の特徴とみずからの反応、および反応と結果の規則性」に基づいた学習の例はたくさんある。我々人間を含め、生き物が行っている学習という現象を支えている心の働きは、「環境の中、あるいは環境とみずからの行動の規則性の抽出」という観点からまとめることができるのかもしれない。

一方で、機械学習と呼ばれる分野の研究が大きな進歩を見せている。機械学習とは文字通り、コンピュータなどの機械にさまざまな学習を行わせることでいろいろな課題を解決していく分野であり、人工知能研究の一つだ。なかでも深層学習と呼ばれる技術は目覚ましい成果を挙げている。その詳細についてはこの本の範囲を越えてしまうのでここでは紹介しないが、たとえば「筆跡によってバラバラの手書き文字を認識する」「人間の顔を見分ける」「レントゲン画像からガンを発見する」といったように、これまで人間に比べて機械では難しかった課題や人間にもできなかった課題が、深層学習の登場によって解決されはじめている。ここに挙げた例は手書き文字や人間の顔、レントゲン画像といった雑多な刺激の中から、たとえば「あ」という文字の特徴や「男性の顔」の特徴、「ガン病変」の特徴を抽出することができれば解決できる。つまり機械、コンピュータは、「環境の中にある規則性の抽出」という行為を、場合によっては人間よりもはるかにうまく実行することができるのだ。

何かしらの機能を機械によって実現するためには、ある重要なステップがある。それは実現しようとしているものを形式的に表現する、ということだ。言い換えると、「実現しようとしているもののエッセンスが数式で表現できる」ということである。コンピュータ・プログラムとして実現するにせよ、機械として実現するにせよ、「どういった方法で実現するか」をはっきりさせるためには、数式を含む形式的な表現をしておくことが役に立つ。なぜその方法がうまくいくのかはとりあえずはわからなくてもよい。とにかくある機能を実現するための手順を明確に記述することが必要である。学習心理学においても、こうした形式的な表現に関する研究は数多くなされてきた。本書で紹介したレスコーラ・ワグナーモデルもその一つである。第4章で見たように、理論をつくるために、あるいは形式的に表現するためには、個別具体的な諸々を抽象する、つまり捨てることが必要になる。生き物が行っている雑多な営みの中から、重要と思われる構造を抽出し、不要と思われるものを捨てるという抽象化のステップを経ることで、機械によって何かを実現することが近づく。

機械学習研究のもともとの動機は、複雑な課題をどうすれば機械が解決できるかを研究することであって、生き物の学習メカニズムを明らかにすることではない。もともとの目的を達成するために生き物の研究を参考にすることはあるが、基本的には別物だと考えるべきだろう。とはいえ、生き物が学習という営みの中で実行していることと機能的には同じことを機械が実現できるとするならば、学習心理学が扱う「心」なるものは、機械によって代替できるようなものなのかもしれない。少なくとも、みずからを含む環境内に存在する規則性の抽出が学習のエッセンスであり、そのエッセンスは生き物の営みを抽象化することで表現可能であるならば、学習という機能を支えるものとしての「心」は、機械の中にも宿ることになる。

かくして僕らの「心」、少なくとも学習という機能を支えるその一部は、抽象化という漂白を経て機械の中に埋め込まれる。学習心理学に関わり、学習という現象を通じて「心」について研究してきた僕は、学習の理論について研究することで「漂白された心」なるものとつき合う羽目になる。

▼泥まみれの心▲

少し話題を変えてみよう。

僕らはしばしば、「学習」という言葉から「知性」あるいは「知的」という言葉を連想する。この本の中で紹介してきた学習の現象の中にも、いかにも「知的」なものが含まれていた。連合学習の手続きによって複雑な時間・空間情報についての知識を獲得・統合したり、因果関係に関する推論を行うといったものは、人間や動物が示す知的活動といってよいだろう。こうした知的活動を、なぜ人間や動物は行えるのだろうか。結局のところ、その答えは「適応的だから」である。適応的というのは、個体の生命の維持や子孫を増やすことに寄与するという意味だ。学習という機能は、結局のところ、適応的だからこそ存在しているし、長い進化の歴史の中で残ってきた。そうした適応的であるはずの機能が現代社会の中で誤作動することはあっても、基本的には役立つからこそ学習という機能が僕らに備わっているといっていいだろう。学習と適応の関係を考えるうえで興味深い研究を紹介しよう。

アリジゴクをご存じだろうか。アリジゴクは、ウスバカゲロウという昆虫の幼虫である。すり鉢状のくぼみを砂地につくり、その底に住む。アリのような昆虫がすり鉢に落ちてくると、大きなアゴで砂をかけて底に落とし、捕食する昆虫だ。この昆虫を対象とした古典的条件づけの研究がある。[★5]実験では、無条件刺激としてアリジゴクの巣へのエサ、条件刺激としては振動刺激が用いられた。平たくいえば、「アリジゴクの巣に振動を与えてからエサを落とす」という手続きである。統制条件としては、振動とは別のタイミングでエサを与えるという手続きが用いられた。明らかにこれは古典的条件づけである。では、条件反応としては何が学習されるのだろうか。実験の結果、古典的条件づけの手続きを受けたアリジゴクたちは、統制条件と比較すると、より早く蛹になった。成長が早くなったのだ。いつエサがやってくるかわからない状況に比べて、エサがやってくる信号があることで消化の準備といった体内環境の変化が起こり、その結果として成長を早めたのかもしれない。

早く蛹になることには、さまざまな利点がある。まず、生殖可能になるまでの時間が短縮される。ウスバカゲロウの生活史には卵、幼虫、蛹、成虫という四つのステージがあるが、幼虫の期間が一年から三年と長く、変動がある。この期間が短縮されると、おおよそ一カ月という生殖可能な成虫の期間に早く達することになるため、一世代の長さを短縮することになる。短命にはなるものの、一生のうちに生殖可能な期間が相対的に長くなるわけだ。また、ウスバカゲロウの幼虫には、生命を脅かすさまざまなリスクがある。飢えや渇きには強いとされているが、天敵に襲われる危険などは高く、幼虫の期間が短いことは生き残る可能性を高くすることに役立つ。古典的条件づけによって、彼らは生命を維持し、子孫を残すための利益を得ているのだ。

古典的条件づけによって適応上の利点があるという研究はほかにもある。対象はウズラである。手続きは古典的条件づけなのだが、無条件刺激が「メスのウズラ」なのだ。なんとも下世話な話に思えるが、こうした設定はほかの研究でも行われており、オスのラットを対象として走路を走っていった先のゴールにメスのラットがいて交尾をすることを強化子とした実験などもあった。何にせよ、ここではオスのウズラが被験体で、条件刺激（光刺激）と無条件刺激（メスのウズラ）が対提示される。こうした手続きと、とくに性的条件づけと呼ぶ。★6

性的条件づけによって、生じた変化も、驚くべきものだった。まず、光刺激によってメスとの交尾機会が信号されたオスは、そうでないオスと比較して、メスと出会ってから交尾までの時間が短縮する。また、交尾の際にオスの射精量が増加することが報告されている。学習することによって、より多くの子孫を残せる可能性が示唆されたのだ。[★7] 生物進化を考えるうえで、生殖はきわめて重要である。生殖によって個体のもつ遺伝情報が次の世代に受け継がれるので、より多くの子孫を残すことに役立つような形質は世代を超えて残り、そうでないものは消えていく。学習という機能も、こうした進化の影響を受けているはずだ。学習機能に秀でた個体の方がより多くの子孫を残すことができたのだろう。しかしそれだけではなく、交尾の機会を学習した個体がより多く子孫を残すということを、この実験の結果は示している。アリジゴクの学習でもウズラの学習でも、学習の結果として子孫を残す可能性を増加させているという意味で、こうした学習は、直接的な意味できわめて適応的なものなのである。

ほかにも、ここで紹介したアリジゴクとウズラの学習研究に共通するものがある。それは、学習の結果が条件刺激への反応の強さに留まらない場所で議論されている点だ。多くの古典的条件づけにおいて問題とされてきたのは、条件反応の質や強さだった。イヌの唾液分泌の条件づけであれば、条件刺激であるメトロノームに対してどの程度の唾液分泌があったかが観察されたし、味覚嫌悪学習では、条件刺激を摂取するかしないかが検討されていた。もちろんこうした学習にも適応的な意味はあるのだが、これらは基本的に、条件刺激に対してどのように反応するかを検討するものであった。一方で、アリジゴクの条件づけ研究で重要だったのは、振動に対してどのように反応するかというよりもむしろ、その結果として成長が促進するということであり、摂取したエサの吸収などが促進されたであろうという点である。ウズラの性的条件づけでも、問題なのは条件刺激に対する反応ではなく、メスとの交尾において何が起こるかであった。つまりこれは、条件刺激に対する反応というよりもむしろ、「条件づけ経験によって無条件刺激に対してどのように振る舞えるか」に注目したものといえる。生物にとって本当に重要なのは無条件刺激であり、これに対してどのように対処ができるかが、古典的条件づけのもつ適応的意義を考えるためには重要である。

僕の目には、これらの研究はとても重要なものに見えた。機械でも実現できそうなレベルにまで「漂白された心」(あるいは知性)と、その機能としての学習というものに対して、アリジゴクやウズラが行っていることは、何とも泥まみれなものに思えた。「知性」という言葉から連想されるような「頭がいい」とか「うまく立ちまわる」といったものとは別の地平にあるような、「生き物の身体と世界の関わり方そのもの」が、これらの研究の中にあるように感じたのだ。アリジゴクやウズラの学習機構は数式で表現できない、といっているのではない。アリジゴクやウズラが行っている学習のアルゴリズムを抽象化して数式で表現すること自体は問題なくできるだろう。その一方で、アリジゴクが見せた身体的な変化、ウズラが見せた生殖への影響といった、その生物が身体をもって環境と絡み合う泥まみれの生命の在り方は、ともすれば抽象化という漂白の過程で失われてしまうのではないか。

ここで僕が強調したいのは、機械によっても多くの学習や知性が実現される時代にあって、「生き物がその身体を使ってどう世界と関わるか」ということが、アリジゴクやウズラ、そしておそらくはラットやハト、人間が行っている学習という営みを考えるうえで、少なくとも心理学者にとっては重要なのではないか、ということだ。

少なくとも現時点において、心理学者が研究の対象としているのは人間を含めた生き物だ。こうした生き物が行っている学習の原理を、いろいろなものを抽象して（漂白して）得られるものを探求するのも、たしかに興味深い研究の方向である。その一方で、生き物は身体をもち、学習によって身体を変化させながら他者や世界と関わっている。学習というものを心が支えていて、心の働きとしての学習によって行動だけでなく身体をも変化させているのならば、僕らの心は、身体を通じて世界と交わり、泥にまみれて動いているもののように見える。

ここで、当初の問題に立ち返ることになる。心とは、いったい何だろうか。

▼開かれた心とその敵▲

「心はどこにあると思いますか」と問われたとき、あなたはどう答えるだろう。「胸に手を当てる」という表現があるように、胸の中（心臓？）にあると答えるかもしれない。古代ギリシャの哲学者アリストテレスは、心は心臓にあると考えたという。あるいは頭、つまり脳だと答える人もいるだろう。神経科学の多くの研究は、脳が我々が心と呼ぶものについて重要な役割を果たしていることを示している。

心臓にあるにせよ脳にあるにせよ、多くの人がもつ「心」というもののイメージに共通する特徴がある。それは、「内と外」があるということだ。我々の心の働きを担う場所がどこであれ、我々は自分の心というものを、他者や外界から隔絶されたものとして捉えがちだ。つまり、まるで境界線を引くように心の内と外を分けて考えている。この考え方自体は自然なもので、自分と他人がいるということは自分の心と他人の心の間には境界線があるはずだし、脳の中に心があると考えるならば脳とそれ以外の場所の境界（じつはこれは曖昧なのだが）は心とそれ以外の境界に似たものになるはずだ。自分と他人、自分と外部環境の間に境目があるように、心の内と外を隔てる境界があるように、我々は感じることが多い。

この考え方は、心理学においても不自然なものではない。たとえば注意は、「外部からの刺激入力をフィルタリングする機能をもつ」といった物言いがなされていた。「心的情報処理」という言葉は、「外部からの入力にさまざまな処理を加えて行動として出力する」というニュアンスを含んでいる。この本で見てきた連合学習研究でも、外界にある刺激の情報を受け取って、心と呼ばれるものの中で刺激同士、あるいは刺激と反応の間に連合を形成して知識を蓄え、その知識に基づいて行動するという枠組みをとっていた。心というのは目には見えない、手で触れることもできない、形のないもののはずなのに、「内と外の境界をもつもの」というイメージのもとに話を進めていたわけだ。いわば、「閉じた心」である。

「閉じた心」のイメージは、「漂白された心」と親和的だ。環境の中にある規則性を抽出して知識として蓄える、あるいはそうした規則性を抽出する機能を計算機で実現し、機械の中に宿らせる。それはたとえば条件刺激と無条件刺激の間の確率的な関係性や空間内のランドマークの間の空間的な関係性を抽出し、刺激間の随伴性や認知地図という知識を内部に貯蔵するという発想である。こうした発想の背後には、生き物がもつ心の機能を、生き物の中から取り出すことができるというアイデアがあるように思われる。いったん抽出された規則性は、環境から切り離されて存在し、内部に貯蔵されるわけだ。つまり心とは、何らかの境界をもって成立しているということになる。だからこそ、生き物の中から取り出せるのだ。しかし、本当にそうだろうか?

僕がアリジゴクやウズラの研究に魅かれるのは、こうしたアイデアにある種の反論を突きつけているからである。アリジゴクが学習することで変化したのは、エサとその信号の関係に関する知識だけではない。ウズラが学習することで変化したのも、交尾機会とその信号の関係に関する知識だけではない。彼らは身体の構造や機能にも変化を起こし、獲得した知識を使って環境との関わり方を変化させている。重要なのは、環境の中にある規則性の抽出による知識の変化だけではない。そうした知識の変化によってもたらされるものが、それぞれの生き物の身体や生きている環境と完全に結びついて切り離すことができないという点が重要なのだ。もちろん、他の多くの古典的条件づけや道具的条件づけでも同じであり、パブロフのイヌにとっての唾液分泌や巣穴の場所を学習するジガバチでも同じ議論はできる。ただ、アリジゴクとウズラの研究ではこの点がとくに明確だろう。

この議論は、「生き物の心には境界があり、何らかの方法で生き物の中から取り出すことができる」というアイデアとは相性が悪い。心をその境界によって取り出そうにも、心のもつ機能である学習は、生き物の身体や生きている環境と結びついていて、ハードディスクをパソコンから取り外すように切り離すことができないように見える。もちろん、環境の中にある規則性の抽出と貯蔵を行う場所としての心には境界を設定することができるかもしれない。しかし実際に生き物が行っている学習は、そうした境界の中に閉じたものによってではなく、身体をもって環境との間で相互作用をし続けることによって実現されているのだ。この意味で、生き物の心は、明確な境界をもって内と外に切り分けられるようなものではなく、あちこちに穴があいた袋のような状態で、たえず何かが出入りしているもの、その穴のまわりではどこからが内側でどこからが外側かも判然としないようなもののように僕には思える。心とは閉じたものではなく、開かれたものとして捉えるべきなのではないか？

「開かれた心」というイメージは、何も新しいものではない。たとえば徹底的行動主義に基づけば、我々の心とは環境との相互作用によって変化する行動の一つであり、入力と出力をもつような「内と外」があるシステムとは見なされない。ロボット研究においても、全体を統括するような中枢を置くのではなく単純な振る舞いしかしないモジュールを階層的に組み合わせることで複雑な動きを実現する方法を研究する人たちがいる。世界から切り離せず、実際に世界の中で動きまわるものを相手にするために、環境との相互作用に重点を置くことで、心の境界はおのずから曖昧になる。心臓の中や脳の中、あるいはコンピュータのＣＰＵの中に留まるのではなく、無数にあいた穴を通じて我々の心は外へと沁み出し、あるときは指先に、あるときは胃袋に、またあるときは他者との関わりの中へとあふれていく。アリジゴクが心の働きによって身体の構造まで変えてしまったように、ウズラが心の働きによって子孫を残す可能性を変えてしまったように、我々の心は何かに閉じ込められているのではなく、さまざまなものに触れているのだ。

僕には心理学がよくわからない。でも、わかっているつもりの部分もある。それは、心理学は「世界の中で生きている、動いているもの」を相手にしているということだ。そしてこの、「世界の中で生きている、動いているもの」がもっている（と仮定している）心というものは、境界を引いて切り出せるほど都合のいいものではなさそうだ。世界という水槽の中に浸した穴のあいた袋としての心は、緩やかに「内と外」のようなものがあるものの、水槽から出してしまえばしぼんでしまう。袋自体は残るが、僕らが心理学という学問を通じて知りたいこと、心というものの実態は失われてしまう。開かれていることが心のもつ大事な性質であるならば、そして開かれているからこそ心がその形と機能を維持しているならば（少なくとも僕にはそう思える）、生き物がもっている心を相手にするためには水槽から出してはいけないし、穴をふさいではいけないのだ。

それでも僕らは、水槽から袋を出してしまいたい誘惑にかられる。生き物の営みをその環境から完全に切り離して考えたくなるときがあるし、困りごとを抱えて悩んでいる人に対して、その人個人が置かれている環境を見ずに「みんなは頑張ってるのに」と思ってしまうときがある。まったく違うことのように見えるかもしれないが、どちらも同じことだ。心理学、少なくとも行動の変化を扱う学習心理学という学問の中では、生き物あるいは個体や個人が存在している環境から、心とその機能を切り離そうという誘惑には抵抗するべきだと僕は思う。生きた心について何かを言おうとするならば、そうした誘惑は敵のようなものだ。一時的に水槽から出すことがあったり、穴をふさいだこととの影響を調べることがあったとしても、それによってもたらされるものは、本来の心の姿ではないのだと思う。

穴のあいた袋としての開かれた心にとっては、袋の中にあるものと外にあるものの区別はとても曖昧なものになる。どうやら、外にある世界とは異なる心の中の世界を研究するのが心理学、というだけではないようだ。僕は心理学がよくわからなかったが、わかったつもりになれることが少し増えた。心理学は心について研究するだけのものではなく、我々人間を含む生き物を取り囲んでいて、無数の穴を通じて僕らの中（だと思っているもの）に出入りするもの、つまり環境や世界について研究するもののもののようだ。心なるものを実証的に研究するのがもはや心理学の専売特許ではない時代にあって、これからどんな研究が行われるのかは見当もつかない。心理学のありようも、どんどん変わっていくだろう。でも願わくば、心理学が閉じた心の中だけを相手にするのではなく、世界に向かって開かれた心を相手にして、世界について何かを語れるものであってほしいと思う。学習心理学という学問は、その一助になると信じている。

あとがき

　この本は、学習心理学に関する本でした。心理学という言葉がついているので、心理学の本でもありました。心理学そのものは別として、学習心理学という分野については、何かが伝わったでしょうか。小説や評論、学問的な教科書や専門書と、本のジャンルはいろいろあれども、読む前と後では読者の何かを変えてしまうのが読書という行為です。この本を読み終わったみなさんの中で何かが変わり、人間や動物の見え方や、もっといえば世界の見え方をほんの少しでも変えることができたならば、それなりの時間を割いておつき合いいただいた甲斐があったというものです。

　本書を執筆するにあたっては、いろいろな方に手助けをしていただきました。相模女子大学の後藤和宏先生、明星大学の丹野貴行先生、早稲田大学の神前裕先生、北海道医療大学の福田実奈先生には、本文の全般にわたって有益なコメントをいただきました。また終章については、大阪大学の高橋英之先生から貴重なコメントをいただきました。この場を借りて感謝いたします。尊敬する研究者であり、友人でもある（と僕は思っている）みなさんのおかげで、ずいぶんと読みやすくなったと思います。このお礼はいずれ精神的に返したいと思います。そしてなにより、ちとせプレスの櫻井堂雄さんには、本書の企画から校正まで、すべての面でご尽力いただきました。遅筆すぎる僕を見捨てずにおつき合いいただいたおかげでここまでこれました。ありがとうございました。

最後に、まえがきで紹介した結婚式での僕のスピーチのオチを紹介したいと思います。

「新郎と新婦が、お互いに何を考えているのか真に理解することは不可能です。でも、相手の行動と、相手を取り巻く環境や刺激をよく見れば、新郎と新婦はお互いに相手の行動を理解することはできます。新郎にとっての刺激は新婦であり、新婦にとっての刺激は新郎です。お互いに見つめ合い、自分を振り返り、幸福な人生を送ってください」。

悪くないスピーチだと思いませんか？

コロナ禍で閑散とした大学にて

澤　幸祐

図 7-2　Rescorla, R. A. (2004). Spontaneous recovery. *Learning & Memory, 11*(5), 501-509.

図 7-5　Rescorla, R. A. (2000). Extinction can be enhanced by a concurrent excitor. *Journal of Experimental Psychology: Animal Behavior Processes, 26*(3), 251-260.

図 7-7　Rescorla, R. A. (2003). Protection from extinction. *Animal Learning & Behavior, 31*(2), 124-132.

図表の出典

＊記載のないものは筆者作成。

図 2-2　メイザー，J. E.，磯博行・坂上貴之・川合伸幸訳 (2008).『メイザーの学習と行動〔日本語版第 3 版〕』二瓶社

図 3-1，図 3-2　Thorndike, E. L. (1911). *Animal intelligence: Experimental studies.* New York: Macmillan.

図 3-5　University of Central Arkansas, IQ Zoo Collection. https://www3.uca.edu/iqzoo/Media/Pics/kbhist/kb19.jpg

図 3-6　Reynolds, G. S. (1968). *A primer of operant conditioning*. Glenview, Ill: Scott Foresman.

坂上貴之・井上雅彦 (2018).『行動分析学 ── 行動の科学的理解をめざして』有斐閣

図 6-1　Rosas, J. M., & Alonso, G. (1996). Temporal discrimination and forgetting of CS duration in conditioned suppression. *Learning and Motivation, 27*(1), 43-57.

図 6-2，図 6-3　坂田省吾 (2003).「時間弁別の行動特性と脳の情報処理モデル」『生理心理学と精神生理学』*21*(1), 39-48.

図 6-5　Tolman, E. C., Ritchie, B. F., & Kalish, D. (1946). Studies in spatial learning. I. Orientation and the short-cut. *Journal of Experimental Psychology, 36*(1), 13-24.

図 6-6　Yin, H. H., & Knowlton, B. J. (2006). The role of the basal ganglia in habit formation. *Nature Reviews Neuroscience, 7*(6), 464-476.

図 6-7　Shettleworth, S. J. (2010). *Cognition, evolution, and behavior* (2nd ed.). New York: Oxford University Press.

図 6-8　Wolf, H. (2011). Odometry and insect navigation. *The Journal of Exprimental Biology, 214*(10), 1629-1641.

Wehner, R., & Wehner, S. (1986). Path integration in desert ants: Approaching a long-standing puzzle in insect navigation. *Monitore Zoologico Italiano-Italian Journal of Zoology, 20*(3), 309-331.

paintings by Monet and Picasso. *Journal of the Experimental Analysis of Behavior*, *63*(2), 165-174.

4 Levenson, R. M., Krupinski, E. A., Navarro, V. M., & Wasserman, E. A. (2015). Pigeons (*Columba livia*) as trainable observers of pathology and radiology breast cancer images. *PLoS ONE*, *10*(11), e0141357.

5 Hollis, K. L., Cogswell, H., Snyder, K., Guillette, L. M., & Nowbahari, E. (2011). Specialized learning in antlions (Neuroptera: Myrmeleontidae), pit-digging predators, shortens vulnerable larval stage. *PLoS ONE*, *6*(4), e17958.

6 Domjan, M., Lyons, R., North, N. C., & Bruell, J. (1986). Sexual Pavlovian conditioned approach behavior in male Japanese quail (*Coturnix coturnix japonica*). *Journal of Comparative Psychology*, *100*(4), 413-421.

7 Mahometa, M. J., & Domjan, M. (2005). Classical conditioning increases reproductive success in Japanese quail, *Coturnix japonica*. *Animal Behaviour*, *69*(4), 983-989.

3 Wolpe, J. (1958). *Psychotherapy by reciprocal inhibition*. Stanford, CA: Stanford University Press.

4 Abramowitz, J. S., Deacon, B. J., & Whiteside, S. P. H. (2019). *Exposure therapy for anxiety: Principles and practice* (2nd ed.). New York: Guilford Publications.

5 Craske, M. G., Treanor, M., Conway, C. C., Zbozinek, T., & Vervliet, B. (2014). Maximizing exposure therapy: An inhibitory learning approach. *Behaviour Research and Therapy, 58*, 10-23.

6 Powers, M. B., & Emmelkamp, P. M. G. (2008). Virtual reality exposure therapy for anxiety disorders: A meta-analysis. *Journal of Anxiety Disorders, 22*(3), 561-569.

7 Rescorla, R. A. (2004). Spontaneous recovery. *Learning & Memory, 11*(5), 501-509.

8 Pavlov, I. P. (1927). *Conditioned reflexes*. Translated by G. V. Anrep. London: Oxford University Press.（川村浩訳，1975『大脳半球の働きについて──条件反射学』上下，岩波書店）

9 Bouton, M. E., & Bolles, R. C. (1979). Role of conditioned contextual stimuli in reinstatement of extinguished fear. *Journal of Experimental Psychology: Animal Behavior Processes, 5*(4), 368-378.

10 Bouton, M. E., & Bolles, R. C. (1979). Contextual control of the extinction of conditioned fear. *Learning and Motivation, 10*(4), 445-466.

11 Nihei, M., Hojo, D., & Sawa, K. (2021). The renewal effect in fear conditioning with aversive facial expression and negative sentences as unconditioned stimuli. *Learning and Motivation, 74*, 101725.

12 Rescorla, R. A. (2000). Extinction can be enhanced by a concurrent excitor. *Journal of Experimental Psychology: Animal Behavior Processes, 26*(3), 251-260.

13 Rescorla, R. A. (2003). Protection from extinction. *Animal Learning & Behavior, 31*(2), 124-132.

終章

1 De Houwer, J., & Hughes, S. (2020). *The psychology of learning: An introduction from a functional-cognitive perspective*. Cambridge, MA: The MIT Press.

2 Herrnstein, R. J., Loveland, D. H., & Cable, C. (1976). Natural concepts in pigeons. *Journal of Experimental Psychology: Animal Behavior Processes, 2*(4), 285-302.

3 Watanabe, S., Sakamoto, J., & Wakita, M. (1995). Pigeon's discrimination of

11 Goodman J. (2021). Place vs. response learning: History, controversy, and neurobiology. *Frontiers in Behavioral Neuroscience, 14*, 598570.

12 Papi, F. (1992). General aspects. In F. Papi (Ed.), *Animal homing* (pp. 1-18). London: Chapman and Hall.

Shettleworth, S. J. (2010). *Cognition, evolution, and behavior* (2nd ed.). New York: Oxford University Press.

13 Wehner, R., & Wehner, S. (1986). Path integration in desert ants: Approaching a long-standing puzzle in insect navigation. *Monitore Zoologico Italiano-Italian Journal of Zoology, 20*(3), 309-331.

14 Tinbergen, N. (1951). *The study of instinct*. New York: Oxford University Press.

Shettleworth, S. J. (2010). *Cognition, evolution, and behavior* (2nd ed.). New York: Oxford University Press.

15 Sawa, K., Leising, K. J., & Blaisdell, A. P. (2005). Sensory preconditioning in spatial learning using a touch screen task in pigeons. *Journal of Experimental Psychology: Animal Behavior Processes, 31*(3), 368-375.

16 Sturz, B. R., Bodily, K. D., Katz, J. S., & Kelly, D. M. (2009). Evidence against integration of spatial maps in humans: Generality across real and virtual environments. *Animal Cognition, 12*(2), 237-247.

17 Waldmann, M. R., & Hagmayer, Y. (2005). Seeing versus doing: Two modes of accessing causal knowledge. *Journal of Experimental Psychology: Learning, Memory, and Cognition, 31*(2), 216-227.

18 Blaisdell, A. P., Sawa, K., Leising, K. J., & Waldmann, M. R. (2006). Causal reasoning in rats. *Science, 311*(5763), 1020-1022.

Leising, K. J., Wong, J., Waldmann, M. R., & Blaisdell, A. P. (2008). The special status of actions in causal reasoning in rats. *Journal of Experimental Psychology: General, 137*(3), 514-527.

第7章

1 Watson, J. B., & Rayner, R. (1920). Conditioned emotional reactions. *Journal of Experimental Psychology, 3*(1), 1-14.

2 Jones, M. C. (1924). A laboratory study of fear: The case of Peter. *The Journal of Genetic Psychology, 31*(4), 308-315.

Neuropsychopharmacology, *43*(8), 1639-1650.

第6章

1 Gibson, E. J., & Walk, R. D. (1956). The effect of prolonged exposure to visually presented patterns on learning to discriminate them. *Journal of Comparative and Physiological Psychology*, *49*(3), 239-242.

2 Estes, W. K. (1950). Toward a statistical theory of learning. *Psychological Review*, *57*(2), 94-107.

McLaren, I. P. L., & Mackintosh, N. J. (2000). An elemental model of associative learning: I. Latent inhibition and perceptual learning. *Animal Learning & Behavior*, *28*(3), 211-246.

3 Bennett, C. H., Wills, S. J., Wells, J. O., & Mackintosh, N. J. (1994). Reduced generalization following preexposure: Latent inhibition of common elements or a difference in familiarity? *Journal of Experimental Psychology: Animal Behavior Processes*, *20*(3), 232-239.

4 Symonds, M., & Hall, G. (1995). Perceptual learning in flavor aversion conditioning: Roles of stimulus comparison and latent inhibition of common stimulus elements. *Learning and Motivation*, *26*(2), 203-219.

5 Rosas, J. M., & Alonso, G. (1996). Temporal discrimination and forgetting of CS duration in conditioned suppression. *Learning and Motivation*, *27*(1), 43-57.

6 坂田省吾 (2003).「時間弁別の行動特性と脳の情報処理モデル」『生理心理学と精神生理学』*21*(1), 39-48.

7 坂田省吾 (2003).「時間弁別の行動特性と脳の情報処理モデル」『生理心理学と精神生理学』*21*(1), 39-48.

8 Barnet, R. C., Cole, R. P., & Miller, R. R. (1997). Temporal integration in second-order conditioning and sensory preconditioning. *Animal Learning & Behavior*, *25*(2), 221-233.

9 Matzel, L. D., Held, F. P., & Miller, R. R. (1988). Information and expression of simultaneous and backward associations: Implications for contiguity theory. *Learning and Motivation*, *19*(4), 317-344.

10 Tolman, E. C., Ritchie, B. F., & Kalish, D. (1946). Studies in spatial learning. I. Orientation and the short-cut. *Journal of Experimental Psychology*, *36*(1), 13-24.

第5章

1 Peterson, G. B., Wheeler, R. L., & Trapold, M. A. (1980). Enhancement of pigeons' conditional discrimination performance by expectancies of reinforcement and nonreinforcement. *Animal Learning & Behavior, 8*, 22-30.

2 Adams, C. D., & Dickinson, A. (1981). Instrumental responding following reinforcer devaluation. *The Quarterly Journal of Experiment Psychology, 33B*(2), 109-122.

3 Rescorla, R. A., & Lolordo, V. M. (1965). Inhibition of avoidance behavior. *Journal of Comparative and Physiological Psychology, 59*(3), 406-412.

4 Kruse, J. M., Overmier, B., Konz, W., & Rokke, E. (1983). Pavlovian conditioned stimulus effects upon instrumental choice behavior are reinforcer specific. *Learning and Motivation, 14*(2), 165-181.

5 Holman, J. G., & Mackintosh, N. J. (1981). The control of appetitive instrumental responding does not depend on classical conditioning to the discriminative stimulus. *The Quarterly Journal of Experimental Psychology, 33B*(1), 21-31.

6 Mackintosh, N. J., & Dickinson, A. (1979). Instrumental (Type II) conditioning. In A. Dickinson & R. A. Boakes (Eds.), *Mechanisms of learning and motivation* (pp. 143-169). Hillsdale, NJ: Lawrence Erlbaum Associates.

7 Schmajuk, N. A., & Holland, P. C. (Eds.). (1998). *Occasion setting: Associative learning and cognition in animals*. Washington, DC: American Psychological Association.

8 Dickinson, A., Balleine, B. W., Watt, A., Gonzalez, F., & Boakes, R. A. (1995). Motivational control after extended instrumental training. *Animal Learning & Behavior, 23*(2), 197-206.

9 Domjan, M., & Wilson, N. E. (1972). Contribution of ingestive behaviors to taste-aversion learning in the rat. *Journal of Comparative and Physiological Psychology, 80*(3), 403-412.

10 Li, K. C., Hsiao, S., & Li, J. S. (2013). Conditioned taste aversion as instrumental punishment. *Journal of Experimental Psychology: Animal Behavior Processes, 39*(3), 294-297.

11 Jean-Richard-Dit-Bressel, P., Killcross, S., & McNally, G. P. (2018). Behavioral and neurobiological mechanisms of punishment: Implications for psychiatric disorders.

Variations in the effectiveness of reinforcement and nonreinforcement. In A. H. Black & W. F. Prokasy (Eds.), *Classical conditioning: Vol. 2. Current research and theory* (pp. 64-99). New York: Appleton-Century-Crofts.

8 Lubow, R. E., & Moore, A. U. (1959). Latent inhibition: The effect of nonreinforced pre-exposure to the conditioned stimulus. *Journal of Comparative and Physiological Psychology, 52*(4), 415-419.

9 Mackintosh, N. J. (1975). A theory of attention: Variations in the associability of stimuli with reinforcement. *Psychological Review, 82*(4), 276-298.

10 Pearce, J. M., & Hall, G. (1980). A model for Pavlovian learning: Variations in the effectiveness of conditioned but not of unconditioned stimuli. *Psychological Review, 87*(6), 532-552.

11 Hall, G., & Pearce, J. M. (1979). Latent inhibition of a CS during CS-US pairings. *Journal of Experimental Psychology: Animal Behavior Processes, 5*(1), 31-42.

12 Miller, R. R., Barnet, R. C., & Grahame, N. J. (1995). Assessment of the Rescorla-Wagner model. *Psychological Bulletin, 117*(3), 363-386.

13 Wagner, A. R. (1981). SOP: A model of automatic memory processing in animal behavior. In N. E. Spear & R. R. Miller (Eds.), *Information processing in animals: Memory mechanisms* (pp. 5-47). Hillsdale, NJ: Lawrence Erlbaum Associates.

14 Wagner, A. R., & Brandon, S. E. (1989). Evolution of a structured connectionist model of Pavlovian conditioning (AESOP). In S. B. Klein & R. R. Mowrer (Eds.), *Contemporary learning theories: Pavlovian conditioning and the status of traditional learning theory* (pp. 149-189). Hillsdale, NJ: Lawrence Erlbaum Associates.

15 Miller, R. R., & Matzel, L. D. (1988). The comparator hypothesis: A response rule for the expression of associations. In G. H. Bower (Ed.), *The psychology of learning and motivation* (*Vol. 22*, pp. 51-92). San Diego, CA: Academic Press.

16 Pearce, J. M., & Mackintosh, N. J. (2010). Two theories of attention: A review and a possible integration. In C. J. Mitchell & M. E. Le Pelley (Eds.), *Attention and associative learning: From brain to behaviour* (pp. 11-40). Oxford: Oxford University Press.

17 Rizley, R. C., & Rescorla, R. A. (1972). Associations in second-order conditioning and sensory preconditioning. *Journal of Comparative and Physiological Psychology, 81*(1), 1-11.

Journal of Comparative and Physiological Psychology, *89*(5), 498-506.

17 Brogden, W. J. (1939). Sensory pre-conditioning. *Journal of Experimental Psychology*, *25*(4), 323-332.

第3章

1 Thorndike, E. L. (1911). *Animal intelligence: Experimental studies*. New York: Macmillan.

2 Romanes, G. J. (1883). *Animal intelligence*. New York: D. Appleton.

3 Skinner, B. F. (1948). "Superstition" in the pigeon. *Journal of Experimental Psychology*, *38*(2), 168-172.

4 Breland, K., & Breland, M. (1961). The misbehavior of organisms. *American Psychologist*, *16*(11), 681-684.

5 Ferster, C. B., & Skinner, B. F. (1957). *Schedules of reinforcement*. New York: Appleton-Century-Crofts.

第4章

1 Garcia, J., Ervin, F. R., & Koelling, R. A. (1966). Learning with prolonged delay of reinforcement. *Psychonomic Science*, *5*(3), 121-122.

2 Green, L., Myerson, J., Holt, D. D., Slevin, J. R., & Estle, S. J. (2004). Discounting of delayed food rewards in pigeons and rats: Is there a magnitude effect? *Journal of the Experimental Analysis of Behavior*, *81*(1), 39-50.

3 Locke, J. (1847). *An essay concerning human understanding*. Philadelphia: Kay & Troutman.

ヒューム，D.，木曾好能訳 (2019).『人間本性論 第 1 巻 知性について〈普及版〉』法政大学出版会

4 プラトン，納富信留訳 (2019).『パイドン ── 魂について』光文社

5 Rescorla, R. A. (1968). Probability of shock in the presence and absence of CS in fear conditioning. *Journal of Comparative and Physiological Psychology*, *66*(1), 1-5.

6 Kamin, L. J. (1968). "Attention-like" processes in classical conditioning. In. M. R. Jones (Ed.), *Miami symposium on the prediction of behavior: Aversive stimulation* (pp. 9-31). Coral Gables, FL: University of Miami Press.

7 Rescorla, R. A., & Wagner, A. R. (1972). A theory of Pavlovian conditioning:

Pioneers in CNS inhibition: 1. Ivan M. Sechenov, the first to clearly demonstrate inhibition arising in the brain. *Brain Research, 1548*, 20-48.

4 Sechenov, I. M. (1863). *Reflexes of the brain, (Refleksy golovnogo mozga).* IM Sechenov, Selected Works (pp. 264-322). Moscow: State Publishing House.

5 Pavlov, I. P. (1927). *Conditioned reflexes.* Translated by G. V. Anrep. London: Oxford University Press.（川村浩訳，1975『大脳半球の働きについて —— 条件反射学』上下，岩波書店）

6 Watson, J. B., & Rayner, R. (1920). Conditioned emotional reactions. *Journal of Experimental Psychology, 3*, 1-14.

7 Estes, W. K., & Skinner, B. F. (1941). Some quantitative properties of anxiety. *Journal of Experimental Psychology, 29*(5), 390-400.

8 Brown, P. L., & Jenkins, H. M. (1968). Auto-shaping of the pigeon's key-peck. *Journal of the Experimental Analysis of Behavior, 11*(1), 1-8.

9 Kamil, A. C., & Mauldin, J. E. (1988). A comparative-ecological approach to the study of learning. In R. C. Bolles & M. D. Beecher (Eds.), *Evolution and learning* (pp. 117-133). Hillsdale, NJ: Lawrence Erlbaum Associates.

10 Garcia, J., Kimeldorf, D. J., & Koelling, R. A. (1955). Conditioned aversion to saccharin resulting from exposure to gamma radiation. *Science, 122*, 157-158.

11 Sahley, C., Gelperin, A., & Rudy, J. W. (1981). One-trial associative learning modifies food odor preferences of a terrestrial mollusc. *Proceedings of the National Academy of Sciences of the United States of America, 78*(1), 640-642.

12 Pelchat, M. L., Grill, H. J., Rozin, P., & Jacobs, J. (1983). Quality of acquired responses to tastes by Rattus norvegicus depends on type of associated discomfort. *Journal of Comparative Psychology, 97*(2), 140-153.

13 Ganchrow, J. R., Steiner, J. E., & Daher, M. (1983). Neonatal facial expressions in response to different qualities and intensities of gustatory stimuli. *Infant Behavior & Development, 6*(2), 189-200.

14 Grill, H. J., & Norgren, R. (1978). The taste reactivity test. I. Mimetic responses to gustatory stimuli in neurologically normal rats. *Brain Research, 143*(2), 263-279.

15 Parker, L. A. (1998). Emetic drugs produce conditioned rejection reactions in the taste reactivity test. *Journal of Psychophysiology, 12*(Supp 1), 3-13.

16 Siegel, S. (1975). Evidence from rats that morphine tolerance is a learned response.

8 Bridgman, P. W. (1927). *The logic of modern physics*. New York: Macmillan.（今田恵・石橋栄訳，1941『現代物理学の論理』創元社）

9 Skinner, B. F. (1953). *Science and human behavior*. New York: Macmillan.（河合伊六・長谷川芳典・高山巌・藤田継道・園田順一・平川忠敏・杉若弘子・藤本光孝・望月昭・大河内浩人・関口由香訳，2003『科学と人間行動』二瓶社）

Skinner, B. F. (1971). *Beyond freedom and dignity*. New York: Alfred Knopf.（山形浩生訳，2013『自由と尊厳を超えて』春風社）

スキナー，B. F.，スキナー著作刊行会編訳 (2019).『B. F. スキナー重要論文集 I ── 心理主義を超えて』勁草書房

スキナー，B. F.，スキナー著作刊行会編訳 (2019).『B. F. スキナー重要論文集 II ── 行動の哲学と科学を樹てる』勁草書房

10 小野浩一 (2016).『行動の基礎 ── 豊かな人間理解のために〔改訂版〕』培風館

坂上貴之・井上雅彦 (2018).『行動分析学 ── 行動の科学的理解をめざして』有斐閣

島宗理 (2019).『応用行動分析学 ── ヒューマンサービスを改善する行動科学』新曜社

11 Tinbergen, N. (1963). On aims and methods of ethology. *Zeitschrift für Tierpsychologie*, *20*, 410-433.

12 Darwin, C. (1859). *The origin of species*. London: John Murray.

13 Boag, P. T., & Grant, P. R. (1984). The classical case of character release: Darwin's finches (*Geospiza*) on Isla Daphne Major, Galápagos. *Biological Journal of the Linnean Society*, *22*(3), 243-287.

14 Watson, J. D., & Crick, F. H. (1953). Molecular structure of nucleic acids: A structure for deoxyribose nucleic acid. *Nature*, *171*(4356), 737-738.

第2章

1 Hilgard, E. R., & Marquis, D. G. (1940). *Conditioning and learning*. New York: Appleton-Century-Crofts.

2 Rescorla, R. A. (1988). Pavlovian conditioning: It's not what you think it is. *American Psychologist*, *43*(3), 151-160.

3 Stuart, D. G., Schaefer, A. T., Massion, J., Graham, B. A., & Callister, R. J. (2014).

注・文献

まえがき

1 ボークス，R.，宇津木保・宇津木成介訳 (1990).『動物心理学史 ── ダーウィンから行動主義まで』誠信書房

序章

1 Lorenz, K. (1935/1970). Companions as factors in the bird's environment. In *Studies in animal and human behavior* (*Vol. 1*, pp. 101-258). Translated by R. D. Martin. London: Methuen, and Co.

2 Tinbergen, N. (1951). *The study of instinct*. Oxford: Clarendon Press.

3 Lindsley, O. R. (1991). From technical jargon to plain English for application. *Journal of Applied Behavior Analysis*, *24*(3), 449-458.

第 1 章

1 Watson, J. B. (1913). Psychology as the behaviorist views it. *Psychological Review*, *20*(2), 158-177.

2 Binet, A. (1889). *The psychic life of micro-organisms*. Chicago: Open Court Publishing Company.

3 Danziger, K. (1997). *Naming the mind*. London: Sage Publications.（河野哲也監訳，2005『心を名づけること ── 心理学の社会的構成』上・下，勁草書房）

4 Morgan, C. L. (1900). *Animal behaviour*. London: Edward Arnold.

5 Jennings, H. S. (1899). The psychology of a protozoan. *The American Journal of Psychology*, *10*(4), 503-515.

6 Jennings, H. S. (1904). The behavior of paramecium. Additional features and general relations. *Journal of Comparative Neurology and Psychology*, *14*(6), 441-510.

7 Watson, J. B. (1913). Psychology as the behaviorist views it. *Psychological Review*, *20*(2), 158-177.

は行

ま行

ら行

わ行

人名索引

ま行

や行

ら行

た行

さ行

事項索引

著　者

澤《さわ》　幸《こう》祐《すけ》

2003 年，関西学院大学大学院文学研究科博士課程後期課程修了。博士（心理学）。現在，専修大学人間科学部教授。

主要著作に，The renewal effect in fear conditioning with aversive facial expression and negative sentences as unconditioned stimuli（*Learning and Motivation*, *74*, 101725, 2021 年，共著），Use of redundant sets of landmark information by humans (*Homo sapiens*) in a goal-searching task in an open field and on a computer screen（*Journal of Comparative Psychology*, *132*(2), 178-188, 2018 年，共著），Causal reasoning in rats（*Science*, *311*(5763), 1020-1022, 2006 年，共著），Sensory preconditioning in spatial learning using a touch screen task in pigeons（*Journal of Experimental Psychology: Animal Behavior Processes*, *31*(3), 368-375, 2005 年，共著）など。

私たちは学習している

行動と環境の統一的理解に向けて

2021年12月10日　第1刷発行

著　者　澤　幸祐
発行者　櫻井堂雄
発行所　株式会社ちとせプレス
〒157-0062
東京都世田谷区南烏山5-20-9-203
電話　03-4285-0214
http://chitosepress.com
装　幀　髙林昭太
印刷・製本　大日本法令印刷株式会社

ISBN 978-4-908736-22-3　C1011